KB117676

지적 호기심을 위한
미스터리 컬렉션

지적 호기심을 위한 미스터리 컬렉션

1판 1쇄 발행 2017. 3. 17.
1판 3쇄 발행 2020. 8. 10.

지은이 맹성렬
발행인 고세규
편집 김상영 | 디자인 이은혜
발행처 김영사
등록 1979년 5월 17일(제406-2003-036호)
주소 경기도 파주시 문발로 197(문발동) 우편번호 10881
전화 마케팅부 031)955-3100, 편집부 031)955-3200
팩스 031)955-3111

값은 뒤표지에 있습니다. ISBN 978-89-349-7741-4 03900

홈페이지 www.gimmyoung.com   블로그 blog.naver.com/gybook
페이스북 facebook.com/gybooks   이메일 bestbook@gimmyoung.com

좋은 독자가 좋은 책을 만듭니다.
김영사는 독자 여러분의 의견에 항상 귀 기울이고 있습니다.

이 도서의 국립중앙도서관 출판예정도서목록(CIP)은 서지정보유통지원시스템 홈페이지(http://seoji.nl.go.kr)와 국가자료공동목록시스템(http://www.nl.go.kr/kolisnet)에서 이용하실 수 있습니다. (CIP제어번호: CIP2017004724)

당신이 믿는 역사와 과학에 대한 흥미로운 가설들

맹성렬

지적 호기심을 위한
미스터리 컬렉션

김영사

◆ 청수련 꽃과 아편 열매를 들고 있는 이집트 여인들의 모습이 담긴 고대 이집트의 채색화. 오늘날 이집트 땅에서 거의 멸종되었지만 고대 이집트 시절 지천에 깔려 있었던 청수련은 강한 최음 효과가 있어 연회에서 애용되었다고 한다. p.28 참조.

◆ 기원전 1250년경에 제작된 이집트 룩소르의 람세스 2세 좌상 뒤편에 부조로 새겨진 고대 이집트 여신 세샤트의 모습. 그녀가 쓰고 있는 헤드 드레스 위쪽에 그녀의 상징인 대마 잎이 꽂혀 있다. p.29 참조.

◆ 인도 호이살라 왕조기인 11세기에서 13세기 사이에 건축된 인도 마이소르 소재 소마나타푸르 사원의 벽에 부조로 표현되어 있는 옥수수의 모습. 1492년 콜럼버스가 신대륙에 도달하기 전까지 구대륙에는 옥수수가 알려져 있지 않았다는 것이 주류 역사학계의 견해다. p.36 참조.

* 1985년 11월 스위스 제네바에서 있었던 미소 정상회담에서 만난 레이건과 고르바초프. p.86 참조.

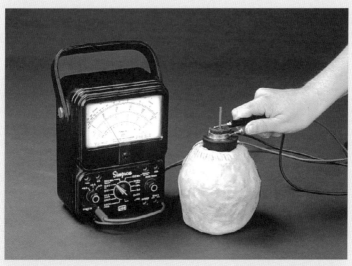

* 바그다드 고대 전지를 복원하여 식초나 과일즙을 넣으면 대략 1볼트, 1밀리암페어의 전류가 흐른다. p.157 참조.

◆ 표면이 매끄럽게 금도금된 기원전 2500년경의 수메르 시대 유물들. 대부분 고갈 도금법에 의해 제작된 것으로 판명되었다. p.165 참조.

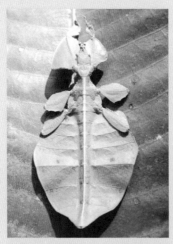

◆ 나뭇잎 위에 붙어 있는 나뭇잎벌레의 모습. 나뭇잎과 색상은 물론 잎맥의 모양까지 유사하다. p.178 참조.

◆ 벌레 먹은 나뭇잎의 모습까지 흉내 낸 나뭇잎벌레의 모습. 최재천은 이런 의태가 놀랍다고 하면서도 다윈 진화론으로 얼마든지 설명할 수 있다고 주장한다. p.178 참조.

◆ 이스라엘 네게브사막에 서식하는 가시쥐의 모습. 식물의 씨앗을 즐겨 먹는 이 쥐가 단목서초의 열매를 먹으면서 겨자기름 폭탄이 터지는 것을 피하기 위해 검은 씨앗을 뱉어내고 있다. p.189 참조.

◆ 이스라엘 네게브사막에 주로 서식하는 십자화목 목서초과 덤불 식물인 단목서초. p.189 참조.

◆ 고대 인도의 아소카왕이 인도 불교 성지 사르나트에 세운 원통형 불탑. p.231 참조.

◆ 16세기 이슬람의 천문학자 타키 알-딘과 그의 동료들이 이스탄불의 천문대에서 일하는 모습. p.220 참조.

◆ 이스탄불 천문대에 부속되어 있었던 우물 탑 형태의 주간 별 관측 시설. 태양과 달이 함께 떠 있는 점에 주목할 것. p.220 참조.

◆ 영국의 전설적인 4인조 그룹 비틀즈와 함께한 마하리시 마헤시 요기(가운데). p.263 참조.

학생시절 세상의 돌아가는 이치를 모두 이해할 수 있을 것 같다는 착각에 빠졌던 때가 있었다. 삼라만상이 어떤 법칙에 따라 돌아가고 있으며 이 법칙을 알아내면 무엇이든 설명해낼 수 있을 거라는 자신감도 있었다. 그리고 이를 추구하기 위해 물리학을 공부해보자고 결심했다. 대학 학부를 물리학과로 진학한 가장 중요한 이유였다. 하지만 시간이 지나며 그것이 아닐 수 있다는 의구심이 하나둘 들기 시작했다. 그리고 결정적으로 존경하던 어느 물리학과 교수님의 충격적인 선언에 나의 모든 신조가 흔들렸다. 마치 우주의 모든 이치를 꿰뚫고 계실 것 같던 그분께서 강의 시간에 자신이 가르치는 것이 궁극적인 진리가 아닐 수 있다는 말씀을 하셨던 것이다. 그 후 나는 모든 주의 주장을 철저히 의심하게 되었으며, 나 자신만의 세계관을 쌓아올리려는 노력과 함께 주류 학문에 대한 문제점을 제기하는 학자들을 스승 삼아 그들의 사상을 탐구하는 작업을 병행했다. 이 책은 주류 학문들에서 당연한 것으로 치부되어왔던 내용들에 딴지 걸며 새로운 관점에서 바라볼 것을 요구한다. 물론 이런 요구는 아무런 근거 없이 내세우는 것이 아니라 최근 확인된 학술적 증거들을 씨줄로, 그리고 나의 논리를 날줄로 엮은 '합리적 의심들'에 바탕을 둔 것이다. 주류 학문이 영원한 주류 학문이 될 수 없다는 이의 제기인 셈이다.

따라서 지금부터 다루려고 하는 내용들은 그동안 숨겨지거나 잘 알려지지 않다가 최근 드러난 새로운 역사적 사실들이나 첨단 과학 지식을 동원해 지금까지 확고한 진실로 믿어져오던 역사적·과학적 사실들을 재해석하려는 시도들을 담고 있다. 예를 들어 1장에서는 콜럼버스 이전에 구대륙과 신대륙을 오가며 마약류를 교역하던 종족이 있었다는 주장을 소개하며, 2장에서는 유독 외계인에 집착했던 미 대통령 레이건이 실제로 UFO와 외계인 목격자였다는 사실을 공개한다. 그리고 3장에서는 처음에 초심리 현상에 부정적이었던 지그문트 프로이트가 나중에는 열렬한 신봉자가 되었다는 사실을 밝힌다. 나는 전작《아담의 문명을 찾아서》에서 1만여 년 전 초고대 문명이 존재했을 것이라는 문제 제기를 한 바 있다. 4장에서는 그 연장선상에서 지금부터 5,000여 년 전 전지를 이용해 금속 도금을 했었을 가능성에 대한 논란을 소개한다.

다음 장은 이 책의 가장 획기적이고 핵심적인 주장을 담고 있다. 다윈 진화론과 유전자에 대한 지식이 반영된 신다윈주의 이론대로라면 진화가 '불가능의 산을 넘는' 정도로 아주 어렵게 이루어질 수밖에 없다. 생명체를 일종의 기계나 화학 장치 정도로 보는 분자생물학 관점에서는 진화가 매우 비효율적인 과정을 거치지만 아주아주 긴 시간 동안 이루어지기 때문에 가능하다. 하지만 5장에서 생명체에 지금까지 적용되어왔던 고전통계역학이 아니라 양자통계역학이 적용될 가능성을 소개하며 옴살적으로 매우 효율적인 진화 과정이 가능할 수 있음을 조심스럽게 점쳐본다.

6장은 필자의 개인적 주장이 강한 일종의 논문이다. 여기서 나는 지금까지 신라 첨성대의 기능을 한반도 안의 역사 맥락에서만 바라보려 했던 시각에서 벗어나 보다 넓은 국제적 시각에서 재해석이 필요하다는 주장을 제기한다. 마지막 장인 7장에서는 이 책의 3장과 5장에서 중점적으로 다룬 생명체를 둘러싼 미스터리에 대한 답을 구한다. 그리고 이를 위하여 천재적인 물리학자이면서 생명의 신비에 경도되어 자신이 쌓아올린 명성을 뒤로한 브라이언 조지프슨의 발자취를 쫓는다. 30대 초반에 노벨 물리학상을 받은 조지프슨은 명상이나 초심리학에 관심을 표명해 주류 학자들의 공분을 샀는데 그가 왜 이런 고행의 길을 걸어야 했는지를 살펴보면서 앞으로 도래할 새로운 패러다임에 대한 독자들의 상상력을 자극하고자 한다.

나는 한때 인생이 너무 지루하고 재미없다는 생각을 했던 적이 있었다. 하지만 세월이 지나며 우리 주변을 둘러싼 많은 것들이 아직 미지의 영역으로 남아 있다는 깨달음을 갖게 되었다. 그래서 요즈음은 미스터리한 우주의 본질에 대한 경외감에 전율을 느끼며 하루하루를 소중하게 보내고 있다. 이 책을 읽는 독자들 중에도 이런 나의 체험에 동참해줄 이들이 있기를 바란다.

마지막으로 이 책 5장의 '남아프리카에 서식하는 세라토카룸 아르젠티움이라는 식물의 씨앗을 영양 똥으로 오인해 굴리고 있는 쇠똥구리의 모습'이 담긴 사진 사용을 흔쾌히 허락해준 남아프리카 케이프타운 대학 제레미 J. 미즐리 박사에게 감사의 뜻을 전한다.

2017년 2월

맹성렬 씀

차례

6

**찬란한 문명
교류사 속에서
바라본
첨성대의 미스터리**

7

**천재 물리학자
조지프슨은
왜 초능력에
빠져들었을까?**

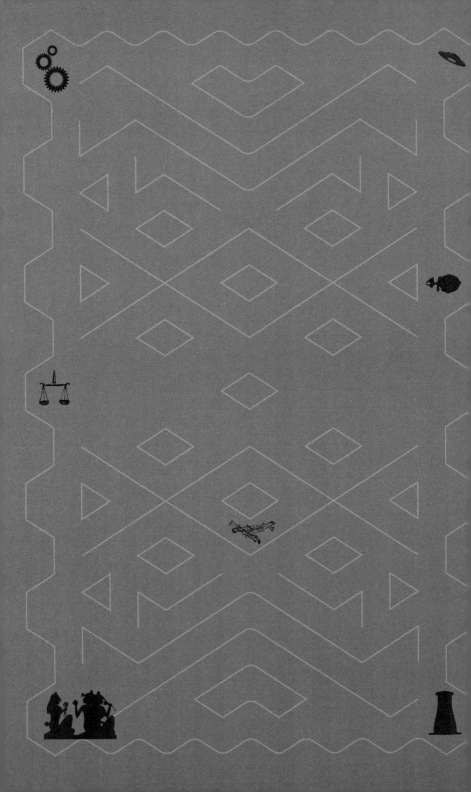

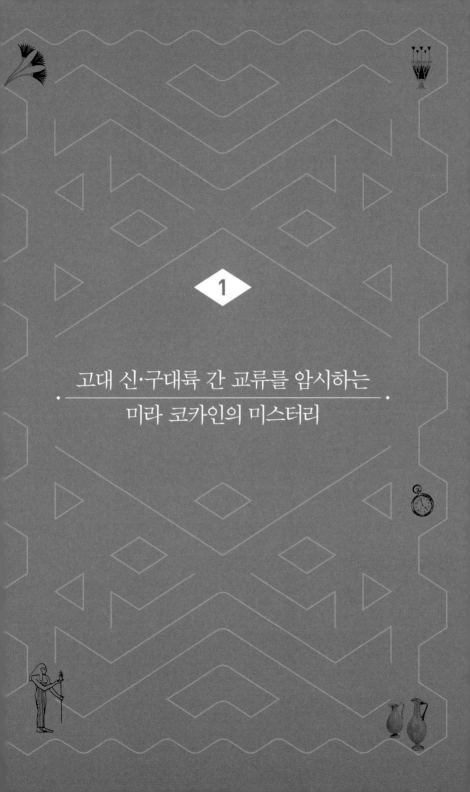

1

고대 신·구대륙 간 교류를 암시하는
미라 코카인의 미스터리

◆

람세스 2세 미라에서 발견된
담뱃잎 조각

　1976년 9월 프랑스 주요 방송사들은 한 위대한 왕의 파리 방문에 대해 일제히 대서특필했다. 하지만 그 왕은 살아 있는 존재가 아니었다. 기원전 1200년경에 만들어진 람세스 2세의 미라였다. 람세스 2세는 고대 이집트 왕국의 영토를 최대한 확장시켜 명성을 떨쳤던 고대 이집트 신왕조 시대의 파라오였다. 그의 미라는 원래 카이로박물관에 보관 중이었는데 파리인류박물관 기획 전시를 위해 공수했다. 그런데 전시를 준비하기 위해 조사를 하던 프랑스 과학자들은 미생물에 의해 이 미라가 점차 손상되고 있음을 발견했다. 곧 이를 중단시키기 위한 특단의 조치가 취해졌다. 그런 와중에 미라에 감겨져 있는 붕대의 성분 분석이 이루어졌는데, 이를 위해서는 식물학자의 참여가 필요했고 파리자연사박물관의 미셸 레스코Michelle Lescot가 그

임무를 맡았다. 붕대로 사용한 천을 현미경으로 관찰하던 그녀는 깜짝 놀랐다. 거기에 작은 담뱃잎 조각이 있었던 것이다. 그것은 불가능한 일이었다. 콜럼버스가 남미에서 담배를 가져오기 전에 구대륙에는 담배가 알려져 있지 않았다는 것이 상식이었기 때문이다. 재차 면밀히 분석을 해봤지만 결과는 똑같았다. 그것은 담뱃잎 조각이었다. 이 사실이 언론에 보도되자 미라를 오염시킨 주범으로 카이로박물관에서 람세스의 유물을 관리하는 담당자가 지목됐다. 카이로박물관의 수석 학예사인 나시리 이스칸더Nasri Isk-ander도 그럴 가능성을 인정했다. 19세기 초에는 많은 고고학계 종사자들이 유적 발굴의 피곤함을 달래려고 휴식을 취하면서 파이프 담배를 즐기는 것이 거의 관행처럼 여겨졌기 때문이다.[1]

하지만 이런 주장에 대해 레스코는 반론을 제기했다. 미라의 가장 안쪽인 복부에서도 담뱃잎 조각이 발견됐기 때문이다. 누군가 파이프 담배에서 담뱃잎을 떨어뜨렸다면 미라의 깊은 속에서 그것이 발견될 수는 없을 것이었다.[2] 이런 반론에도 불구하고 이 사건은 곧 대중의 뇌리 속에서 사라졌다. 그리고 비슷한 논란이 재현되기까지 15년이 흘렀다.

이집트 미라들에서 검출된
니코틴과 코카인

1992년 독일의 병리학자인 스베틀라나 발라바노바Svet-lana Balabanova는 방사성 면역 측정법과 기체 색층 분석법/질량 분석법gas chromatography/mass spectroscopy 등을 사용해 독일 뮌헨박물관에 소장되어 있는 기원전 약 1000년부터 기원후 약 400년 사이의 이집트 미라 9개의 머리카락, 피부, 그리고 뼈에 포함된 성분을 조사했다. 그 결과 모든 샘플에서 대마의 환각 성분인 테트라히드로칸나비놀(THC)과 함께 코카인이 검출됐고, 여덟 샘플에서 니코틴이 검출됐다. THC의 검출은 충분히 예기된 것으로 그리 놀라운 일이 아니었다. 대마나 아편과 같은 마약류가 고대 이집트에서 종교의식이나 의료 목적으로 널리 사용됐기 때문이다. 하지만 코카인과 니코틴 성분을 많이 함유하고 있는 코카 식물이나 담배 식물은 현재 아프리카 대륙에 자생하고 있지 않다. 도대체 이런 성분을 함유하는 식물을 그들이 어디서 어떻게 구해 섭취했다는 말인가? 그녀는 이 놀라운 사실을 〈나투르비센샤프텐Naturwissenschaften〉이라는 관련 학술 전문지에 발표했다.[3]

관련 연구자들은 그 미라들에서 검출된 코카인과 니코틴이 에리스록실론 코카Erythroxylon coca와 니코티아나 타바쿰Nicotiana tabacum이라는 학명을 갖는 남아메리카 대륙 서식종에서

◆◆◆
페루와 볼리비아 등지에서 자생하는 높이
1~12미터의 상록관목인 코카나무(학명: 에
리스록실론 코카)의 모습.

◆◆◆
남미가 원산지로 2미터 정도의 높이로 자
라는 다년생식물인 재배 담배(학명: 니코티
아나 타바쿰)의 모습.

추출됐을 가능성이 높다고 판단했다.[4] 콜럼버스가 아메리카 대륙에 첫발을 디디기 2,500년 전에 고대 이집트인들이 어떻게 아메리카 대륙에서 구할 수밖에 없는 물질을 갖고 있었을까 하는 문제는 그 후로 학자들 간의 격렬한 논쟁의 대상이 됐다.

처음 그 분석 결과가 오염에 따른 것이라는 반론이 제기됐으나 분석팀의 면면이나 학술지의 권위로 볼 때 그런 주장은 받아들여지기 어려웠다. 무엇보다도 이 분석을 주도한 발라바노바 박사는 오늘날 범죄 수사나 스포츠계에서 널리 사용하는 머리카락과 땀 등에서 미량의 약 성분을 검출할 수 있는 도핑 방법을 세계 최초로 발명해 이 분야에서 최고 권위자로 알려져 있었다. 발라바노바는 시료 그 자체에 유효 성분이 함유된 것인지 아니면 오염된 것인지를 분간하는 방법을 알고 있었다. 모간 측정the hair shaft test이라 불리는 이 방법은 살아 있는 인간이 섭취한 약물이 머리카락의 단백질 속에 수개월 동안 남아 있게 된다는 점에 착안한 것이다. 그 후 신진대사에 의해 그 약물 성분은 사라지게 된다. 하지만 만일 그 약물이 머리카락 속에 남아 있는 상황에서 죽게 되면, 모발 속에는 영원히 그 성분이 보관된다. 따라서 모발 표면을 알코올로 닦아낸 용액에서 아무런 약물 성분이 검출되지 않고 모발 속에서만 그 약물이 검출된다면, 그것은 오염이 아니라 실제로 그 시신이 죽기 얼마 전에 그 약물을 섭취했다는 결정적인 증거가 된다. 이 방법은 종종 마약 중독자의 선별이나 시신의 사인을 규명하는 데 쓰이며 전 세계적으로 법적 효력이 있다.[5]

현대에 만들어진 가짜 미라?

한편 분석은 제대로 됐으나 그 미라들이 최근 조작된 가짜라는 주장이 제기됐다. 영국 맨체스터 대학의 로잘리 데이비드Rosalie David는 그 미라들이 고대 이집트인의 시신으로 만들어진 것이 아니라 근대 또는 현대의 시신으로 만들어진 가짜일 가능성을 염두에 두었다. 이 경우 담배나 코카인을 애용했던 사람들이 미라로 만들어졌다고 볼 수 있다. 데이비드는 18세기 이집트 룩소르의 미라 밀매상들이 돈벌이 목적으로 만들어낸 미라들일 가능성에 주목했다. 실제로 서구에 이집트 열풍이 불자 이집트 전역에서 미라들과 그 밖의 유물들이 품귀 현상을 빚었다. 따라서 그 당시 현대 이집트인들의 시신을 재료로 다량의 가짜 미라들이 '생산'됐을 가능성이 있다는 것이다. 분석에 사용된 뮌헨박물관의 미라들이 바로 이런 것들이었을 수 있었다. 이런 문제가 제기되자 이제 불똥은 뮌헨박물관으로까지 튀었다. 그 박물관이 소장한 미라들이 모두 가짜란 말인가? 코카인과 니코틴 성분 검출은 그런 방향을 가리키고 있었다. 그 미라들은 비교적 쉽게 구할 수 있었을 마약을 복용하고 중독에 빠졌던 무연고 부랑자들의 시신으로 만들어졌을 수 있었다. 하지만 이 미라들은 모두 탄소동위원소법을 통해 그 연대가 정해진 것들이었다. 오늘날 고고학에서 이 방법은 아주 광범위하게 적용되어 매우 중요한 '과학적' 기법으로 자리매김되어 있다. 그럼에도 불구하고 이 정도 중차대한 사안이면 이 기법에 대한 의심도 불가피하다. 실제로 탄소동위원소법은 종종 큰 오차를 보이곤 한다.[6] 그래서 고고학자들은 미라가 어느 고분에서 나왔고 누구에 의해 언제 발굴됐는가 하는 등의 출처를 중시한다. 또 미라 제작 기법에 얼마나 전문성이 발휘됐나 하는 점도 철저히 따진다.

로잘리 데이비드는 뮌헨박물관 미라들에 관해 정리된 카탈로그를 조사해보고서 대체로 출처가 불명확하다는 사실을 알았다. 하지만 박물관 측에서는 미라들을 입수한 후로 미라들에 동반된 새김글이나 부적, 미라 제작 기법에 관한 전문적인 조사가 이루어졌고 그 결과 모두 고대 이집트 진품이라는 결론을 내렸다고 주장했다. 데이비드는 박물관에서 발행한 관련 논문 및 책자들을 자세히 읽어보고서 처음 품었던 의심을 걷어내고 그것들이 진품이라는 잠정적 결론에 도달했다.[7] 이렇게 해서 논의는 다시 원점으로 돌아오게 됐다.

공고해지는
증거들

자신의 발견이 엄청난 파장을 불러일으키자 발라바노바는 출처가 명확한 다수의 미라들을 대상으로 후속 연구를 시작했다. 그녀와 동료들은 한때 이집트 영토였던 수단 지역에서 발굴된 미라들 샘플 134점에 대한 도핑 테스트를 실시했다. 수단의 미라들은 이집트 본토 것들보다 비교적 최근에 만들어졌으나 그래도 콜럼버스가 아메리카를 발견하기 몇 백 년 전에 제작된 것들이다. 발라바노바가 이것들을 분석해보니 약 1/3의 샘플에서 니코틴과 코카인 성분이 검출됐다. 이 결과는 1993년에 관련 분야에서 최고 권위를 자랑하는 전문지 〈린셋Lincet〉에 게재됐다.[8] 이로써 고대 이집트인들이 니코틴과 코카인을 흡입했다는 사실은 더 이상 의심할 여지가 없게 됐다.

그런데 고대 이집트인들이 니코틴과 코카인을 사용했다면 그들이 어떤 식으로 이를 흡입했을까? 발라바노바의 동료들은 1995년에 탄소동위원소법으로 기원전 950년경에 제작된 것으로 밝혀진 한 이집트 미라의 신체를 구석구석 조사해보았다. 그 결과 대마의 주성분인 THC는 폐에서 주로 검출된 반면 니코틴과 코카인은 장과 간에서 검출됐다. 이는 대마초 연기를 코로 흡입한 반면 담배나 코카 성분은 경구 투여했음을 의미했다.[9]

구대륙에 자생했던 담배와 유사 코카 식물?

발리바노바는 자신의 과학적 발견과 주류 고고학자들의 이론을 조화시키기 위해 한 가지 가설을 제기했다. 오랜 옛날 남미에서 자라는 것과 유사한 종의 담배와 코카나무가 구대륙에 자생하고 있었다는 것이다. 미셸 레스코는 비록 담배 원산지가 남미인 것은 사실이지만, 오스트랄라시아·오스트레일리아·뉴질랜드·서남태평양제도를 포함하는 지역과 태평양의 섬들에 니코틴 함량이 크게 차이나지 않는 유사종들이 있는 것도 사실이라고 지적한다. 따라서 어쩌면 아시아에 변종인 담배가 오래전에 자생하고 있다가 멸종했을지 모르며, 그렇다면 아프리카나 유럽 같은 그 밖의 지역에서도 그랬을 가능성이 있다는 것이다. 그런데 발라바노바에 의해 유럽에도 니코틴이 함유된 담배 변종 식물이 자생하고 있었을 가능성을 시사하는 증거가 제시됐다. 5세기부터 7세기 사이에 살았던 123인의 독일인 유골들로 도핑 테스트를 해보니 그중 23샘플에서 31~150ng/g의 니코틴이 검출됐다는 것이다. 이 결과는 독일 지역에 현재는 멸종됐지만 고유 담배종인 제누스 니코티아나*Genus Nicotiana*가 서식하고 있었음을 시사한다.[10] 고대 이집트인들이 즐긴 담배 역시 아프리카 지역에 자생했지만 오늘날에는 멸종되어버린 그곳 고유 담배종이 존재했음을 가리키는 것일까?

코카나무의 경우 남미 이외에 아시아, 남아프리카, 그리고 오스트레일리아에 유사종들이 있으나 코카인 함량이 남미의 코카나무에 비해 5퍼센트 정도밖에 되지 않는다.[11] 또한 이들이 남미에서처럼 재배됐다는 어떤 증거도 존재하지 않는다.[12] 따라서 고대인들이 이 식물들에 향정신성 물질이 함유되어 있음을 눈치 챘을 가능성은 없어 보이기는 하지만 완전히 그 가능성을 배제하기는 어렵다.

이런 이유로 아시아 변종인 아프리카 고유종 담배가 자생하

다가 멸종됐을 가능성과 코카인 성분은 극히 적지만 아프리카
나 인도에 자생하던 유사 코카나무들에서 이집트인들이 코카
인을 농축하는 방법을 사용했을 가능성 등이 제기됐다.[13] 그런
데 이런 가정에는 결정적인 문제가 있었다.

이집트인들에게 익숙했던 향정신성 물질의 식물들

카르나크신전의 벽에는 수많은 연꽃무늬가 새겨져 있다.
한동안 이집트학 학자들은 이 꽃이 단지 종교적 상징을 띠고
있다고 생각해왔는데, 최근 이집트에 자생했지만 지금은 거의
멸종 상태에 이른 파란색 연꽃이 강력한 마약으로 고대 이집트
에서 사용됐음이 밝혀졌다. 실제로 고대 이집트에서 청수련과
맨드레이크는 최면 유도와 치유 의식에 사용되는 중요 향정신
성 약품이었다.[14] 아편은 수메르에서 기원전 3400년경부터 재
배한 '기쁨을 주는 식물'이었다. 고대 이집트에서는 기록상 오
피움 테바이쿰*Opium thebaicum*을 기원전 1300년경부터 재배
한 것으로 되어 있으나[15] 이미 그 이전부터 사용됐을 가능성이
높다.

앞에서 람세스 2세의 미라에서 담뱃잎 조각이 발견되어 큰
논란에 휩싸였다는 사실을 소개했는데, 비록 덜 관심을 받기는
했지만 그때 대마의 꽃가루도 함께 발견됐다. 이 역시 현대의

오염 물질일 것이라는 주장이 제기됐었다. 그러나 후속 연구에서 대부분의 고대 이집트 미라에서 대마 화분花粉이 발견되면서 이제는 고대 이집트에서 대마를 사용했다는 것은 의심의 여지가 없게 됐다. 실제로 고대 이집트인들에게 대마는 지식과 학문, 기록과 역사의 여신 세샤트Seshat의 상징일 만큼 종교적으로도 중요했으며, 신왕국 시대의 테베 신전에서는 종교의식

♦♦♦
기원전 1000년경 조성된 것으로 추정되는 이집트 테베 공동묘지 소재 아메네모페 무덤의 한 현실玄室 채색 벽화. 망자를 위한 봉헌물들이 묘사되어 있다. 맨 위쪽에 청수련꽃이 보이고, 그 아래에 아편 열매들이 놓여 있다. 청수련과 아편은 고대 이집트에서 애용되던 마약류였다.

때 대마초를 태우는 연기를 향으로 사용하였다.[16] 그런데 이처럼 고대 이집트에서 다양한 종류의 향정신성 약품들이 사용됐다는 정황이 포착됐으나 코카나 담배에 대해서는 그 어떤 기록이나 그림도 찾아볼 수 없다는 것이 문제다.

이집트 벽화에는 나타나지 않는 담배와
코카 식물의 문제

발라바노바가 첫 실험 결과를 발표했을 때 미국 보스턴 미술박물관의 이집트학 학자 폴 마누엘리안Paul Manuelian은 강력한 의문을 제기했다. 고대 이집트인들은 묘지의 내벽에 그린 벽화에 내세에서 망자가 향유할 사치품으로 맥주나 아편의 재료인 양귀비꽃 등을 그려 넣었는데, 그 어디에서도 담배나 코카 잎을 묘사한 장면이 발견되지 않는다는 것이다. 이는 고대 이집트인들에게 담배나 코카가 알려져 있지 않았다는 증거라고 그는 주장했다.[17] 담배와 코카가 고대 이집트인들에 의해 사용되었음이 명확히 밝혀진 현재 상황에서 그의 주장은 이런 식물들이 과거 이집트 땅에 존재했다가 멸종되었다는 가설을 반박하는 증거로 사용될 수 있다. 왜냐하면 고대 이집트의 벽화를 통해 현재 멸종되어 이집트 땅에서 더 이상 찾아볼 수 없지만 과거 이집트 땅에 존재했던 식물들이 무엇인지 정확히 찾아낼 수 있기 때문이다. 청수련, 백수련, 페르세아 나무, 캐럽, 갯대추나무, 그리고 잣소나무 등이 그런 식물들이다.[18] 하지만 코카나 담배 식물을 연상시키는 그 어떤 벽화도 존재하지 않는다.

페니키아인들이 구대륙과 신대륙 간의 무역을 했을까?

고대 이집트인들에게 형체가 알려지지 않은 식물들이 어떻게 기호식품으로 사용되었던 것일까? 이런 의문에 대한 가장 합리적인 대답은 그들이 이런 식물들을 직접 눈으로 확인한 적이 없으며, 누군가 제3자에 의해서 가공된 상태로만 접했다는 것이다. 그것들이 형체를 알아볼 수 없도록 가공됐기 때문에 벽화에 그 모습을 남길 수 없었다고 설명하는 것이 합리적이기 때문이다. 아마도 코카나 담뱃잎은 장거리 이송에 대한 편의성이나 효율성을 위해 여러 단계의 국제 교역 경로를 거치면서 분쇄나 농축 등 상당한 가공 공정을 거쳤을 것이고, 그 과정에서 원형을 완전히 잃어버렸을 것이다. 이런 가정을 하면 그들이 담배나 코카 식물을 아시아나 아프리카에서 입수했을 가능성은 별로 없다. 이 정도 거리라면 그들이 직접 무역에 개입하거나 또는 그들의 영향력 아래 놓인 조직을 가동할 수 있었을 것이고, 담배나 코카 잎의 모습을 어떤 식으로든 파악했을 것이기 때문이다. 그렇다면 국제무역에 이집트인들이 통제할 수 없는 제3자가 개입했다고 봐야 하며, 특히 구대륙에서 남미를 오가는 역할은 당시 이집트인들에게도 생소한 그 누군가가 했다고 봐야 할 것이다. 그들의 정체는 무엇일까?

기원전 1000년경 지중해를 중심으로 해상 교역을 가장 활발히 했던 민족은 페니키아인들이다. 당시 그들의 항해 능력은 아주 탁월했으며, 헤로도토스Herodotos는 기원전 600년경 고대 이집트 파라오 네코 2세Necho II의 명령에 의해 페니키아인들이 홍해에서 출발해 아프리카 대륙을 한 바퀴 돌아 지중해로 오는 장장 2만 5,000킬로미터의 항해를 했다고 기록한 바 있다.[19] 게다가 일부 학자들은 페니키아인들이 대서양을 건너 신대륙에 도달했다는 주장을 하기도 한다.[20] 따라서 이들이 이집트를 상대로 향정신성 물질을 교역했을 가능성을 우선 검토할 수 있겠다. 하지만 그들이 정말로 신대륙에 갔다는 결정적인 증거가 나오지 않고 있으며,[21] 설령 그들이 거기에 갔었다고 해도 아주 간헐적으로 갔을 것이라는 것이 학계의 의견이다. 신대륙과 구대륙을 오가며 지속적인 교역을 했다는 증거가 없다는 이야기다. 따라서 페니키아인들이 그런 교역을 주도했을 가능성은 희박해 보인다. 더욱이 코카인이 고대 이집트에서 사용되고 있던 시기에 그들은 고대 이집트 왕국의 영향력 아래서 움직였다. 따라서 이집트 파라오나 신관들이 담배나 코카 잎의 견본을 요구하거나 최소한 그 모습을 기록해서 전달해주기를 요구했다면 당연히 그렇게 했을 것이다. 하지만 이집트인들이 그물질들의 원형을 전혀 몰랐다는 사실은 역사적으로 볼 때 담배나 코카의 국제무역에 가장 유력한 후보임에도 불구하고 페니키아인들은 배제해야 한다는 결론에 도달하게 된다. 그렇다면 다른 후보 민족은 없을까?

신대륙과 구대륙을 잇는
고대 무역 네트워크 존재 가능성

옥스퍼드 대학의 이집트학 교수인 존 베인스John Bains는 고대에 신대륙과 구대륙을 잇는 무역 네트워크가 존재했을 가능성을 부정한다. 그는 이런 교역을 증명할 어떤 증거도 존재하지 않는다고 단언한다.[22] 하지만 여러 시대에 걸쳐 제작된 고대 이집트 미라들에서 코카인 성분이 검출됐다는 것 그 자체가 아주 중요한 증거 아닌가? 자신들의 인문학적 소양을 과신하는 일부 이집트학 학자들은 과학기술적 증거들을 평가하는 데 무지하거나 인색하다.

고대에 구대륙과 신대륙을 잇는 국제무역 네트워크의 존재를 부인하는 측에서는 그런 것이 존재했음에도 불구하고 콜럼버스 이전 신대륙에 밀이나 보리, 귀리, 조, 쌀, 돼지, 닭, 말, 당나귀, 낙타 등의 동물이 존재하지 않았고, 구대륙에도 라마, 기니피그, 옥수수, 고구마, 토마토 등이 존재하지 않았던 이유를 설명해보라고 한다. 정말로 무역이 이루어졌다면 왜 이런 동식물들 이동이 이루어지지 않았느냐는 것이다.[23]

그런데 사실 이런 것들 중 일부는 신대륙에서 구대륙으로 또는 그 반대 방향으로 이식되었다는 증거들이 나온 바 있다.

구대륙과 신대륙 사이를 오고 간
닭, 고구마, 그리고 옥수수

뉴질랜드 오클랜드 대학 연구진에 의해 칠레 중부 아라우코 반도의 한 유적지에서 발견된 닭의 뼈들은 여러 종류의 닭들과 DNA를 비교한 결과 남태평양 통가와 사모아에서 이전에 발견됐던 고대 닭 뼈와 같다는 사실이 밝혀졌다. 방사선탄소 연대 측정 결과 이 뼈들은 1321~1407년의 것으로 밝혀졌는데 이는 최초의 스페인인들이 미 대륙에 도착하기 훨씬 전이다. 이 고대 닭은 하와이 및 동남아의 일부 닭과 동일한 독특한 유전자 염기 서열을 갖고 있는 것으로 밝혀져 원래 동남아로부터 기원했다는 사실도 드러났다.[24] 지금으로부터 약 700년 전에 남태평양에서 남미로 인류 역사상 가장 먼 거리의 치킨 배달이 있었던 것이다.

한편 한동안 멕시코, 페루, 콜롬비아 등 아메리카 대륙의 더운 지역이 원산지인 고구마는 16세기 이후 스페인 사람들이 멕시코 서부에서, 포르투갈 사람들은 캐리비안 동쪽에서 각각 고구마를 가져다 구대륙에 최초로 공급했다고 알려져 왔다. 그런데 폴리네시아에서 발견된 탄화 고구마는 방사성 탄소동위원소법으로 이보다 500년 이전에 재배되었음이 밝혀졌다. 이 고구마 표본의 유전체를 분석한 결과 페루 지역의 고구마와 매우 유사한 것으로 드러났다. 따라서 최소한 1,000년 전에 페루에서 남태평양으로 고구마가 이식되었다는 결론에 도달했다. 그런데 닭이 날아서 태평양을 건너갈 가능성은 전무하지만, 나뭇가지에 끼인 고구마가 바닷물에 떠서 조류를 따라 태평양을 건너갔을 가능성은 희박하나마 존재하여 인간에 의한 인위적 이식이 아닐 수 있다는 반론의 여지가 있다. 하지만 남태평양에서 고구마는 쿠마라Kumara라 불리는데 페루에서는 쿠마르kumar라고 불린다는 사실에 주목할 필요가 있다. 참고로 밝히자면, 멕시코 서부에서 고구마는 카마테cmate로, 캐리비안에서는 바타타 batata로 불린다. 프랑스 국제농업협력연구센터의 까롤린 룰리에Caroline Roullier 박사는 "유전적인 분석만으로는 근대 이전의 폴리네시아 사람들이 남아메리카와 접촉했다는 결정적 증거가 되지 못하지만 언어학적인 증거가 이 결론과 맞아 떨어진다"며 "다른 종류의 증거까지 조합한 것이라 확신할 수 있다"고 강조했다.[25]

한편 옥수수의 경우에는 유전학적으로 결정적인 단서는 나오지 않았지만 여러 정황상 콜럼버스 이전에 신대륙에서 구대륙으로 전파되었을 가능성이 제기되고 있다. 1505년 제작된 중국의 한 식물도감에는 명백히 옥수수임에 틀림없는 식물이 그려져 있다. 이를 조사한 일본 식물학자 마사오 우치바야시內林正夫는 콜럼버스가 아메리카 대륙에 도달한 1492년 이후 이렇게 이른 시기에 중국에까지 아메리카 식물이 알려져 도감으로까지 정리될 수는 없으므로 이는 그 이전에 옥수수가 구대륙으로 전파된 증거라고 생각한다.[26] 이와 비슷한 증거가 인도에서도 발견된다. 카를 요한센Carl L. Johannessen과 앤 파커Anne Z. Parker에 의하면 13세기 이전에 건축된 남부 인도의 호이살라 신전들 부조에는 낱알 하나하나까지 선명하게 보이는 옥수수의 형태가 새겨져 있다고 한다. 그 묘사가 너무 정교해서 조각가가 실물을 직접 보면서 새기지 않고는 이런 작품은 불가능하다고 그들은 주장한다. 따라서 콜럼버스보다 200년 이전에 이미 인도에 옥수수가 알려져 있었다는 것이 이들의 결론이다.[27] 이런 주장에 대해 인도 신화 전문가도 동의했다. 델리 대학에서 인도 신화에 등장하는 식물들의 역할에 대해 집중적으로 연구한 샥티 굽타Shakti M. Gupta는 주로 힌두 신전들에 옥수수가 묘사되어 있다고 하면서 특히 비슈누 신이 옥수수를 들고 있는 장면이 많다고 지적한다.[28] 콜럼버스 시대 이전의 구대륙에 옥수수가 알려지지 않았다는 것은 잘못된 상식 같다.

고대 중국의
신대륙 연관설

이집트 룩소르에서 발굴된 기원전 1000년경 제작된 미라의 머리카락에서 비단 실 몇 올이 발견되어 이집트인들이 태평양까지 도달했을 가능성이 제기됐다. 코넬 대학의 역사학 교수 마틴 버널Martin Bernal은 기원전 1000년경에 비단이 중국에서 이집트로 유입된 것 등으로 미루어 당시 국제적인 교역이 있었음이 명백하다고 하면서 전 세계적 교역이 18세기에 이르러서나 가능해졌다고 주장하는 것은 오만한 생각이라고 지적한다.[29] 그렇다면 도대체 누가 신대륙과 구대륙을 오가는 교역을 과거에 오랜 세월 동안 지속적으로 해왔던 것일까?

몇몇 문명확산론자들은 중국인들이 기원전 1500년경부터 기원후 900년까지 쿠로시오해류를 타고 아메리카 대륙과 아시아를 오가는 교역을 했다고 말한다.[30] 이들 주장에 의하면 기원전 1500년경부터 중국 상商나라에서 북미 대륙으로의 이주가 있었으며, 중미의 올멕 문명이 이런 이주민들의 영향을 받아 건설되었다는 것이다.[31] 하지만 이런 가설을 구대륙과 남미 사이의 코카와 담배 교역에 직접 연관시키기에는 무리가 있다. 우선 제기되는 중국인들의 교역 시기는 기원전 1500년에서 900년 사이로 한정되어 있는데 마약류 무역은 그 이후에도 1,000년 이상 지속되었다는 증거가 있기 때문이다. 또 중국의 영향처럼 보이는 물증들은 북미와 중미에 한정되어 분포하며 남미에까지 그들의 세력이 미쳤다는 증거는 찾아보기 어렵다.

폴리네시아인들의
관련 가능성

닭과 고구마의 예로 미루어볼 때 우선적으로 꼽을 수 있는 신구 대륙을 오가며 교역을 했을 후보 민족은 폴리네시아인들이다. 대양 항해에 매우 뛰어났던 폴리네시아인들이 콜럼버스 이전에 태평양 횡단 항해를 통해 남미에 그들의 닭을 산 채로 가져갔고, 또 남미에서 고구마를 그들 섬으로 가져왔음은 명백한 사실이기 때문이다. 폴리네시아는 하와이제도, 뉴질랜드, 이스터섬을 잇는 삼각형 안에 흩어져 있는 중앙 및 남태평양의 1,000개 이상 섬들의 집단을 가리킨다. 서쪽에 솔로몬제도와 파푸아뉴기니, 그리고 인도네시아 일부로 구성된 멜라네시아와 인접해 있고 더 서쪽에는 동남아시아가 위치해 있다.

오스트레일리아 국립 대학의 피터 벨우드Peter Bellwood와 피터 히스콕Peter Hiscock은 과거에 폴리네시아인들의 남미 진출이 있었음을 주장한다. 그들은 남태평양의 이스터섬 오롱고 암벽화에 나타나있는 버드맨birdman 도상과 북페루 투쿠메의 치무 문명의 벽돌에 새겨진 버드맨 문양의 유사성에 주목한다. 또 이스터섬의 아후 비나푸의 석벽 건축양식과 페루 쿠스코 근처의 삭사우아만의 요새 석벽 건축양식이 유사하며 상호 연관이 있다고 본다. 그런데 그들은 이런 유사성이 페루인들이 태평양으로 진출한 것이 아니라 태평양의 폴리네시아인들이 배를 타

중·남태평양의 섬 집단들. 하와이제도, 뉴질랜드, 이스터섬을 잇는 삼각형 안에 흩어져 있는 1,000개 이상 섬들의 집단을 폴리네시아라고 부르며, 이 섬 집단 서쪽의 솔로몬제도와 파푸아뉴기니, 그리고 인도네시아 일부에 속한 섬 집단을 멜라네시아라고 부른다.

고 남미로 가서 접촉이 이루어졌다고 주장한다. 하지만 이런 접촉이 지속적으로 오랜 세월 동안 이루어졌을 가능성에 대해서는 회의적이다. 그런 진출이 수차례에 걸쳐 비교적 짧은 시기 동안에 이루어졌다는 것이다.[32] 하지만 건축양식을 전해줄 만큼 대규모 집단의 이주나 접촉까지는 아니더라도 닭이나 고구마의 예에서 보듯 소규모의 남미 진출이 지속적으로 이루어졌을 가능성은 충분히 있다.

하버드 대학에서 인류학 박사 학위를 받은 앨리스 키호Alice

B. Kehoe는 미국 위스콘신주 밀워키 소재 마케트 대학에서 석좌교수를 역임했다. 그녀는 아메리카 원주민들에 대한 전문가로 북미 원주민들과 메소아메리카 원주민들 간의 연관성 연구, 그리고 남미 안데스 티티카카 원주민들에 대한 연구를 수행했다. 한편 대양 항해에 관해서도 관심이 많았는데 '미네소타 켄싱턴에서 발견된 룬 문자가 새겨진 돌Kensington Runestone of Minnesota'에 대해 그것이 19세기에 만들어진 위조품이 아니라 14세기에 스칸디나비아에서 북미로 항해해온 바이킹들에 의해 남겨진 진품라고 판정했다. 이런 발견은 그녀의 가치관을 크게 바꾸었다. 오래전부터 대양 항해가 이루어졌을 것이라는 확고한 믿음을 갖게 됐고, 그럴 가능성을 무시하는 주류 인류학계에 논문과 저술로 대항하고 있다.

그렇다면 앨리스 키호는 고대 이집트인들이 코카와 담배를 어떤 경로로 획득했다고 볼까? 그는 폴리네시아인들이 태평양 횡단으로 안데스 산지까지 직접 가서 그것들을 가져왔고, 이를 다시 인도나 마스가스카르 상인들에게 넘겨준 것으로 추정한다. 그리고 최종적으로 고대 이집트인들이 인도나 마다가스카르와의 교역을 통해 입수했다는 것이다.[33]

옥 교역을 주도했던 자들은
누구인가?

앞에서 중국 문명이 기원전 1500년경에 아메리카 대륙에 전파된 정황이 있다는 사실을 주장하는 학자들이 있다고 언급한 바 있다. 이들은 중국의 건축양식이나 옥과 같은 보석류가 아메리카로 유입되었다고 말한다.[34] 기원전 1500년경의 중국 상나라 관료들은 옥을 매우 중요시했으며 옥으로 만든 태블릿이나 지휘봉baton의 모양이나 크기로 자신의 신분을 표시했는데, 중미의 올멕 문명에서도 옥으로 만든 유사한 물체들이 지위 신분을 나타내는 데 쓰였다는 사실을 그 증거로 내세운다.[35] 하지만 중국적인 사상이나 문물이 반드시 직접적으로 중국인들에 의해 전달되었다고 볼 이유는 없다. 만일 정말로 신구 대륙 간의 교류가 있었다면, 그 중간에서 교역을 하는 이들에 의해서 그런 유사한 모티브는 충분히 전파될 수 있기 때문이다. 그렇다면 이런 교역에 참여했을 후보 민족이 있을까?

기원전 3000년경부터 북동아시아에서 채굴된 옥이 남중국해 3,000킬로미터 해안선을 잇는 교역로를 따라 동남아시아 여러 나라로 수출된 사실이 최근 밝혀졌다. 베트남, 타이, 말레이시아, 그리고 필리핀 등 50여 군데에서 출토된 100개가 넘는 옥 세공품들을 조사 분석해보았더니 모두 타이완 동쪽의 서른여덟 군데 채석장에서 채석됐다는 사실이 드러난 것이다.[36]

이는 그곳의 누군가가 상당히 수준 높은 바다 항해용 선박들을 제작할 수 있는 기술이 있었고, 장거리 항해 기술을 갖추고 있었으며, 넓은 영역에 걸쳐 교역망을 구축하고 있었음을 의미한다. 이전까지 동남아시아는 중국이나 인도의 문화권에 종속되어 있는 지역으로 치부되어왔는데, 옥에 대한 과학적 조사 결과 학자들은 오래전에 동남아시아가 자체적으로 상당히 발전되어 있었다는 결론에 도달하게 됐다. 한편 옥 원석들이 타이완에서 수출됐지만 세공은 다른 곳에서 이루어진 사실이 드러났다. 그곳이 어디였을까? 타이완에서 채석되는 옥은 연옥으로 모스 강도가 6~6.5 정도 되는 보석이다.[37] 비교적 단단하여 출토된 것과 같이 복잡한 형태를 세공하려면 특수한 기술과 전문 공구들이 필요하다.[38]

파푸아뉴기니섬의 동쪽 비스마르크제도에 속해 있는 에미라우섬에서 기원전 1200년경에 제작된 것으로 추정되는 옥 끌이 발견됐다. 그런데 그 조성을 분석해보니 동남아시아의 다른 곳에서 흔히 발견되는 타이완산과는 조성이 전혀 달랐다. 미립질인 연옥과는 달리 그보다 훨씬 입자가 큰 과립질로 모스 경도가 7에 달하는 단단한 경옥이었던 것이다. 경옥은 그 산지가 매우 제한되어 있어 오늘날에도 연옥보다 구하기가 쉽지 않다. 간혹 일본이나 한국에서 경옥으로 만든 유물이 발견되기는 하지만 에미라우섬에서 발견된 경옥 끌은 이들과도 상당히 다른 조성이라는 데 문제가 있었다. 오랜 논란 끝에 그 경옥은 에미라 우섬에서 서쪽으로 1,000킬로미터쯤 떨어진 인도네시아 파푸아주의 토라레강에서 채광됐음이 밝혀졌다.[39]

도대체 이런 경옥을 취급했던 종족의 정체는 무엇이었을까?

대양 항해자
스파이스군도인들

오스트레일리아의 애들레이드 대학 교수인 찰스 피어스 Charles E. M. Pearce는 고대 동아시아와 동남아시아를 연결하는 장거리 교역망을 운영했던 민족이 오랫동안 스파이스군도를 근거지로 활동했다고 주장한다. 말루쿠군도라고도 알려진 스파이스군도는 인도네시아의 술라웨시섬과 파푸아뉴기니섬 사이에 위치한 600여 개가 넘는 작은 섬들을 일컫는다. 근대 이전에는 육두구肉豆蔲와 정향丁香, 그리고 다른 귀한 향신료들이 나는 유일한 '향신료 군도'이었기에 인도, 중국, 아랍인들과 유럽인들의 주목을 받았던 곳이다. 실제로 고고학적 조사에 의해 이들이 2만 년 전부터 칼, 화살촉 등에 사용되는 흑요석, 옥과 향신료 교역에 관여해왔다는 사실이 밝혀졌다. 15~16세기 지리상의 발견은 향신료를 구하기 위한 서구인들의 노력에 의해서 촉발되었으며 스파이스군도가 그들의 궁극적 목적지였는데, 이 군도에 존재하는 많은 향신료 식물들은 스파이스군도인들의 노력에 의해 오랜 기간 동안 채집되고 가꾸어졌음이 틀림없다. 피어스는 이들이 남미와 구대륙 문명 사이에서 부가가치가 높은 귀중한 식물들과 관련한 교역을 했을 것이라고 말한다.[40]

앞에서 콜럼버스 이전에 신대륙에서 구대륙으로 전파된 대표적인 식물들로 고구마와 옥수수를 들었는데, 사실 이보다 더 많은 식물들이 전파되었다는 사실이 최근 밝혀지고 있다. 존 소렌센John L. Sorenson과 카를 요한센은 원래 아메리카 대륙에 자생하던 식물들 중 60여 종 이상이 콜럼버스 항해 이전에 구대륙으로 유입되었다는 사실이 화석, 꽃가루, 식물암phytoliths, 그리고 유전자적인 증거들을 통해 확인되었다고 주장한다. 그런데 그들이 지적하는 식물들은 파인애플, 캐슈, 체리모야 등의 고

◆◆◆
인도네시아 술라웨시섬과 파푸아뉴기니섬 사이에 위치한 600여 개가 넘는 작은 섬들의 집단인 스파이스군도. 최근 폴리네시아인들의 조상들이 여기에 살았다는 주장이 제기되었다.

급 식용작물과 등골나무아재비, 멕시코가시양귀비, 바질(basil, *Ocimum sp.*) 등의 약용식물, 아스클레피아스, 칸나, 천수국 등의 관상용 식물, 향신료로 쓰이는 고추 등이다.[41]

피어스의 주장대로라면 이런 식물들도 당연히 스파이스군도인들에 의해 신대륙으로부터 구대륙으로 유입되었을 것이다. 실제로 피어스는 중국인들이 아메리카 대륙의 도시 문화에 영향을 미치는 건축이나 장식 등에 필요한 기술이나 옥 같은 보석류 등의 교역에 관여했을지는 모르지만, 약용식물 교역에는 오랫동안 향신료 교역에 종사했던 스파이스군도인들이 발군의 능력을 발휘했을 것으로 보고 있다. 그들이 인도와 남미 자생지 사이의 환경적 유사성을 정확히 가늠할 수 있는 진정한 원예사들이기 때문이라는 것이다.[42] 하지만 앞에서 살펴보았듯 옥 교역에서조차도 중국인들보다 스파이스군도인들이 발군의 능력을 발휘했기에 이 역시 그들이 기여했을 가능성이 높다.

폴리네시아인들의 스파이스군도 기원설

여기서 신대륙과 구대륙을 잇는 교역의 주역이 누구였는지 다시 한 번 생각해보자. 폴리네시아인들이 어디서 기원했는지에 대해 관련 학계에서는 지난 200년간 논쟁을 거듭해왔다. 불과 10여 년 전까지 주류 학설은 남중국과 타이완에서 초기

농업을 하던 종족들이 기원전 4000년경 동남아시아로 밀고 내려와 태평양으로 진출했다는 것이다. 하지만 최근 유전학적 조사 결과에 의하면, 폴리네시아인들이 남중국이나 타이완인들의 후손이 아니라 인도네시아 동부의 월러스 라인Wallace line과 파푸아뉴기니섬 사이의 섬들에 살던 종족의 후손이라는 것이다. 이들은 인류학자들에 의해 라피타인이라 불린다.[43] 문제의 지역에는 스파이스군도의 대부분이 포함되는데 피어스는 라피타인들의 선조가 스파이스군도인들이라고 지적한다.[44] 따라서 사실상 폴리네시아인들의 조상은 스파이스군도인들이라고 볼 수 있다.

그렇다면 언제 스파이스군도인들 중 일부가 동쪽 태평양을 향해 출발했을까? 유전학자들은 대략 그 시기를 기원전 1500년경으로 본다.[45] 그런데 이 시기는 좀 미묘한 시기다. 약재로 쓰이는 40여 종의 아메리카 자생식물들이 인도로 유입되던 시기와 일치하기 때문이다.[46] 결국 그 이후의 양 대륙 간의 교역은 스파이스군도에 머물고 있던 종족들과 이들을 떠나 태평양 쪽으로 진출한 종족들 간에 적절한 역할 분담에 의해 이루어졌을 개연성이 있다.

신구 대륙의 주요 동식물들이
이식되지 않은 이유

만일 스파이스군도인들과 폴리네시아인들이 수천 년 동안 지속적인 대륙 간 교역에 종사했다면 왜 양 대륙의 대표적인 동식물들이 서로 섞이지 않았을까? 이들의 무역로가 북아메리카를 거쳐 남미로 가는 항로였든 직접 태평양을 가로지르는 항로였든 항해 자체가 용이하지는 않았을 것이기 때문에, 그들은 교역 물품의 가치 순위를 철저히 따졌을 것이다. 따라서 이런 무역에 개입했던 스파이스군도인/폴리네시아인들은 양 대륙에서 흔한 동식물들의 교역에는 그다지 큰 매력을 느끼지 못했다고 봐야 한다. 자신들이 키우던 닭을 남미 칠레까지 산 채로 운반할 수 있었음에도 불구하고, 아시아로부터 다른 가축들을 수입해 산 채로 남미로 수출할 별다른 동기부여가 없었던 것이다. 폴리네시아에서 발견된 고구마에 대해서도 마찬가지로 해석이 가능하다. 자신들이 먹기 위해서 남미에서 고구마를 가져왔지만 그것을 굳이 아시아나 오스트레일리아에 배급할 별다른 이유를 찾지 못했을 수 있다. 하지만 관상용 식물이나 향신료, 특히 마약류에 대해서는 다른 기준을 갖고 있었을 것이다. 오늘날에도 그렇지만 이런 물품은 엄청난 고가로 거래되기 때문에 죽음을 각오하고 태평양을 건널 동기가 부여된 얼마 되지 않는 물품들 중 최상위에 있었을 것이다.

14세기 지리상의 발견 초기에 서구인들이 기를 쓰고 인도 항로를 개척하려 한 이유도 초고가에 거래되던 후추를 비롯한 향신료들을 안정적으로 공급받을 수 있는 루트를 확보하기 위해서였다. 당시 동남아시아의 스파이스군도는 관련 무역에 개입하고자 하는 이들에게 궁극적인 꿈의 종착지였다.

물론 지금까지 논의된 내용들은 가설에 불과하다. 아직 어떤 경로로 고대 이집트인들에게 코카와 담배가 공급됐는지는 여전히 과학과 역사의 미스터리로 남아 있다. 누군가가 좀 더 구체적인 증거를 갖고 기존의 가설보다 더 설득력 있는 학설을 제시하기를 고대한다.

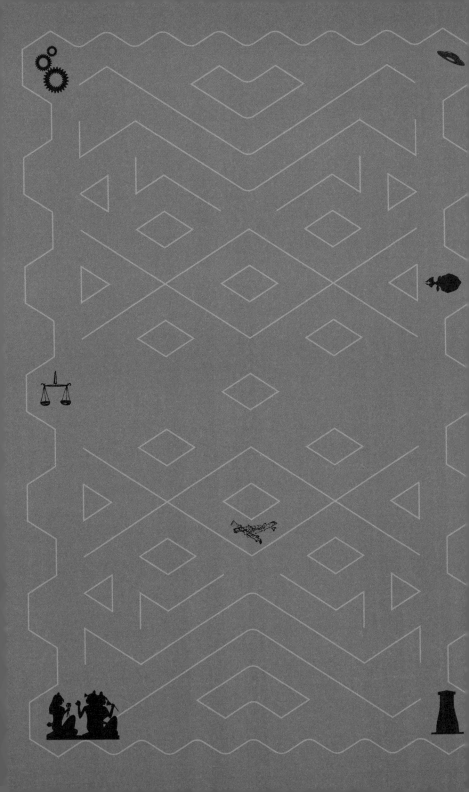

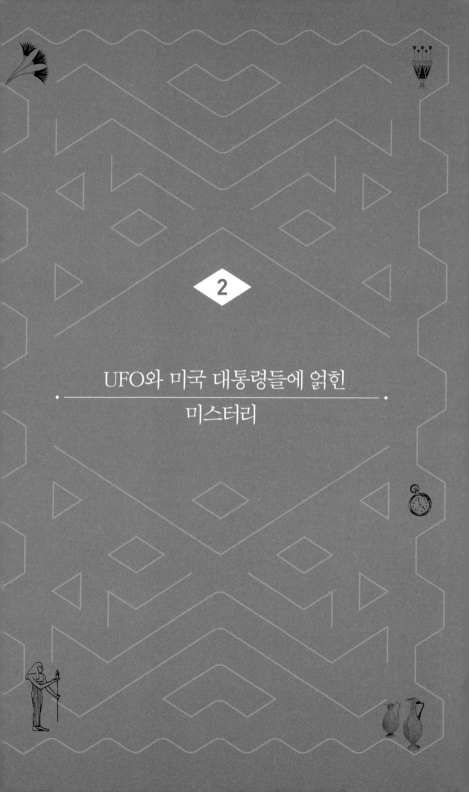

2

UFO와 미국 대통령들에 얽힌
미스터리

◆

아직은 갈 길이 먼
UFO 정보 공개

힐러리 클린턴Hillary Rodham Clinton이 45대 미국 대통령에 당선될 것이 유력해 보였던 2016년 초, UFO와 관련된 소식이 전 세계 매스컴의 해외 토픽란을 뜨겁게 달구었다. 그녀가 대통령에 당선되면 UFO에 대한 비밀을 공개하겠다고 공언했기 때문이다. 그녀의 대통령 도전이 무산되면서 향후 상당 기간 미국 정부가 스스로 나서서 UFO 정보를 공개할 가능성은 사라졌다. 힐러리 클린턴처럼 대선 공약을 한 경우가 아니더라도 지금까지 민주당 정부는 UFO에 관한 정보 공개 요구에 비교적 화답을 하는 분위기였으나 공화당 정부는 심한 거부감을 나타내곤 했었다. 따라서 도널드 트럼프Donald J. Trump 대통령의 공화당 정부가 들어선 상황에서 미국 정부가 공개하는 UFO에 관한 고급 정보에 대한 기대는 접어야 할 것 같다. 그런데 힐러리 클린턴이 대통령이 됐다고 하더라도 큰 기대를 할 상황은 아니었다. 일찍이 지미 카터Jimmy Carter가 대선 공약으로 UFO 정보 공개를 천명했고, 대통령이 되고 나서 실제로 어느 정도 공개를 하기는 했지만 정말로 중요한 내용들은 모두 미공개했던 전례가 있었기 때문이다.[47] 그 이후 빌 클린턴Bill Clinton 정부에서도 UFO 정보 공개가 추진됐지만 크게 중요한 내용은 없었다. 왜 이런 일들이 벌어졌던 것일까? 지금부터 UFO와 관련해 구설수에 올랐거나 직접 UFO 문제를 언급했던 역대 미국 대통령들을 중심으로 미국에서 일어났던 UFO 사건들에 대한 미국 정부의 대응을 살펴봄으로써 이런 의문에 대한 답을 찾아보기로 하자.

트루먼 대통령과 UFO

미국에서 최초로 UFO 소동이 일어난 것은 33대 대통령 트루먼Harry Shippe Truman 시절인 1947년이다. 그해 6월 24일 기업가이면서 부보안관으로 활동하고 있던 케네스 아널드Kenneth Arnold는 미 해군으로부터 워싱턴주 레이니어산 근처에 추락한 것으로 보이는 군 비행기에 대한 수색 협조 요청을 받았다. 케네스 아널드는 자신의 자가용 비행기를 타고 비행하다가 9대의 괴비행물체를 목격했다. 그는 강렬한 빛을 내며 마치

물 위에서 접시가 튕기듯 날고 있던 그 비행체들에 관한 내용을 지상 근무 요원들에게 이야기했고, 이것이 언론에 "비행접시Flying saucer"라는 표현으로 소개되면서 한바탕 난리가 났다. 그리고 며칠 후인 7월 8일에 뉴멕시코주 로즈웰이라는 곳에 '비행접시'가 추락했다는 미 공군의 공식 발표가 나오면서 그야말로 미 전역에 신드롬이 일었다. UFO는 1948년 미 공군에서 본격적으로 괴비행체 전담 조사팀을 창설하면서 등장한 군사 용어다.

전후 정보기관들을 대폭 개편한 트루먼 대통령에게 UFO 문제는 상당히 골치 아픈 것이었다. CIA, NSA(국가안보국) 등 신설된 정보기관들이 미국민들의 UFO에 대한 민감한 반응을 가라앉힐 정도로 충분한 대응을 못하고 있었기 때문이다. 대부분의 역사가들은 트루먼 대통령이 UFO 문제에 대단히 부정적이었다고 평가한다. 1950년대 당시 〈비행접시 뉴스Saucer News〉라는 잡지를 발간하던 제임스 모즐리James W. Moseley의 회고에 의하면 트루먼은 자신이 보라색 암소를 본 적이 없으며 보고 싶지도 않다고 말하면서 UFO가 바로 그런 암소라고 했다는 것이다. 그런데 트루먼은 1950년의 대중 연설에서 "만일 UFO가 정말로 존재한다면 그것이 지상의 어느 강대국에서 만들어진 것은 아니라는 점만은 확실하게 말씀드릴 수 있습니다(I can as-sure you that flying saucers, given that they exist, are not constructed by any power on earth)"[48]라고 말했다. 그가 이런 주장을 한 데는 그만 한 근거가 있었다.

트위닝 UFO 보고서와
상황 분석 보고서

미국에서 UFO 조사 분석의 공식적인 업무는 군에서 맡았는데, UFO 전담팀은 시기에 따라 그 소속과 암호명, 그리고 실무 책임자들이 여러 차례 바뀌었다. UFO 문제가 처음 부각된 1947년까지 미국에는 아직 공군이 없었고 그 전신인 육군항공대가 있었다. 미 공군은 그 이듬해 1월에 육군에서 독립하게 된다. 그래서 처음에는 UFO 관련 업무는 육군항공대가 맡았으며, 1947년 9월 27일 그 산하의 항공군수사령부 사령관 네이선 트와이닝Nathan Twining 소장이 최초의 UFO 조사 보고서를 작성했다. 그 내용에는 UFO의 실재를 확신하는 견해가 담겨 있었는데, 예를 들면 UFO가 결코 허구나 환상이 아니라 실재하며 기존 비행체와 크기가 비슷한 원반 형태임을 명기하고 있다. 그런데 UFO가 기존의 비행체가 결코 흉내 낼 수 없는 극도의 상승 속도와 회전 시 뛰어난 기동력을 보인다고 밝히고 있다. 이런 비행체는 결코 자연현상일 수 없는 것이 비행기나 레이더에 포착될 경우 뚜렷하게 회피하려는 특성을 보이기 때문에 지성이 있는 누군가가 직접 조종하거나 원격 조종되고 있는 것이

틀림없다고 결론짓고 있다.[49]

이 보고서에서 전담 조사팀의 필요성이 제기됐고 그 결과 새로 신설된 미 공군에 프로젝트 사인Project Sign이라는 암호명이 부여된 UFO 전담팀이 가동된다. 이 팀의 실무 책임자는 로버트 스네이더Robert R. Sneider 대위였는데, 앨프리드 레오딩Alfred Loedding과 앨버트 데이아몬드Albert B. Deyarmond라는 뛰어난 항공 운항 기술자들, 그리고 로렌스 트루트너Lawrence Truettner 라는 핵 및 미사일 전문가의 도움을 받아 수집된 UFO 관련 자료를 분석했다. 특히 앨프리드 레오딩은 원반 모양의 납작한 형태가 항공역학적으로 뛰어난 기동성을 보일 수 있다는 사실을 굳게 믿고 있었고 스스로 그런 형태의 비행체를 디자인하고 있었다.

이들의 견해는 이미 네이션 트와이닝의 보고서에 반영되어 있었고, 그들이 프로젝트 사인팀에 몸담고 있는 동안 발생한 더 많은 UFO 사건들에 크게 고무되어 1948년 말 '상황 분석 보고서Estimate of Situation'라는 문건을 상부에 제출했다. 이 문건의 결론은 모든 정황으로 봐서 UFO가 외계로부터 날아오는 것이 틀림없다는 것이었다. 상황 분석 보고서는 펜타곤의 미 국방성 상부까지 올라갔으며 거기서 찬반의 격론이 있었다. 결국 UFO 외계 가설이 황당하다는 반응을 보인 대다수의 군 장성들 때문에 이 보고서는 폐기되는 운명을 겪게 된다.[50]

UFO 소련 비밀
병기설

초기에 미 공군의 관련 최고 전문가들이 UFO를 매우 심각한 문제로 인식했다는 정황이 읽힌다. 그런데 미국 항공 전문가가 원반형의 비행체가 항공역학적으로 가능할 뿐 아니라 뛰어난 운행 능력을 보일 가능성이 있다는 사실을 알고 있었다면, 동시대의 다른 나라 전문가들도 이런 사실을 알고 나름대로 비밀 무기 개발을 하고 있지 않았을까? 로버트 스네이더 대위를 주축으로 UFO 외계 기원설이 제기됐으나 프로젝트 사인 내에도 비록 소수지만 UFO가 소련의 비밀 병기일 가능성을 지지하는 그룹이 있었다. 실제로 나치 독일에서 원반형의 비행체 개발 중이었다는 여러 증거들이 드러나고 있으며, 2차 세계대전 직후 소련이 먼저 독일에 진입하여 나치 독일의 비밀 병기 제작 관련 전문가들을 자국으로 끌고 갔다는 사실을 상기해볼 때, 원반형의 UFO가 당시 소련의 비밀 병기일 가능성은 충분히 있어 보였다. 그럼에도 불구하고 UFO 조사 전담팀의 최고 전문가들은 그런 가능성을 배제했다. 이 사실에 주목해야 한다.

프로젝트 사인 내부에서 UFO의 소련 비밀 병기설을 주도한 사람들은 그것이 일종의 심리전 무기라고 주장했다.[51] 당시 기술 수준이나 그 연장선상에서 볼 때 원반 형태의 비행체가 온전한 비행체로 작동하는 것은 불가능하다고 본 것이다. 즉, 최소한의 능력을 갖고 출몰하여 미국 사람들에게 공포와 혼란을 심어주는 심리전 무기일 것이라고 생각했다. 하지만 스네이더 대위를 비롯한 관련 전문가들은 UFO가 실제로 매우 뛰어난 비행체로서 기동력을 갖고 있음에 주목했다. 당시 상황에서 그런 비행체를 개발할 수 있는 초강대국은 지구상에 존재할 수 없다는 것이 그들의 결론이었으며, 이런 견해가 트루먼 대통령에게까지 가감 없이 전달됐던 것이 틀림없다.

워싱턴 상공에
UFO가 출현하다

1952년 7월 19일 늦은 밤 워싱턴국제공항의 항공관제요원 에드 뉴젠트Ed Nugent는 레이더 스크린상에 7개의 이상한 표적들이 나타난 것을 보았다. 당시 그 위치에는 어떤 비행기도 있을 수 없었다. 그렇다면 그것들의 정체는 무엇일까? 잠시 후 그는 그것들이 확실히 비행기가 아님을 깨달았다. 처음에는 시속 100마일 정도로 천천히 움직이던 것들이 갑자기 엄청난 속도로 레이더망을 벗어났기 때문이다. 워싱턴국제공항 항공관제탑 책임자인 해리 반즈Harry Barnes는 인근의 앤드류공군기지와 볼링공군기지 레이더 책임자들에게 연락했고 그들도 비슷한 표적들을 동일한 위치에서 포착했음을 확인했다. 국제공항 관제탑의 관제 요원 하워드 콕클린Howard Cocklin은 관제탑 창문으로 문제의 괴물체가 포착된 방향의 하늘을 쳐다보았는데, 접시처럼 생긴 비행체에서 청백색의 광채가 나오는 것을 목격했다. 그는 국제공항 관제탑에서 인근을 비행 중이던 캐피털 에어 항공사 소속 전세기 807편의 조종사 케이지 피어먼s. C. Casey Pierman에게 연락해 이상한 비행 물체들을 목격했는지 여부를 확인했다. 당시 17년 조종 경력의 베테랑 조종사였던 피어먼은 마치 유성처럼 빠르게 날아가는 6개의 불빛을 목격했다고 응답했다. 앤드류공군기지가 그 미확인 비행체들에서 가장 가까이 위치해 있었지만 당시 활주로 수리 중이었기 때문에 뉴캐슬공군기지에서 F-94제트기 2대가 출격했다. 하지만 그곳에 도착할 때쯤 표적들은 레이더상에서 사라졌으며 조종사들은 거기서 아무것도 보지 못했다.

UFO들의 출현은 그 다음 주에도 계속됐다. 1952년 7월 26일 늦은 밤 워싱턴항공운항관제센터에 또다시 UFO가 탐지됐다. 당시 미 공군 UFO 조사팀이었던 프로젝트 블루 북Project Blue Book에서는 레이더 전문가들인 듀이 포넷Dewey Fournet 소령과 존 홀컴John Holcomb 중위를 국제공항 관제탑으로 파견했다. 그들은 관제탑 레이더 스크린상에 12개의 표적들이 나타난 것을 확인했다. 여름날 워싱턴 상공에서는 기온역전 현상이 종종 일어났고 이 경우 레이더 신호가 대기층으로부터 반사될 수 있었다. 하지만 두 전문가들은 최소한 표적 몇 개는 견고한 금속체에서 반사되는 신호라고 확신했다.

밤 11시경 공군사령부의 긴급 명령으로 F-94제트기 2대가 출격해 문제의 위치로 접근하자 UFO는 지난번처럼 레이더상에서 감쪽같이 사라져버렸고 조종사들은 아무것도 목격하지 못한 채 뉴캐슬기지로 돌아와야 했다. 그러자 마치 기다리기라도 한 듯 레이더에 표적들이 다시 나타났다. 이런 지능적인 움직임은 최소한 그 표적들이 기온역전층에 의해 생긴 것들이 아님을 가리키고 있었다.

UFO들의 출몰이 지속되자 다음 날 새벽 1시 30분경에 또다시 F-94제트기 2대의 긴급 출격이 있었다. 이번에는 제트기들이 그 물체에 바싹 접근했는데도 레이더 화면에서 표적이 사라지지 않았다. 마침내 조종사들도 그 이상한 불빛들을 목격할 수 있었다. 한 제트기가 UFO들을 추격하기 시작했다. 제트기에서 UFO를 관찰할 정도로 충분히 가까이 가자 UFO는 그보다 훨씬 빠른 속도로 멀찌감치 달아나버렸다. 당시 제트기에 타고 있었던 조종사 윌리엄 패터슨William Patterson은 다음과 같이 설명했다.

"나는 1,000피트 아래에서 그 미식별 항공기들을 따라잡으려고 노력했습니다. 가능한 최고 속력을 냈어요……. 하지만 그것들을 따라잡을 수 없다는 사실을 확인하고는 추적을 포기했죠."[52]

이와 같은 사건이 전개되는 동안 포넷 소령은 관제 센터의 레이더 화면을 주시하고 있었다. 그동안 레이더 장치에는 기온 표적이 약 1도 정도의 기온역전을 나타냈다. 하지만 온도차가 너무 미미하여 레이더 반향음을 혼동시킬 정도는 아니었다.

1952년 7월 말, 미 전역의 언론들은 백악관 상공에 나타난 UFO들과 이를 추격한 요격기 이야기를 커버스토리를 다루면서 그런 사건들이 일어나지 않았으면 중요한 화제가 됐을 한국 전쟁이나 대선 캠페인 기사를 구석으로 밀어냈다. 사태의 심각성을 깨달은 트루먼 대통령은 관련 부처들에 워싱턴 상공을 침범한 그 괴물체들의 정체를 밝힐 것을 요구했다.[53]

7월 29일, 마침내 공군 관계자들은 2차 세계대전 이래 미국에서 개최된 회견 중 가장 오래고 가장 규모가 큰 합동 기자회견을 열었다. 기자회견에는 당시 공군 정보부장인 존 샘포드John Samford 중장, 항공방위사령관 로저 레이미 소장Roger Ramey, 항공기술정보센터의 기술 분석팀장 도널드 바우어스Donald Bowers 대령, 그리고 프로젝트 블루 북 책임자 에드워드 루펠트Edward Ruppelt 대위가 참석했으며 그 밖에 몇몇 민간인 기술자와 레이더 전문가들이 동석했다.

샘포드 장군은 워싱턴 상공의 현상을 기온역전 현상이라고 해명했다. 그는 어떤 종류의 UFO도 국가 안보에 위협이 되지 않는다고 강조했다. 이 기자회견은 여론을 진정시키는 데 도움이 됐다. 7월 30일과 7월 31일자 〈뉴욕 타임스The New York Times〉는 공군의 기자회견 결과를 소개하면서 지난 6년간 모은 수천 건의 사례를 종합해서 내린 결론임을 강조했다. 덧붙여 앞으로의 UFO 연구 목적은 아직 알려지지 않은 천문 기상 현상에 대한 보다 많은 지식을 얻기 위한 것이라는 샘포드 장군의 발표를 소개했다. 그럼에도 언론의 관심은 줄어들지 않았으며 1952년 하반기 동안 미국의 148개 신문사에서 1만 6,000여 번이나 UFO 기사를 다루었다.[54]

NATO 방위군 메인브레이스 훈련에 나타난 UFO

1952년 중반까지만 해도 UFO에 대한 거의 히스테리에 가까운 대중적 반응은 미국의 현상이었다. 다른 나라에서는 강 건너 불구경하는 듯한 태도를 보였다. 이는 어쩌면 UFO들이 최초 핵보유국이었던 미국에 관심을 가지고 있었기 때문일 수도 있고, 또는 핵을 보유하고 세계 최강국으로 발돋움하는 과정에서 미국이 보인 보안 유지에 대한 지나칠 정도로 예민한 처신의 산물일 수도 있었다. 그러던 것이 1952년 하반기로 접어들면서 유럽에서도 문제가 되기 시작했다.

그해 9월 18일 오후 2시경 노르웨이의 하르스타드 커르케네스에서 일하고 있던 3명의 삼림 관리인들이 500미터 상공에 조용히 떠 있는 직경 15~20미터 정도 되는 원반형 괴비행체를 목격했다. 그들이 넋을 놓고 쳐다보고 있을 때 그 비행체는 갑자기 엄청난 속도로 북서쪽 방향으로 날아가버렸다. 이 내용은 미국 CIA에 의해 수집된 노르웨이의 한 신문 보도 내용인데 그냥 사건만을 놓고 보면 이후에 일어난 수많은 UFO 목격 사건들과 크게 다르지 않았다. 그런데 CIA가 이 사건에 주목한 중요한 이유가 있었다. 이 사건이 일어나던 시기에 노르웨이 인근 해역에서 대규모의 NATO 군사훈련이 진행되고 있었던 것이다. 미국, 영국, 프랑스, 노르웨이, 덴마크 등 나토 회원국 8개 국가에서 총 8만 여명이 참가한 이 군사훈련의 공식 명칭은 메인브레이스 훈련Operation Mainbrace. 그해 9월 13일부터 25일 사이에 노르웨이와 덴마크 인근 해역에서 진행됐다.

이 훈련 기간 중에 많은 참여 군인들이 UFO를 목격했다고 보고했는데 그중에서 공식적으로 보고되어 조사가 이루어진 사건이 영국 공군에서 발생했다. 9월 19일 공군 대위 존 킬번John Kilburn은 아일랜드의 발리켈리에 주둔하고 있던 269비행중대의 공군 병사들과 함께 미티어 요격 제트기가 기지로 귀환하는 것을 지켜보고 있었다. 미티어기가 5,000피트 정도 높이까지 하강했을 때 킬번과 병사들은 1,000~2,000피트 상공에서 은빛으로 빛나는 원반형 비행체가 동쪽에서 움직이는 것을 목격했다. 이 물체는 어느 순간 마치 단풍잎이 떨어지는 것처럼 좌우로 흔들거리면서 하강하기 시작하더니, 멈추고서는 자전하기 시작했다. 그러다가 갑자기 가속해서 무시무시한 속도를 내면서 서쪽 방향으로 사라졌다. 존 킬번은 다음과 같이 그 비행체가 UFO였음을 증언하고 있다.

"이 모든 상황은 15초에서 20초 사이에 일어났다. 그 물체의 움직임은 지금까지 내가 대기 중에서 목격한 그 어떤 것도 아니었으며 그 가속도는 믿을 수 없을 정도였다."

9월 20일에는 메인브레이스 훈련에 참여하고 있던 미국의 제6함대 기함인 항공모함 프랭클린 루스벨트호 선상에서 병사들이 UFO를 목격했다. 이때 항공모함에서 출격하는 비행기들의 사진을 찍으려고 탑승한 종군기자 월리스 리트윈Wallice Litwin은 여러 장의 UFO 사진을 찍었다. 이들이 목격한 UFO는 은빛의 원반 형태로 미국 함대 근처 바다 상공에 떠 있었다.[55]

메인브레이스 훈련은 당시 미국의 최고 사령관이었던 드와이트 아이젠하워Dwight D. Eisenhower가 제안하여 시행된 것으로 1952년 훈련 기간 중에 그가 잠시 프랭클린 루스벨트호에 탑승했었다고 한다. 그런데 마침 그가 탑승하고 있던 시기에 근처에 UFO가 출현했으며 그 또한 이를 목격했다는 주장이 나왔다. 이 주장에 따르면, 9월 20일 커다란 청백색의 빛 덩어리가 항공모함에 접근하여 해수면 100피트 상공에서 10여 분간 머물렀다. 지휘함에 같이 있던 일행들은 너무 놀라서 침묵을 지

키고 있었는데 아이젠하워는 그것이 무엇인지 조사해보겠다고
하면서 잠시 나갔다고 한다. 하지만 그 후로 그 괴물체의 정체
에 대해 다시는 언급하지 않았다고 한다.[56] 정말로 아이젠하워
가 UFO를 목격했는지의 여부는 아직 정확히 판명되지 않았다.
하지만 중요한 사실은 USS 프랭클린 루스벨트호에 UFO가 아
주 가까이 접근했다는 사실이다. 이 항공모함은 세계 최초로 핵
무기를 탑재한 선박이었으며 1952년의 군사작전 시 거기에 핵
무기가 실려 있었다고 한다. 미국에서 초창기에 UFO가 민감한
군사 문제로 다루어졌던 것은 그것이 미국의 주요 핵 시설 근
처를 맴돌았기 때문이다. 로즈웰은 최초의 핵폭탄 부대가 주둔
했던 곳이었다.

아이젠하워 대통령과
UFO

트루먼의 뒤를 이어 1953년에 대통령이 된 아이젠하워
에 대해서는 UFO와 관련된 여러 가지 루머들이 있다. 그중에
서 가장 대중적으로 널리 알려진 것은 그가 공군 기지에서 외
계인들과 몇 차례 만나 회담을 했다는 것이다. 이런 주장은 캘
리포니아주 팜스프링스의 별장에서 휴가 중이던 아이젠하워가
1954년 2월 20일 밤 무언가 아주 비밀스러운 행보를 했다는 음
모론에서부터 출발한다. 실제로 그날 밤 AP 통신은 아이젠하

워가 팜스프링스에서 심장마비로 죽었다는 오보를 냈다. 그러고는 즉시 이 보도를 철회했다. AP 통신이 이런 보도를 한 데는 누군가의 제보가 있었을 것이다. 어쩌면 팜스프링스에 있던 누군가가 당시 아이젠하워 주변에 일어났던 심상치 않은 상황을 오판하고 특종으로 제보한 것이 아니었을까? 그렇다면 그 무언가 심상치 않은 상황은 도대체 무엇이었을까? 현재 미국 캔자스주 애빌레네의 아이젠하워도서관 공식 기록에 의하면 그날 저녁 아이젠하워가 치킨을 먹다가 치아에 문제가 생겨 치과에 갔다고 한다. 하지만 일부 UFO 연구가들은 그의 당시 치과 기록이 제대로 정리되어 있지 않다는 점 등으로 미루어볼 때 아이젠하워가 치과를 갔다는 것은 위장된 것이라고 지적한다. 그 대신 그가 인근의 에드워드공군기지에 갔다고 한다. 이런 주장을 하는 대표적인 사람은 호주의 아메리카 대학 교수였던 마이클 샐러Michael Salla다. 샐러는 아이젠하워가 급히 공군 기지를 간 이유는 다른 태양계로부터 비행접시를 타고 온 2명의 '노르딕Nordic' 외계인들을 만나기 위해서였다고 말한다. 이 외계인들은 미국이 핵무기를 포기하면 자신들의 우월한 과학기술을 전수해주겠다고 아이젠하워에게 텔레파시로 제의했다. 하지만 아이젠하워는 핵무기를 포기할 생각이 없어서 그들의 이런 제의를 거절했다고 한다. 그리고 같은 해의 다른 날에는 아이젠하워가 '그레이Grey'라는 다른 외계 종족들과 회담을 가졌다고 한다. 이 종족들과는 그들이 가축과 인간들을 납치해도 좋다는 협정을 체결했다. 다시 제자리로 되돌려주기만 한다면. 그런데 맨 처음 아이젠하워와 외계인에 관한 소문은 그가 1947년에 뉴멕시코주 로즈웰에 추락한 UFO 잔해와 외계인 시체를 보기 위해 에드워드공군기지를 방문했다는 것이었다. 시간이 지나면서 보다 그럴듯하게 변형된 것일 가능성이 높다.[57] 이런 루머가 나도는 이유는 아이젠하워가 재임 시절 외계인에게 큰 관심을 보였다고 알려졌기 때문이다. 정말 그가 외계인을 만났을까?

소련의 UFO 소동들

1968년 소련 우주 기술 및 탐사 위원회의 신개념 항공기 분과를 이끄는 13명의 항공기 설계 및 공학 전문가들은 당시 소련 수상 알렉세이 코시긴에게 UFO를 연구하는 특별 기구를 만들어줄 것을 건의한 적이 있었다. 여기에 대한 답신은 놀랍게도 '이미 소련의 관련 주요 연구 기관 및 국방·정보기관들이 긴밀하게 협력하여 UFO에 관한 정보를 수집 분석하고 있기 때문에 별도의 연구 기관이 필요하지 않다'는 것이었다.[58]

이미 이런 시도가 있기 이전에 모스크바 항공 대학에서 우주 비행사 양성 책임자였던 펠릭스 지겔 교수가 1967년 4월호 〈스메나〉지에 UFO에 관한 글을 기고한 적이 있었다. 그는 이 글에서 1940년대 말부터 소련의 레이더망에 UFO가 포착되어왔다고 밝혔다. 또한 그는 소련 내에서 목격된 UFO의 양상이 다른 나라들에서 목격되는 것과 동일함을 주목해야 하며, 따라서 UFO는 쉽게 설명될 성질의 것이 아니라고 말했다. 지겔 교수는 UFO가 절대로 허위는 아니라고 주장했다. 자신이 조사한 목격 보고 내용은 매우 진지하며 성실할 뿐만 아니라 서로 다른 지역의 모르는 사람들로부터 나오는데, 그 유사성 때문에 이들이 거짓 보고를 한다는 것은 있을 수 없는 일이라고 단언했다.[59] 이처럼 미국과 거의 비슷한 시기에 소련에서도 UFO 목격이 있어왔고 그 형태나 비행 특성도 미국과 매우 유사했다. 하지만 철의 장막에 가려져서 그런 사실들이 당시에는 일반인들에게 알려지지 않았던 것이다. 그렇다면 당시 미국에서도 이런 사실을 알고 있었을까?

케네디는 UFO 비밀문서 공개를 요구하다가 암살당했나?

아이젠하워의 뒤를 이어 대통령이 된 케네디John F. Kennedy는 그동안 UFO에 대해 큰 관심이 없었던 것으로 알려져왔다. 그런데 최근 케네디가 이 문제를 심각하게 생각하고 있었고, 그래서 CIA에 관련 정보를 요청했었다는 주장이 제기됐다. 미국의 논픽션 작가 윌리엄 레스터William Lester는 2011년에 정보 자유화법에 의거하여 두 건의 비밀문서를 CIA에서 입수했다고 한다. 놀랍게도 이 문건들은 모두 케네디가 암살되기 10일 전인 1963년 11월 12일에 작성된 것으로 되어 있다. 첫 번째 문건은 케네디가 CIA 국장에게 보낸 것으로 '지금까지 CIA와 미 공군에 의해 공개된 가짜 정보 말고 매우 위협적인 진짜 사례들을 추려서 보고하라'고 하면서 "그런 것들이 실질적인 도움이 될 것"이라고 쓰고 있다. 도대체 무엇에 도움이 된다는 것일까? 1960년에 미국의 첩보용 비행기 U2가 소련 영공에서 격추됐고, 조종사 개리 파워스Garry Powers가 붙잡혔다가 1962년 소련 스파이와 교환된 일이 있었다. 말하자면 소련 영공에 미국의 비밀 병기인 비행체와 진짜 UFO가 뒤섞여서 출현하고 있었던 것이다. 공개된 비밀문서의 아랫부분을 읽어보면, 케네디는 자칫 미국의 의도와 무관하게 소련 수뇌부가 진짜 UFO를 미국 비밀 정찰기로 오인하여 도발할 수 있을 수 있다는 걱정을 하고 있었던 것으로 되어 있다. 따라서 CIA에 진짜로 위협이 될 수 있는 UFO 사례를 NASA와 공유함으로써 자국 또는 소련의 비밀 정찰기와 뚜렷하게 구분할 수 있는 기준을 확보하려는 의도로 쓰였다는 해석이 가능하다. 이와 관련된 내용은 다음과 같다.

"우리의 확대된 협력 행위를 소련이 자신들의 방위나 우주 계획에 대한 정보 수집을 목적으로 한 위장으로 오인하지 않도록 하기 위해서는, 우리가 확인된 비행물체와 미확인비행물체를 확실하게 구분할 수 있는 것이 중요합니다……. 나는 미확인비행물체 문제가 한 요소로 포함된 NASA와의 자료 공유 프로그램을 CIA가 준비해주기를 요청합니다."

케네디가 쓴 것으로 되어 있는 두 번째 문건은 NASA에 보낸 것으로 달 착륙을 포함한 우주 개발 프로그램을 소련과 보다 더 긴밀하게

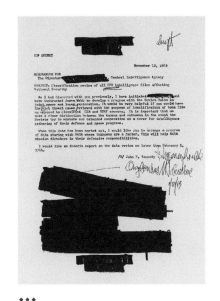

◆◆◆
미국의 논픽션 작가 윌리엄 레스터가 2011년 정보 자유화법에 의거해 입수했다고 하는 문서. 케네디 대통령이 CIA에 보낸 것으로 되어 있다.

공조하는 방안을 적극적으로 검토해주기를 요구하면서 그 일환으로 UFO 관련한 문제에 대해서도 협력할 것을 주문하고 있다. 만일 이 문건들이 정말로 CIA에서 나온 것이 사실이라면 이는 역사를 새로 써야 할 정도로 혁명적인 내용이다. 케네디는 UFO와 관련된 극비 정보까지 소련과 공유하면서 공동으로 우주를 개발하려고 했던 진정한 프런티어로 칭송받을 만한 것이다. 그리고 어쩌면 이런 혁명적인 발상 때문에 CIA를 중심으로

한 미국 정보기관에 의해 제거됐는지도 모른다. 실제로 이 문서들이 공개되면서 UFO 연구가들 사이에서 이런 유의 음모론들이 쏟아져 나왔다.[60] 그런데 안타깝게도 이 문서들이 진짜 공식적으로 CIA에서 비밀 해제가 된 것인지의 여부가 의심스럽다. 만일 정말로 공식적인 절차를 거쳐 공개됐다면 다른 연구자들도 이 자료 입수가 가능해야 한다. 하지만 아직까지 이 자료들을 입수했다고 주장하고 나선 이는 오직 레스터뿐이다. 결국 CIA의 역정보 문건들이거나 아예 날조된 문서들일 가능성이 높은 것이다.[61]

그 UFO는
늪지대의 가스 불꽃이었을까?

1960년대 초 미국은 비교적 잠잠한 상태였다. 미 공군이 UFO들이 저절로 사라져버린 것이 아닐까 하는 기대를 할 정도로 조용했다. 하지만 이 기대는 1965년, 1966년으로 접어들면서 허물어졌다. UFO 목격 보고가 점차 증가하더니 1966년에는 1,000건을 훌쩍 넘겼다. 그해에 있었던 사건들 중에서 매스컴의 주목을 가장 많이 받았던 일련의 사건들이 3월에 미시건주에서 발생하기 시작했다.

3월 14일 이른 아침 워시트노카운티의 부보안관들은 라이머 타운쉽 상공에서 엄청나게 빠른 속도로 날아가는 이상한 불빛

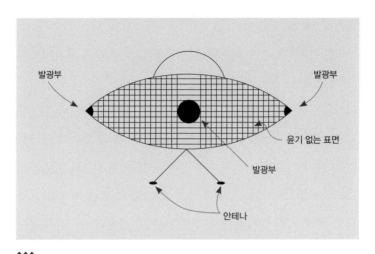

◆◆◆
1966년 3월 미국 미시건주 앤아버에서 목격된 UFO의 그림.

들을 목격했다. 이 불빛들은 남쪽으로 40마일 떨어진 오하이
오주의 실바니아에서도 경찰관들에 의해 목격됐고, 동쪽으로
50마일 떨어진 셀프리지공군기지 관측 요원들에 의해서도 목
격됐다. 며칠 후 그 불빛들이 카운티의 여러 곳에서 다시 목격
됐는데 한 보고서에 의하면 그것들이 빨강, 녹색, 그리고 노란
색을 띤 팽이처럼 생겼다고 한다.

　이때까지만 해도 UFO 출현은 그 지역에 국한된 가십거리였
는데 3월 20일에 미 전역을 떠들썩하게 한 사건이 발생했다. 그
날 저녁 워시트노카운티 보안관실에 UFO가 착륙했다는 여러
건의 신고들이 접수됐다. 앤아버에서 북서쪽으로 10마일 정도

떨어진 덱스터타운쉽의 늪지에 UFO가 내려왔다는 것이다. 조사관들이 UFO 출몰 현장에 파견되어 조사해보니, 피라미드처럼 생긴 UFO가 늪지 가까이에 떠 있었으며 목격자들은 500미터까지 접근해서 이 물체를 관찰했다는 것이었다. 그것으로부터 뜨거운 열기가 나왔기 때문에 목격자들이 더 가까이 접근하기는 불가능했다고 했다. 목격자들 중에는 경찰관도 있었는데 그는 자신의 순찰차 위로 떠 있는 커다랗고 파란 비행체가 빨갛고 하얀 빛을 방사하는 것을 보았다. 수 분이 지난 후 똑같이 생긴 UFO 3대가 나타나서 함께 대형을 이루어 하늘로 사라졌다고 했다.

같은 날 밤, 앤아버에서 서남쪽으로 50마일 쯤 떨어진 힐스데일의 한 대학 기숙사에 기거하던 80여 명의 여학생들은 수백 미터 떨어진 소택지 쪽에서 풋볼 형태의 UFO가 떠 있는 것을 목격했다. 그것은 기숙사 쪽으로 날아와 근처 상공에서 잠시 정지해 있다가 다시 소택지 쪽으로 되돌아갔다. UFO가 기숙사 근처 상공에 머무르고 있는 동안 차량들이 그 근처를 지나갔는데, 그럴 때마다 UFO의 빛이 어두워졌다가 차들이 지나가면 다시 밝아지곤 했다. UFO는 약 네 시간 정도나 학생들 시야에 머물렀다.

3월 20일의 사건이 미국 주요 언론 매체의 헤드라인으로 보도되면서 미 전역이 UFO 문제로 발칵 뒤집혔다. 미 공군 UFO

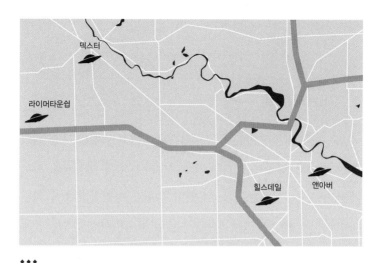

◆◆◆
1966년 3월 미국 미시건주에서 UFO가 목격된 도시들.

조사팀 프로젝트 블루 북은 앨런 하이네크J. Allen Hynek 박사
의 지휘 아래 즉시 조사에 착수했고 3월 26일에 조사 결과를
기자회견 형식으로 공표했다. 이 회견은 디트로이트 프레스 클
럽이 창립된 이후 최대 규모로 미시건주 사람들을 비롯한 많은
미국인들의 관심을 끌었다. 하이네크 박사는 UFO가 늪지대 가
스 불꽃일 가능성을 밝혔고 이 내용이 미국 전역에 빠르게 타
전됐다. 하지만 이런 식의 조사 결과를 대부분의 미시건주 사람
들은 받아들일 수 없었다. 미시건주에서의 UFO 집중 출현 사
건은 주민들 사이에 일종의 히스테리적인 반응을 불러일으켰
고, 외계인들이 미시건주에 기착지를 두고 왕래할 것이라는 소

문까지 퍼지기 시작했다.[62]

제럴드 포드 대통령과
UFO 청문회

미국 대통령으로서 공식적으로 UFO 문제에 직접 개입했던 최초의 인물은 공화당 소속으로 제 38대 대통령을 지낸 제럴드 포드Gerald Ford다. 미 연방 하원 군사위원회 소속 의원이었던 1966년 3월, 그는 자신의 출신지인 미시건주에서 경찰, 대학생, 군인 등의 UFO 목격 보고가 이어지면서 한바탕 소동이 벌어지자 국회 차원에서 조사가 이루어져야 한다고 제안했다. 그의 제안으로 그해 5월 최초의 국회 UFO 청문회가 열렸다. 청문회의 결론은 프로젝트 블루 북(당시 미 공군 UFO 조사팀)에서 그때까지 20년간 수집한 UFO 자료에 대한 보다 세밀한 연구가 필요하다는 것이었다. 이에 따라 당시 콜로라도 대학의 물리학과 교수였던 에드워드 콘돈Edward Uhler Condon 박사의 지휘 하에 UFO 자료를 전문적으로 분석하는 UFO조사위원회가 구성됐다.

일명 콘돈위원회라고 불린 이 조사팀은 미국 정부로부터 50만 달러의 연구비를 받아서 약 18개월에 걸친 조사를 실시했다. 그리고 1968년에 1,000여 페이지에 달하는 이른바 콘돈 보고서를 작성하였다. 그 보고서를 꼼꼼히 살펴보면 미국에서

20여 년간 목격됐던 UFO가 상당히 실체적인 증거를 갖고 있다는 느낌을 받을 수 있다. 하지만 콘돈은 서문에서 미 공군이 바라는 바대로 UFO에 대한 보고들이 과학적으로 신빙성이 없다고 결론지었고,[63] 미국의 주요 매스컴들은 이 부분만을 보도함으로써 1969년 프로젝트 블루 북 해체 등 미 공군 UFO 조사의 공식적인 종결로 이어졌다. 당시 포드가 미 하원 군사위원장에게 보낸 편지를 살펴보면, 포드가 UFO 문제에 상당한 관심을 가지고 있었으며 UFO가 안보에 위협이 될 정도로 심각한 문제라고 인식하고 있었다는 점을 엿볼 수 있는데, 대통령이 되고 나서 그가 다시 UFO를 언급했다는 정황은 어디에도 없다. 왜일까?

포드는 1998년에 쓴 편지에서 그 이유를 설명하였는데 국회의원 시절이나 부통령 시절, 그리고 대통령이 되어서까지

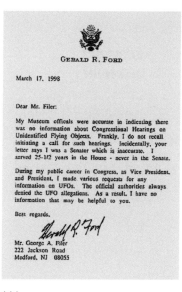

♦♦♦

1998년 3월에 제럴드 포드 전 미국 대통령이 조지 파일러George Filer의 질의에 답한 편지. 이 편지에서 포드는 자신의 공직 재임 기간 동안 수차례 UFO 관련 정보를 관련 정보기관에 문의했으나 별 소득이 없었다고 쓰고 있다.

줄기차게 관련 정보기관들에게 UFO에 관한 정보를 요청했지만 그들로부터 의미 있는 그 어떤 정보도 보고받지 못했다는 것이다.[64] 포드가 대통령이 되고서도 UFO 정보에 대해 지속적인 관심을 보인 것은, UFO가 국가 안보에 아무런 상관이 없다는 결론을 내리고 공식 조사를 종결지은 지 얼마 지나지 않은 1973년에 미 전역에서 대대적인 UFO 출현이 있었고 이를 주요 언론들이 대서특필하는 등 지속적으로 미 국민들의 주요 관심사로 남아 있었기 때문이다.

1973년의
UFO 웨이브

1969년 미 공군에서의 공식적인 UFO 조사 활동이 종결되면서 한동안 미국에서 UFO 출현이 잦아들었다. 그러자 미 공군과 여러 미 정보 부서들은 공식적인 조사 활동을 하지 않는다는 사실이 미국 국민들의 UFO에 대한 관심을 줄어들게 했다고 생각했다. 하지만 이런 예상은 1973년으로 접어들면서 보기 좋게 빗나갔다. 그해에 미국에서 또 한 번의 UFO 대소동이 일어났던 것이다. 특히 10월 달에 집중적으로 UFO가 출현했는데 이때의 UFO 소동은 그 이전과는 다른 특징이 있었다. 이른바 3종 근접 조우, 즉 UFO와 그 안 또는 근처에서 휴머노이드형 외계인들을 목격하는 사례가 보고됐다.

몇 가지 예를 들면 10월 4일 캘리포니아주 지미밸리에서 한 목격자는 꼭대기에 투명한 돔이 있는 삼각형 모양의 UFO가 먼지 구름 사이에 떠 있는 것을 목격했다. 돔 안에서 은빛 잠수복을 입은 인간 모습을 한 외계인이 보였다. 10월 11일에는 미시시피주 파스카골라에서 2명의 낚시꾼들이 파란 불빛을 내뿜는 UFO가 선착장 근처로 접근하는 것을 목격했다. 두 사람의 이름은 찰스 힉슨Chalrles Hickson과 캘빈 파커Kelvin Parker. 이들이 가까이 가보니 지면에서 1미터쯤 떨어진 곳에 원반형 UFO가 있었는데 해치가 열리면서 로봇처럼 생긴 3명의 외계인이

◆◆◆
1973년 미국 미시시피주 파스카골라에서 낚시를 하다가 UFO를 타고 온 외계인들에게 납치당했다고 주장하는 찰스 힉슨(왼쪽)과 캘빈 파커(오른쪽).

공중에서 날아왔다. 둘은 의식을 잃었는데 나중에 그들은 외계인들에게 납치되어 UFO 안에 끌려들어 갔다가 나온 것으로 밝혀졌다.[65] 10월 17일, 앨라배마주 포크빌의 현직 경찰관 제프 그린호우Jeff Greenhaw가 UFO 착륙을 목격했다는 한 여인의 신고를 받고 현장에 출동했다. 그 주변에서 은빛 일체복을 입은 외계인을 발견하고 폴라로이드 사진기로 촬영하자 외계인은 달아나기 시작했다. 뒤를 쫓아갔으나 놓쳤다.[66]

1973년 10월 미국에서의 UFO 집중 출몰 사건의 백미를 장식한 대표적인 사건이 18일에 발생했다. 미 육군 소속 헬기가 운행 도중 UFO와 거의 충돌할 뻔했던 이 사건은 하이네크 박사, 자크 발레Jacques Vallée 박사 등이 주축이 되어 조사했다. 목격자들은 육군 소속의 로렌스 코인Lawrence Coyne 대위, 애리고 제치Arrigo Jezzi 중위, 존 힐리John Healey 상사, 로버트 야나체크Robert Yanacsek 상사 등 4명이었다. 10월 18일 밤 11시경, 그들은 오하이오주 맨스필드 750미터 상공을 순항 중이었다. 이때 그들의 시야에 빨간 불빛이 나타나더니 헬기를 향해 빠른 속도로 돌진해왔다. 코인 대위는 깜짝 놀라 헬기를 급하강시켰다. 그리고 지상 관제탑에 자신들의 헬기를 향해 오고 있는 비행체를 확인해줄 것을 요청했다. 하지만 응답도 오기 전 헬기의 UHF와 VHF 채널이 모두 작동 중지됐다. 빨간 불빛은 점점 더 커지면서 헬기를 향해 다가오더니 하강 중인 헬기와 마주보면서 약 10초 동안 보조를 맞추었다. 그것은 앞쪽에 작은 돔이 있고 하얗게 빛나는 회색빛 시가형이었다. 곧 헬기 전체가 UFO 아래쪽에서 비추는 녹색 광선에 휩싸였다. 그들이 경악을 금치 못하고 있는 사이 UFO는 급가속해서 그들의 시야에서 사라져버렸다. 코인 대위가 정신을 차리고 확인해보니 분명 분당 600미터 속도로 하강하도록 조작했는데 헬기는 분당 300미터 속도로 상승 중이었다. 헬기는 1.1킬로미터 상공까지 상승한 후 다시 정상을 되찾았다.[67]

미국 매스컴은 1973년 가을의 UFO 대거 출현 사태를 대대적으로 보도했다. 공군이 조사를 종결함으로써 다시는 대규모의 UFO 출현 사태를 예상하지 않았는데 왜 아직도 이런 현상이 발생하는 것일까? 이 문제에 대해 갑론을박이 있었지만 정말로 외계인들이 나타나는 것이라는 답 이외에 어떤 합리적인 설명도 불가능해 보였다.

그해 11월 갤럽 조사에서 놀랍게도 미국 성인의 51퍼센트가 UFO의 실재를 믿고 있으며 11퍼센트는 직접 목격했다고 응답했다. 공군의 공식적인 조사가 종결된 지 3년이 지났지만, UFO에 대한 국민들의 관심은 결코 사그라들지 않았다.[68]

지미 카터와
UFO 비밀문서 공개

포드의 후임으로 대통령이 된 지미 카터Jimmy Carter는 아예 대선 공약으로 UFO 기밀을 해제하고 국민들에게 모두 밝힐 것을 천명했다. 실제로 그의 재임 시 FBI, CIA, DIA(국방정보국), NSA 등 주요 정보 부서의 UFO 비밀문서 상당수가 기밀 해제됐다. 이 문서들은 미국 정부가 공식적으로는 UFO 조사 분석팀을 해체했지만 이후에도 UFO 문제를 심각하게 다루었다는 것을 확인해주는 증거였다. 특히 DIA에서 수집한 정보 중에는 1976년 이란의 테헤란 상공에 출현한 UFO에 관한 것이 있었는데, 이란 공군 요격기들이 출격해서 조준하자 계기판이 오작동을 일으켰다는 내용이 담겨 있었다.[69] 1978년 NSA가 공개한 문건 중에는 1968년 NSA 요원이 작성한 보고서 'UFO와 생존 가설'이 있었다. 이 문서에는 UFO가 외계인과 관련 있을 경우 인류 생존을 위해 우리가 어떤 행동을 취해야 하는지에 대한 계획이 적혀 있었다.

1980년 CAUS(Citizens Against UFO Secrecy, UFO 비밀 정책에 반대하는 시민들)는 NSA에 더 많은 관련 문서 공개를 요구했다. 그러나 NSA는 국가 안보를 이유로 추가 문서 공개를 거부했다. 다만 135건의 UFO 관련 문서가 존재한다는 사실을 인정했다. 결국 CAUS는 NSA를 상대로 소송을 걸었고 1981년까지 워싱턴지방재판소에서 재판이 진행됐다. CAUS는 이 재판에서 패소했다. NSA 측은 공개를 거부한 이유가 담긴 21쪽의 선서 진술서를 열람할 수 있었는데 중요 부분은 까맣게 칠해져 있어서 그 내용을 확인할 수 없었다.[70]

UFO와 관련해서 포드나 카터의 경우를 볼 때 미국의 정보 부서들은 대통령에게조차도 UFO 관련 정보를 제대로 제공하지 않고 있다는 인상을 준다. 그 이유는 무엇일까? 음모론자들은 미국 정보 부처들이 UFO와 외계인에 대한 중요한 정보를 대통령에게까지 감추고 있다고 주장한다. 그런데 실제로 이런 음모론에는 상당한 근거가 있다. 미국 예수회 본부 총괄 법률 고문을 역임했던 대니얼 시언Daniel Sheehan은 지미 카터가 대통령이 된 직후 당시 CIA 수장이던 아버지 부시George Herbert Walker Bush에게 UFO 관련 정보를 달라고 했는데 부시가 이를 거부했다는 사실을 밝힌 바 있다.[71] 미 정보 부처들이 UFO 정보를 숨기고 있는 것이 정말로 사실일까?

레이건은 외계인의 공격을 믿고 있었을까?

한동안 인터넷의 UFO 관련 사이트에 레이건Ronald Wilson Reagan 전 미국 대통령이 외계인의 침략 가능성이 있고, 어쩌면 이미 지구에 침투해 있는지도 모른다는 취지로 UN에서 연설했다는 이야기들이 그럴듯한 증거와 함께 나돈 적이 있다. 아래의 대목이 레이건이 말했다는 그 중요한 증거다.

"I occasionally think how quickly our differences worldwide would vanish if we were facing an alien threat from outside this world. And yet, I ask you, is not an alien force already among us?"

이 부분은 1987년 9월에 레이건이 UN 회의석상에서 한 핵무기 감축 관련한 연설문에 등장하는데 우리말로 번역해보면 대략 다음과 같다.

"나는 종종 우리가 외계인의 위협을 받는다면 현재 우리가 느끼는 전 세계인들 간의 차이점이 삽시간에 사라져버릴 것이라고 생각한다. 그리고 실제로 외계로부터의 영향력이 이미 우리들에게 미치고 있는 것은 아닌가 여러분들께 묻고 싶다."

이것이 정말로 레이건이 한 연설 내용이라면 모골이 송연해진다. 외계로부터의 영향력이 우리들에게 이미 미치고 있다니! 하지만 이 내용은 앞뒤 맥락을 관련시켜 살펴보면 전혀 다른 내용으로 읽힌다. 이 내용은 다음과 같이 해석하는 것이 옳다.

"어쩌면 우리는 외부로부터의 어떤 전 세계적인 위협을 필요로 하는지도 모른다. 나는 종종 우리가 도저히 이 세상에 존재할 수 없는 이해하기 어려운alien 위협을 받는다면 현재 우리가 느끼는 전 세계인들 간의 차이점이 삽시간에 사라져버릴 것

tomorrow. However, we thought you
would want the chance to give us
your thoughts on the draft as it
stands now.

Rhett Dawson

I think there is too much
anti - Soviet preaching in view of
what we are trying to achieve right now.
And toward the end perhaps I still
would like my "fantasy" - how quickly
our differences worldwide would vanish
if creatures from another planet should
threaten this world. RR

◆◆◆

1987년 9월의 유엔 연설을 위해 작성된 연설문 초고. 하단에 로널드 레이건의 친필로 쓰여진 "how quickly our differences worldwide would vanish if creatures from another planet should threaten this world"라는 글이 보인다. 맨 마지막의 RR이란 서명은 로널드 레이건을 의미한다.

이라고 생각한다. 그리고 실제로 이런 이해하지 못할alien 상황이 이미 우리들에게 닥쳐온 것이 아닌가 여러분들에게 묻고 싶다. 도대체 온 세상 사람들의 보편적 염원에 대해 전쟁이나 전쟁 위험보다 더 동떨어진alien 것이 어디 있겠는가?"[72]

그렇다면 애당초부터 레이건 UN 연설문은 외계인과 전혀 무관한 내용을 담았던 것일까? 그렇지는 않다. 사실 레이건은 이 연설문에 "다른 행성으로부터의 외계인들creatures from another planet"이라는 구절을 집어넣고 싶어 했다고 한다. 연설을 나흘

앞두고 레이건은 보좌관인 레트 도슨Rhett Dawson이 보내온 연설문 초안에 친필 메모를 남겼다. 그는 메모에서 연설문에 소련을 비난하는 어조의 내용이 너무 많다면서 이를 무마하는 제스처로 말미에 자신의 "환상"을 담아달라고 하면서 구체적으로 다음과 같은 문구를 적었다.

"다른 행성으로부터의 외계인들이 지구를 위협한다면, 현재 우리가 느끼는 전 세계인들 간의 차이점이 얼마나 빨리 사라져 버릴 것인가?" 하지만 이 문안은 마지막 순간에 흔히 외계인이라고 해석되는 alien을 '생경한', '동떨어진' 등의 의미로 사용한 앞의 문안들로 교체됐다.[73]

사실 레이건의 외계인 침략 가정은 UN 연설이 있기 2년 전인 1985년 11월에 스위스 제네바에서 개최된 미소 정상회담 자리에서 나온 적이 있다. 그는 미하일 고르바초프에게 만일 외계인이 지구를 침략한다면 미국과 소련이 힘을 합쳐 물리쳐야 한다고 했었다.[74] 고르바초프는 그 이듬해 개최된 소련공산당인민회의에서 레이건의 이 발언을 소개하면서 외계인의 침략보다는 핵무기에 의한 파국이 더 현실적인 위험이라고 말한 바 있다.[75] 레이건은 아마도 UN 연설문의 마지막 손질을 통해 1986년 고르바초프가 소련공산당인민회의 석상에서 한 발언에 대해 화답하기로 결정한 듯이 보인다.

미국에서는 1970년대부터 우주 방위 계획이 추진됐고, 레이건 시대에 가장 우려됐던 우주로부터의 공격은 핵탄두가 탑재된 소련의 대륙간탄도미사일이었다. 하지만 냉전이 끝날 즈음에는 이른바 불량 국가나 테러 집단들이, 그보다 먼 미래에는 소행성과 외계인들이 잠재적인 위협 대상으로 정해졌다.[76] 레이건은 이른바 우주 전쟁Star Wars을 최초로 천명한 미국 대통령으로 그의 평소 언행을 보면 외계인의 공격이 결코 공상과학소설에나 나올 법한 허무맹랑한 이야기가 아니라고 믿었다는 느낌이 든다. 그는 정말 그런 믿음을 갖고 있었을까? 만일 그랬다면 그럴 만한 어떤 동기가 있었던 것일까?

전용기에서 UFO를 목격한 레이건

제네바 정상회담이 있기 4년 전인 1982년 레이건은 여러 사람들 앞에서 공공연하게 외계인의 실재를 주장한 적이 있다. 스티븐 스필버그Steven Allan Spielberg의 영화 〈E.T.〉는 1981년 9월부터 12월 사이에 캘리포니아에서 촬영됐고 1982년 6월 11일 미국에서 첫 개봉됐다. 이 영화에 관심이 있었던 레이건은 개봉된 지 보름이 지난 6월 27일에 스필버그를 초청해 백악관에서 특별 상영회를 열었다. 그로부터 30년 뒤인 2011년 스필버그는 미국에서 1950년대에 추락한 UFO에서 외계인을 생포해 실험을 했다는 내용을 담고 있는 〈슈퍼 8Super 8〉이라는

SF 영화를 제작하고서, 홍보 인터뷰를 통해 당시 레이건과 있었던 재미있는 에피소드를 털어놓았다. 그에 의하면 특별 상영회가 끝나자 레이건이 일어나 스필버그에게 고맙다고 하면서 자못 심각한 표정으로 "이 자리에 있는 사람들 중 상당수가 영화 내용이 사실이라는 점을 알고 있다"고 말했다고 한다. 그러자 거기 있던 모든 사람들이 웃었는데 정작 레이건은 끝까지 웃지 않더라는 것이다. 물론 레이건의 조크에 대해 잘 모르는 사람은 이런 그의 태도에 뭔가 의미 있는 메시지가 담겨 있을지 모른다고 오해할 수 있을 것이다. 하지만 이런 식의 조크는 레이건의 트레이드 마크다. UFO 연구자를 자처하던 스필버그는 대통령이 조크 이상의 어떤 메시지를 남기지 않을까 내심 기대했지만 곰곰이 당시를 회고해보고는 그냥 조크였을 뿐이라고 결론지었다.[77]

정말로 레이건이 조크를 한 것일 뿐일까? 그렇지 않았을 수도 있다. 주지사로 두 번째 임기를 마친 직후인 1974년 로널드 레이건이 비행기에서 UFO를 목격했다는 기록이 있기 때문이다.[78] 당시 레이건이 탄 세스나기를 조종한 미 공군 대령 출신 빌리 페인터Billy Paynter에 의하면, 캘리포니아 베이커즈필드에 착륙하려고 지상에 접근했을 때 수백 미터 떨어진 곳에서 하얀 빛 덩어리가 수 분 동안 비행하고 있었다고 한다. 그 UFO는 길쭉해지더니 놀라울 만큼 빠른 속도로 시야에서 사라져버렸다.

당시 〈월스트리트 저널Wall Street Journal〉의 워싱턴 지국장이었던 노먼 밀러Norman C. Miller는 레이건으로부터 직접 이 목격담을 들었는데, UFO의 존재를 진지하게 믿고 있다는 인상을 받았다고 한다. 밀러가 "정말 UFO를 목격했다는 말이냐?"고 재차 확인하려는 순간, 언론인 앞에서 UFO를 언급하는 것이 부적절하다는 사실을 깨달았는지 레이건이 정색하며 자신은 그냥 불가지론자일 뿐이라며 얼버무리고 넘어갔다고 한다.[79]

UFO 외계인의 예언을 들은 레이건?

레이건이 UFO와 외계인에 관심이 있었던 데는 지금까지 들었던 사례들보다 훨씬 더 특별한 이유가 있었다. 골든글로브 여우주연상을 수차례 수상한 유명한 할리우드 여배우 셜리 맥클레인Shirley MacLaine은 2012년 9월 영국 〈데일리 메일 Daily Mail〉과의 인터뷰에서 레이건이 배우였을 때인 1950년대에 UFO를 목격했다는 사실을 밝혔다. 그녀는 이 사실을 우리나라에서도 방영된 적 있는 시트콤 〈왈가닥 루시(I love Lucy)〉로 유명한 배우 루실 볼Lucille Ball로부터 들었다고 한다.

루실 볼은 레이건 부부와 함께 파티에 초대를 받았었는데 그 부부가 약속 시간에 무려 한 시간이나 늦었었다고 한다. 몹시 당혹스러운 표정으로 등장한 레이건 부부는 기다리던 사람들에게 오는 도중 UFO와 외계인을 조우했다고 밝혔다는 것이다. 이때 레이건은 외계인으로부터 배우 생활을 접고 정치를 해보라는 조언을 텔레파시로 들었다고 한다.[80] 그런데 맥클레인의 주장은 신빙성이 약간 떨어진다. 그녀 자신이 여러 차례 UFO를 만났다고 주장하는가 하면 아이젠하워 대통령이 세 차례나 외계인들과 비밀 회담을 했다는 주장을 구체적인 증거 없이 인터뷰 중에 흘린 전력이 있기 때문이다.

결국 실제로 레이건 부부와 함께 파티에 참석했던 루실 볼의 증언이 중요하다. 루실 볼은 1990년에 출판된 그녀의 전기《오후의 루시: 루실 볼의 은밀한 회상Lucy in the Afternoon: An intimate Memoir of Lucille Ball》에서 레이건 부부와 함께한 파티에 대해 회고했다. 그날 파티가 시작됐을 때 재밌었지만 저녁 식사가 1시간가량 미루어지는 바람에 다소 흥이 깨졌다. 식사가 미루어진 것은 바로 레이건 부부가 늦게 도착했기 때문인데, 그들은 매우 흥분한 상태로 입장해서 파티 참석자들에게 자신들이 UFO를 목격하는 바람에 늦었다고 해명했다는 것이다. 거기에 덧붙여 루실 볼은 다음과 같은 자신의 견해도 밝히고 있다.

"레이건이 대통령이 된 후 나는 지속적으로 그날의 사건을 떠올렸고, 그가 비행접시를 목격했다고 떠벌이고 다녔다면 과연 대선에서 이길 수 있었을까 궁금했다."[81]

그런데 루실 볼의 전기에는 레이건이 외계인으로부터 텔레파시로 계시를 받았다는 이야기는 없다. 이 부분에 대해서는 두 가지 가능성이 존재한다. 첫째 루실 볼이 레이건으로부터 실제로 그런 이야기를 들었고 젊은 시절 이를 맥클레인에게 알려주었지만, 너무 황당한 이야기라 커다란 파문이 일 것을 우려해 자신의 전기에 활자화되는 것을 꺼렸을 가능성이다. 둘째는 루실 볼이 맥클레인에게 레이건 부부의 UFO 목격담을 전하면서 고의적인 거짓말을 보탰을 가능성이다. 맥클레인이 〈데일리 메일〉과 인터뷰를 하기 전인 2007년에 낸 자서전 《늙어가며 현명해지기Sage-ing while Age-ing》에서 언급한 내용을 보면 다음과 같은 대목이 나온다.

"루실 볼은 레이건이 사색이 된 낯빛에 아주 혼돈스러운 정신 상태로 도착했다고 말했다. 그리고 그녀에게 자신이 겪은 일을 이야기해주었다고 했다. 그녀가 내게 이 이야기를 해준 것은 민주당원으로서 골수 공화당원인 로널드 레이건이 얼마나 얼빠진 인간인지를 깨닫도록 하기 위해서였다."[82]

이런 점을 고려할 때 젊은 시절의 루실 볼이 맥클레인에게 레이건의 경험담을 전달하면서 그의 정신 상태가 이상함을 극단적으로 과대 포장하는 가운데 악의적으로 당시 유행하던 '외계인 접촉' 이야기를 끼워 넣어 상황을 부풀렸을 수 있다.

모든 정황으로 미루어볼 때 레이건 부부가 50년대에 UFO를 목격한 것은 사실로 판단된다. 그리고 이런 특별한 체험은 그가 대통령이 된 후 수차례에 걸쳐 외계인에 대해 언급한 것과 무관하지 않았을 것이다. 하지만 로널드 레이건이 UFO에 타고 있던 외계인으로부터 텔레파시에 통한 조언을 받았는지의 여부는 그가 이 세상을 떠났기 때문에 영원한 미스터리로 남을 수밖에 없게 됐다.

UFO에 대해 상반된 반응을 보이는 민주당원과 공화당원

공화당 소속 대통령이었던 포드는 부통령을 하다가 닉슨 Richard Nixon이 대통령직을 물러나면서 잔여 임기를 맡았기 때문에 대선을 치르지 않았고, 따라서 그의 UFO에 대한 강한 관심을 대선 공약으로 표출할 기회가 없었다. 그렇다면 UFO 목격자인 레이건은 대선에서 이 문제를 언급했을까? 기록상으로 보면 그는 강한 관심을 가지고 있음에도 불구하고 UFO 문제를 일체 언급하지 않았다. 왜 그랬을까? 레이건이 UFO에 대한 자신의 관심을 표명했더라면 대통령이 되지 못했을 것이라는 루실 볼의 기록에서 그 단서를 찾을 수 있을 것 같다. 대체로 민주당 대선 후보들은 UFO 문제를 전면에 내세우려 하는데 공화당 후보들은 이 문제를 거론하길 꺼린다. 그 이유는 민주당 지지자들과 공화당 지지자들의 약간 다른 정치 성향을 갖고 있음에 기인한다. 최근 힐러리가 언급했듯이 미 국민들에게 UFO는

'정보 자유'와 관련된 가장 대표적인 문제다. 민주당 지지 성향의 유권자들은 인권이나 자유 문제에 민감하며 정부가 국민들에게 되도록 많은 정보를 공개해야 한다고 생각한다. 하지만 공화당 지지 성향의 유권자들은 국가가 국민들에게 국가 안보에 해가 될 정도로 너무 많은 정보를 공개하면 안 된다는 생각이 대체로 지배적이다. 그런 공화당원의 수칙을 철저히 지킨 이가 바로 아버지 부시 대통령이었다. 그는 대통령 선거 캠페인을 벌이던 1988년에 듀카키스Michael Stanley Dukakis와의 공개 토론회에서 비밀 정보를 취급하는 데 있어 공적인 처신을 매우 신중하게 한다고 밝힌 바 있다.[83]

아버지 부시 대통령과 UFO

UFO와 관련된 음모론에서 아이젠하워의 뒤를 이어 자주 등장하는 인물이 바로 아버지 부시 대통령이다. 그가 포드 대통령 당시 CIA의 국장을 지냈고, 레이건 시절에는 부통령을 역임했으며, 레이건의 뒤를 이어 대통령까지 지내는 등 미국 권력의 핵심부에 오랫동안 머물렀기 때문이다.

그가 UFO에 대해 처음 언급한 것으로 기록된 사건은 부통령 시절인 1988년 3월 아칸소주 로저스에서 벌였던 선거 캠페인에서 일어났다. UFO 관련 조사를 하는 찰스 허퍼Charles Huffer

라는 사람이 그를 문 앞에서 기다리고 있다가 기습적으로 UFO 관련 비밀 자료를 공개할 것이냐고 질문하자 부시는 그러겠다고 했다. 허퍼는 "당신이 UFO 비밀을 알고 있죠?"라고 다시 물었고, 그러자 부시는 "관련 정보가 있으면 나에게 보내시오"라고 대답했다. 허퍼는 "당신이 CIA 국장까지 했으니 모든 정보를 갖고 있지 않소?"라고 물었고 여기에 대해 부시는 "조금 알고 있기는 합니다"라고 답했다.[84]

부시가 대통령 시절에 공개적으로 UFO와 외계인에 대해 언급한 것은 그의 임기 마지막 해에 재선을 위한 캠페인을 하면서였다. 이때 〈위클리 월드 뉴스Weekly World News〉라는 황색 언론에서 대선 주자들과 외계인의 합성사진을 만들어 실으면서 후보자들 모두가 외계인과 교류하고 있다고 보도했는데, 당연히 부시도 그 대열에 속해 있었다. 7월 초 부시는 이런 보도 내용에 대한 반응을 요구받자 다음과 같은 농담을 했다.

"나는 그들에게 이런 회동에 대한 비밀을 지키라고 말했다……. 캠프 데이비드 산장에서 부시가 만난 외계인에 대한…… 나는 그에게 이것은 내내 나만 간직해야 할 사실이라고 말했다. 거기 그가 있었다(웃음)."

부시는 다음 대선을 불과 석 달 앞둔 10월 마지막 날 테네시주 내슈빌에서 있었던 선거 캠페인에서도 UFO에 대한 언급을 했는데, 자신의 견해가 아니라 민주당 후보였던 빌 클린턴의 행동에 대해 비판하는 와중에 나왔다. 당시 클린턴은 메디케어 Medicare(미국에서 시행되고 있는 노인 의료보험 제도) 개선 패키지를 홍보하면서 사람들이 UFO를 보고 싶어 해도 이런 사회적 문제에는 관심이 없다는 이야기를 했었다. 클린턴은 메디케어 개선책에 대해 대선 100일 전부터 발표하겠다고 했었는데, 약속한 날로부터 이미 나흘이 지나고 있었지만 클린턴 진영에서는 이와 관련된 아무런 계획이 발표되지 않고 있었다. 부시는 내슈빌에서 캠페인을 할 때 이 부분을 비꼬면서 대중들이 UFO에는 관심이 있어도 클린턴 자신의 정책에는 관심이 없다는 것을 그가 잘 알고 있기 때문이라고 지적해 관중들의 웃음을 유도해냈다.[85]

이렇게 공직 재임 중에 항상 신중하게 처신했던 아버지 부시가 최근 이런 태도에서 크게 벗어나 UFO 문제에 대해 아주 놀라운 발언을 했다고 해서 화제가 됐다. 2015년 9월 초 올랜도에서 열린 막내아들 젭 부시Jeb Bush의 대선 후원 모금회에 참석한 아버지 부시는 뮤폰(MUFON, Mutual UFO Network)에서 활동하는 애덤 겔처Adam Guelcher의 'UFO에 대한 비밀을 미국 정부가 공개해야 하는 것 아니냐'는 질문에 아무런 주저함도 없이 다음과 같이 대답했다고 한다.

"미국 국민들은 UFO와 관련된 진실을 감당할 수 없을 것이오."

거기 모였던 군중들과 취재기자들은 순간 놀라서 웅성거림을 멈췄고 대부분이 그런 의외의 답변에 불편함을 느꼈다고 한다. 그것이 사실이라면 공화당 지지 성향의 군중들로서는 당연한 반응이었을 것이다. 너무나 뜻밖의 상황이라 행사 주최 측에서 이 답변 직후 잠시 질의응답을 멈추도록 조치해야 했다. 일부 전문가들은 당시 부시가 91세의 고령이라 예전의 총명함이 흐려져서 실언을 한 것이라 했으며 심지어 알츠하이머병 같은 뇌 질환에 걸렸을 가능성까지 제기됐다고 한다.[86] 정말 그가 정신줄을 놓아 그런 발언을 했던 것일까? 이 에피소드는 주류 언론에서 전혀 다루어지지 않고 인터넷상에서만 떠도는 내용이라 좀 더 조사가 필요하다는 사실을 밝힌다.

빌 클린턴, 케네디 암살과 UFO 문제를 우선 조사하라

대선 캠페인 중에 대놓고 UFO 문제를 언급하지는 않았지만 실제로 빌 클린턴은 UFO 문제에 많은 관심을 가지고 있었다. 그의 자문이나 참모 역할을 했던 지인들이 이와 관련된 증언을 하고 있다. 그중에서 빌 클린턴의 오랜 친구로 그가 대통령이 되자 1993년부터 1994년까지 정무직인 법무부 차관보를 지낸 웹스터 허벨Webster Hubbell의 증언이 아주 흥미롭다. 대통령 집권 초기부터 백악관에 가기 전 클린턴 부부와 그 측근들이 부동산 불법 투자에 관련 있었다는 혐의가 언론에 알려지면서 이른바 '화이트워터 스캔들'이 터졌다. 사태가 일파만 파로 전개되어 상원에서 본격적으로 조사위원회를 구성하려는 움직임이 있자 허벨은 1994년에 차관보직을 사퇴했다. 클린턴 부부와 그 주변 사람들의 의혹에 대한 철저한 조사가 진행됐고, 허벨은 텔레뱅킹을 이용한 사기와 조세 포탈 혐의로 1995년에 서 1997년까지 2년 가까이 형을 살았다. 형무소 생활을 하는 동안 그는 《높은 곳의 든든한 친구들Friends in High Places》이라 는 책을 썼다. 이 책에서 그는 자신이 법무부 차관보가 되자마 자 빌 클린턴 대통령이 자신에게 두 가지를 조사해보라고 지시 했다고 하는데, 그 두 가지는 바로 케네디 암살의 진실과 UFO 의 실재 여부였다고 한다. 빌 클린턴이 UFO에 관한 정보에 목 말라했다는 사실은 힐러리 클린턴에 의해서도 확인된다. 그녀 는 2007년에 한 기자에게 남편 빌 클린턴이 대통령에 재직할 때 정보 공개법과 관련해 가장 관심을 둔 주제가 바로 UFO였 다고 말한 바 있다.[87]

그의 짧은 임기 동안 이루어진 조사에서 첫 번째 이슈는 약 간의 진전이 있었지만 두 번째 UFO 문제는 별 진전이 없었다 고 허벨은 회고하고 있다.[88] 1995년에 클린턴 대통령은 80억 페이지에 달하는 비밀문서들을 정보 자유화법에 의거하여 일 반에게 공개했다. 여기에는 케네디 암살과 관련된 문서들 그 리고 UFO 관련 자료들도 포함되어 있었다. UFO 자료를 공개한 것은 클린턴 대통령 자신도 관심을 가지고 있었을 뿐 아니라 1990년대 중반부터 미국 최고의 부자 중 한 명인 로렌스 록펠러Laurance Rockefeller가 UFO 관련 비밀 공개 청구를 꾸준히 요구해왔기 때문이기도 했다. 비록 로즈웰 사건 등 미 국민들이 관심을 갖는 UFO 문제들의 궁금증을 풀어주는 핵심적인 관련 문서들의 공개는 아니었지만 나름 의미 있는 성과를 거두었다. 이 같은 공개에는 지난 미국 대선에서 힐러리 클린턴의 선거대책위원장으로 활동한 존 포데스타John Podesta가 중요한 역할을 했다. 빌 클린턴 대통령의 수석 보좌관이었던 1990년대 중반 그는 미국 재벌 로렌스 록펠러의 UFO 관련 비밀 공개 요구에 대응하는 과정에서 이 문제의 중요성을 깨달았다고 한다.[89] 1995년에 클린턴 부부가 록펠러의 와이오밍 별장에 머무른 일이 있는데 그들의 대화에서 외계인과 UFO 문제가 중요 이슈였다는 정황이 있다. 이 만남에 포데스타가 깊숙이 관련되어 있었음은 물론이다. 존 포데스타는 빌 클린턴 대통령 시절 비서실장을 역임하고 버락 오바마Barack Obama 정권 인수위원장과 백악관 고문을 지냈다.

1995년 빌 클린턴은 13세 소년이 보낸 편지에 공개 답변을 한 적이 있다. 그 소년은 1947년 로즈웰에 추락한 UFO 잔해와 외계인 시신을 미 공군에서 회수했다는 사실을 알고 있느냐고 물었는데, 여기에 대해 빌 클린턴은 모른다고 하며 만일 그것이 사실이라면 공군에서 자신에게 알려주지 않았을 것이라면서 자신도 진실을 알고 싶다고 말했다.[90] 빌 클린턴이 한 이 발언은 1996년 개봉된 할리우드 블록버스터 SF 영화 〈인디펜던스 데이Independence Day〉에서 적절하게 활용된다. 외계인의 공격을 받고 있던 와중에 그들의 과학기술력에 대한 정보가 필요하게 되자 주인공이 에어리어 51구역에 1947년 로즈웰에서 추락한 외계 우주선이 보관되어 있다고 주장하고, 이를 대통령이 군 수뇌부에게 묻자 머뭇거리다가 어쩔 수 없다는 듯 사실이라고 털어놓는 장면이 등장한다. 미 군부에서 핵심적인 일부 세력이 UFO 관련 정보를 대통령에게조차 감추고 있다는 이야기인데 빌 클린턴이 말한 내용을 음모 이론으로 풀어낸 것이다.[91] 정말 미국 대통령들에게도 공개되지 않은 UFO와 외계인에 대한 숨은 진실이 존재하는 것일까?

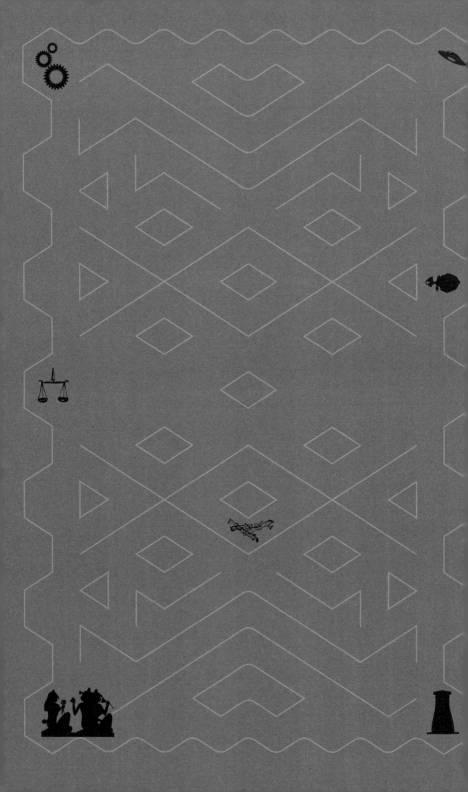

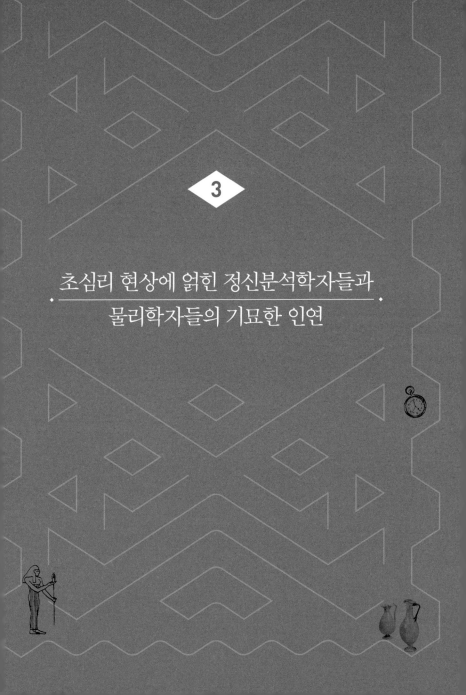

3

초심리 현상에 얽힌 정신분석학자들과
물리학자들의 기묘한 인연

◆

프로이트와 아인슈타인의
후계자들

20세기를 대표하는 정신과학자와 물질과학자를 한 명씩 꼽으라는 투표를 하면 가장 많이 표가 나올 두 사람으로 지그문트 프로이트Sigmund Freud와 알베르트 아인슈타인Albert Einstein이 예상된다. 그만큼 이 둘은 학문적으로나 대중적으로 현대 인류에게 큰 영향을 끼쳤다. 이 둘은 평생 딱 한 번 만났는데 1927년 신년 휴가 기간 중이었다.[92] 1931년 아인슈타인은 국제연맹 소속의 국제지적협력협회Institute for Intellectual Cooperation로부터 전 세계를 대표하는 지식인으로서 또 다른 최고 지식인과 세계 공동체 평화와 관련된 공개적인 서신 교환을 할 것을 제안받는다. 아인슈타인은 편지 교환 상대로 프로이트를 제안했고, 프로이트가 흔쾌히 동의해 1932년부터 세계 평화에 관한 편지를 주고받았다. 이 내용은 국제지적협력협회에 의해

출간됐다.[93]

이들에게는 아들처럼 아꼈던 수제자들이 있었다. 그들은 칼 융Carl G. Jung과 볼프강 파울리Wolfgang Pauli다. 융과 파울리는 현대 정신과학과 물질과학의 상징적 존재들로부터 총애를 받았었다는 인연뿐 아니라 서로 간에도 상당한 학문적 영향을 주고받는 사이로 발전했는데, 여기에 두 스승들의 개입은 없었다. 왜냐하면 융과 파울리는 스승들과는 달리 처음부터 초심리학에 관심이 많았고, 또 스스로 초능력자라는 자각이 어느 정도 있었기 때문이다. 프로이트나 아인슈타인은 사실 처음에는 초심리학에 대해 별로 관심이 없었다. 하지만 말년에 가서 이런저런 이유로 상당한 관심을 갖게 됐다는 증거가 있다. 지금부터 이들 4명이 초심리 현상과 얽힌 신기한 이야기들을 살펴보기로 하자.

프로이트와 융의 결별을 예고한 폴터가이스트 현상

정신분석학계의 두 거장 프로이트와 융은 처음에는 스승과 제자 관계였다. 하지만 나중에 융은 프로이트가 낡아빠진 합리주의와 19세기 후반의 과학적 물질주의에 빠졌고 지나친 성적 해석과 결합되면서 극단적인 환원주의적 인과론으로 치우쳤다고 생각하게 된다. 이것이 융이 프로이트와 결별하게 된 근

본적인 원인이다.[94]

　프로이트와 융은 1907년경 처음 만났는데 1909년경 프로이트는 융을 자신의 후계자로 점찍었고 심지어 수양아들로 삼을 생각까지 했다. 하지만 서로 간에 묘한 갈등이 싹트고 있었고, 의도하거나 의도하지 않은 크고 작은 사건들이 발생하면서 둘 사이는 점점 멀어지기 시작한다. 1913년 이 둘은 공식적으로 갈라서게 되는데 그 이유는 융이 프로이트와 다른 학문적 경지를 개척하면서 더 이상 프로이트의 울타리 안에 머물 수 없게 됐기 때문이라고 알려져 있다. 하지만 이렇게 간단하게 정리하기는 어려우며 그 이면에는 더 복잡한 사연들이 있었다. 그 하나가 처음부터 잠재했던 프로이트의 우려다. 그는 아들처럼 생각한 융이 그를 너무 격정적으로 따랐기 때문에 언젠가는 사춘기 소년처럼 반항할 것이라고 염려했다. 그런데 이런 우려는 융이 여성 환자와 부적절한 관계를 맺고 있음을 알게 된 프로이트가 마치 아들에게 하는 것처럼 간섭을 하자 융이 반발하면서 현실화됐다. 또 프로이트는 융이 초자연현상과 신비주의에 관심을 갖자 이를 우려했다. 그것이 적절한 과학적 접근도 아닐뿐더러 자신의 정신분석과도 맞아 떨어지지 않는다고 생각했기 때문이다.[95] 융은 이 부분에 대해서도 반발했다. 이처럼 프로이트와 융의 결별 수순에 영향을 끼친 요인들 중에는 초심리적 현상에 대한 둘의 상당히 다른 시각도 한 자리를 차지하고 있었는데, 융의 반항을 상징하며 둘 사이의 결별을 예고하는 듯한 초심리적 사건이 1909년 둘이 함께 있을 때 발생했다.

그해 융은 프로이트의 자택을 방문해 프로이트와 여러 가지 문제들에 대해 대화를 나누었다. 당시는 프로이트가 융을 몹시 총애하던 시기로 어느 날 프로이트가 융을 후계자이자 양자로 삼겠다고 선언했는데, 그날 서재에서 두 사람이 대화를 나누던 중 심상치 않은 사건이 발생했다. 융이 프로이트에게 초심리 현상에 대해 어떻게 생각하느냐는 질문을 하자 프로이트는 실없는 소리 하지 말라며 무시해버렸다. 이때 융은 눈의 망막이 마치 시뻘겋게 달군 쇠처럼 데인 것 같은 느낌을 받았고 그 순간 책장 쪽에서 커다란 굉음이 들렸다. 둘 다 깜짝 놀랐는데, 융은 순간 그 소리가 자신의 정신적 상태가 외부로 표면화되어 나타나는 현상Catalytic Exteriorization Phenomenon이라고 말했고, 프로이트는 터무니없는 소리 하지 말라고 응대했다. 융은 "교수님, 그렇지 않습니다. 교수님이 잘못 생각하는 것입니다"라고 반박하면서 그런 소리가 다시 한 번 날 것이라고 예언했는데 정말 그의 말대로 됐다. 융이 그런 예언을 할 수 있었던 것은 눈이 데인 것 같은 느낌을 또다시 받았기 때문이다.[96]

프로이트가 이 사건에 큰 충격을 받았다는 사실은 나중에 그가 융에게 보낸 편지에서 엿볼 수 있다. 이 편지에서 프로이트는 자신이 융을 맏아들로 입양하기로 공식 선언한 바로 그날

♦♦♦
1909년 클라크 대학에서 찍은 프로이트와 융의 사진. 앞줄 왼쪽이 프로이트이고 앞줄 오른쪽이 융이다.

아버지로서의 권위를 상실했다는 점이 기이하다고 쓰고 있다.[97] 프로이트가 이런 편지를 보낸 것은, 그 직전에 융이 보낸 편지에서 자신은 프로이트로부터 억압적인 아버지의 권위를 느꼈는데 그날 그 사건이 일어나자마자 그런 불편한 느낌에서 해방됐다고 고백했기 때문이다.[98] 융은 프로이트가 그날의 일로 기분이 크게 상해 자신을 불신하게 됐다는 기록을 남겼다.[99] 아마도 그날의 폴터가이스트 현상Poltergeist Phenomena은 이 둘의 결코 융화할 수 없는 앞날을 예고하는 것이었으리라.

텔레파시 부정론자에서
긍정론자가 된 프로이트

앞에서 프로이트가 융과 결별하게 된 원인 중 하나가 초상현상超常現象에 대한 견해 차이였다고 지적한 바 있다. 그런데 프로이트는 그로부터 얼마 지나지 않아 텔레파시 같은 초감각 지각에 대해 매우 우호적인 태도를 갖게 됐다. 그는 1901년에 쓴 《일상생활에서의 정신분석학Psychopathology and every-day life》이라는 책에서 텔레파시 현상이 실제로 타인의 생각을 읽는 것이 아니라 일종의 잠재의식이 우연히 맞아떨어지는 것이라고 설명했다. 그런데 1924년에 개정판을 내면서 그는 "지난 몇 년 동안 나는 정신감응적 사고 전달(텔레파시)이라는 설명이 가장 적절해 보이는 놀라운 몇 가지 사례를 접했다"는 내용을 첨가했다. 그리고 1925년에 쓴 한 논문에서는 좀 더 적극적으로 텔레파시 존재를 다음과 같이 옹호했다. "아마도 텔레파시가 정말로 존재하는 것 같다." 그는 계속해서 텔레파시가 어떨 때 가능한지에 대해 다음과 같이 기술했다. "텔레파시는 어떤 생각이 무의식에서 나오거나, 좀 더 전문적인 용어로 말해 생각이 '원초적 단계'에서 '2차적 단계'로 넘어갈 때 특히 쉽게 이루어진다."[100]

1910년대 초까지 텔레파시를 비롯한 모든 초상현상에 대해 무시하는 태도를 보여 융을 격분시켰던 프로이트가 어떤 계기로 이렇게 큰 사상적 전향을 하게 된 것일까? 사실 프로이트가 초상현상에 전혀 관심이 없었던 것은 아니었다. 특히 그는 텔레파시에 대해 호기심을 가지고 있었다. 융과의 언쟁이 있기 전인 1908년부터 프로이트는 헝가리 정신의학자이자 절친한 친구인 샨도르 페렌치Sándor Ferenczi와 편지를 주고받으면서 이 문제에 대한 의견을 교환하고 있었다.

특히 융이 결별을 선언했던 1913년 늦가을 프로이트가 페렌치에게 보낸 편지에는 그의 텔레파시에 대한 관심이 표명되어 있다. 페렌치가 텔레파시 능력자인 알렉산더 로스Alexander Roth 교수를 비엔나정신분석학회에 초청해서 텔레파시 실험을 하고 그날 오후에는 교령회도 개최할 것이라고 예고한 데 대한 반응이었다. 이 편지에서 프로이트는 텔레파시 실험에는 긍정적인 반응을 보인 반면 교령회에 대해서는 반대 입장을 표명했는데, 그것이 성공할 가능성이 없다고 판단했기 때문이다. 알렉산더 로스와의 텔레파시 실험은 대성공이었고 페렌치가 주도하여 비엔나정신분석학회에서 로스의 텔레파시 능력에 대한 보증서를 써주었다. 페렌치가 이를 프로이트에게 알리자 프로이트는 "한번 생각해보시오. 만일 비엔나정신분석학회가 보장해준 그에 대한 공개적인 토론이 이루어진다면 우리는 당신을 희생양으로 삼을 수밖에 없을 것이오"라고 하면서 보증서의 회수를 요구했다.[101] 이 편지 내용에서 알 수 있듯이 당시까지만 해도 프로이트는 텔레파시에 대한 관심과 긍정적인 태도는 갖고 있었으나 이런 그의 관심이 외부에 알려지는 것에 대해서는 극도로 꺼리고 있었다.

1915년에서 1920년 사이에 둘이 주고받은 편지에서 텔레파시에 관한 내용은 별로 많지 않았지만 더 이상 이 문제에 대해 논쟁을 하지 않을 정도로 프로이트는 텔레파시의 실재에 대해 긍정적인 쪽으로 기울어 있었다.

프로이트는 1921년에 쓴 편지에서 자신이 〈정신분석과 텔레파시Psychoanalysis and Telepathy〉라는 논문을 완성했음을 알린다. 그리고 1924년에는 길버트 머레이George Gilbert Aimé Murray 교수가 영국심령학회에서 행한 텔레파시 실험을 언급하면서 이제는 텔레파시 문제를 본격적으로 논의해야 할 때라고 선언하고 있다.[102] 앞에서 알렉산더 로스에 대해 매우 신중한 태도를 견지했던 프로이트가 왜 이런 결심을 하게 된 것일까?

우선 길버트 머레이가 누구인지부터 알 필요가 있다. 머레이는 당시 영국 옥스퍼드 대학의 그리스학 교수였으며 수학자 버트런트 러셀Bertrand Russell이나 소설가 H. G. 웰스Herbert George Wells, 철학자 앙리 베르그송Henri Bergson, 그리고 역사학자 아널드 토인비Arnold Joseph Toynbee 등과 오랜 교분을 나누던 명사였다. 이런 저명인사가 자신에게 텔레파시 능력이 있음을 공개하고 스스로 능력을 검증받겠다고 했고 영국심령학회(SPR, The Society for Psychical Research)에서 그에 대한 조사를 했다. 그를 조사한 이는 엘리너 시즈윅Eleanor Sidgwick으로 1902년부터 1905년 사이에 영국 수상을 역임한 아서 발포어 Arthur J. Balfour경의 누나였다. 또 이 실험에서 텔레파시를 보내는 역할을 맡은 이는 아널드 토인비의 부인이었다. 누가 봐도 아주 믿을 만한 실험이었고 프로이트도 이런 완벽한 실험에 대해서는 흥분을 감출 수 없었던 것이다.

놀라운 텔레파시 능력을 보여준 길버트 머레이 교수

1915~1916년에 영국심령학회 회장을 역임했던 길버트 머레이는 자신과 교분이 있는 명사들을 집에 초대해 수시로 텔레파시 능력을 보여주었는데 처음에는 반쯤 장난삼아 시도했다가 실제로 뛰어난 능력이 발휘되자 스스로도 매우 놀랐다고 한다. 엘리너 시즈윅이 주관한 1924년의 실험은 다음과 같았다. 머레이 교수가 밖에 나가 있는 동안 토인비 부인은 마음속에 어떤 생각을 떠올리고는 이를 노트에 적는다. 다음에 그를 방으로 불러들여 내용을 묻는다. 그 실험에 등장했던 몇 가지 사례를 소개하면 다음과 같다.[103]

토인비 부인은 다음과 같은 생각을 기록했다.

"나는 한 가난한 노인의 개가 식당에서 죽어가고 있는 상황으로 시작하는 도스토예프스키 소설 도입부에 대해 생각한다(I think of the beginning of a (story by) Dostoievsky where the dog of a poor old man (is) dying in a restaurant)."

이후 방으로 들어온 머레이 교수는 이렇게 말했다.

"나는 그것이 어떤 책의 내용이라고 생각합니다. 그것은 러시아 책이 틀림없습니다. 매우 비참한 노인, 그리고 그가 죽은 개와 무언가를 하고 있습니다. 매우 불행한 이야기입니다. 아마도 식당 같은데 사람들이 처음에는 짐짓 아무렇지도 않은 척하지만 잠시 후 측은하게 생각하여 그에게 친절하게 대합니다. 아, 잘 모르겠습니다(I think it's a thing in a book. I should think a Russian book. A very miserable old man, and I think he's doing something with a dead dog. (A) very unhappy one. I rather think it is in a restaurant and people are mocking, and then they are sorry and want to be kind. I am not sure)."

토인비 부인은 이전에 머레이 교수와 그 소설에 대해 대화를 나눈 일이 전혀 없었다고 말했고, 머레이 교수도 자신이 그 책을 읽지 않아 내용조차 몰랐다고 말했다.

그 다음 토인비 부인은 이런 생각을 기록했다.

"발포아가 도로를 따라 올라가면서 생각하고 있다. 세인트 폴 대성당에서 열리는 웰링턴 공작의 장례 행렬을 지켜보는 넬슨 제독의 그림자를(As he (Mr. Balfour) was coming up the road he was thinking: — The shade of Nelson watching the funeral procession of the Duke of Wellington at St. Paul's Cathedral)."

그러자 머레이 교수는 다음과 같이 말했다.

"이것은 당신에 관한 게 아니네요. 아, 잘 모르겠습니다. 생각해보니 발포어군요. 발포어 씨가 길을 따라서 올라가고 있어요. 아니, 잘 모르겠군요(This is not your own. No, I'm not getting it. I think it is Mr. Balfour('s). I (am) only getting you (Mr. Balfour,) walking up the road. No, I'm not getting it)."

여기서 발포어는 엘리너 시즈윅의 남동생 아서 발포어를 말한다.

다음 사례로 토인비 부인은 자신의 생각을 이렇게 기록했다.

"헬레나 컴포드와 그녀의 성장한 손자 토니를 생각합니다. 그들은 케임브리지강가를 따라 걷고 있습니다(I think of Helena Comford and Tony grown up, walking beside the river at Cambridge)."

그러자 머레이 교수는 다음과 같이 말했다.

"이것은 책에 대한 것이 아닙니다. 케임브리지라는 느낌이 듭니다. 콘포즈와 관련된 것 같습니다. 아, 강가를 따라 걷는 소녀가 보입니다. 그녀는 컴포드 부인이 아닙니다. 아, 아들 컴포드인가? 아닙니다. 그는 손자인 토니입니다(This is not a book. It's got a sort of Cambridge feel in it. It's the Cornfords somehow. —

No— it's a girl walking beside the river, but it isn't Frances (Mrs. Comford). Oh ! is it baby Comford grown up?--- No. I should only think of another baby grown up—Tony (a small grandchild)).

그 다음 토인비 부인의 상상은 토마스 하디Thomas Hardy의 소설 주인공 테스에 관한 것이다.

"나는 테스가 소설의 거의 끝부분에서 불가에 앉아 편지를 개봉하고 있는 장면을 생각한다(I think of a scene in (Hardy's) Tess (of the Durbervilles) where she is opening a letter, rather near the end, sitting by the fire)."

그러자 머레이 교수는 다음과 같이 말했다.

"이것은 책에 관한 것입니다. 소젖 짜는 여자에 관한 것으로 매우 슬픈 내용입니다. 마리 클레어는 아닙니다. 아, 테스에 관한 것이네요. 아니, 잘 모르겠습니다. 그 지긋지긋한 종교적인 남자가 되돌아오는 그 장면에 가깝네요. 이것은 초기 목가적인 장면들 중 하나는 아닙니다(This is a book — It's a sort of country milkmaid atmosphere very sad. I don't think it is Marie Claire. Oh, I think it is Tess — No I can't get it — can't quite — I think it is late on when the horrid religious man has come back. It is not one of the early idyllic scenes)."

토머스 하디의 소설 테스에서 주인공 테스는 알렉 더버빌이라는 자에게 처녀성을 잃는다. 그녀는 그를 사랑하지 않았지만 나중에 전도사가 된 그와 동거한다. 진정으로 사랑했던 남자 에인절 클레어가 찾아왔다가 실망을 하고 떠나자 그녀는 더버빌을 살해한다.

머레이 교수는 어떻게 텔레파시 능력을 발휘한 것일까? 그는 1915년 7월 9일 영국심령연구회 회장에 선출된 뒤 기조연설을 할 때 자신의 텔레파시 능력을 언급하면서 "그런 특별한 상태에서 시각적이거나 후각적인 감각이 작동해 상황을 인지한다"고 밝혔다. 그는 또 이날 "앙리 베르그송은 텔레파시가 수시로 어디에서나 작동하고 있으며 그것이 언어를 형성하는 근원이라고 한다"라고 소개하기도 했다.[104] 물론 머레이 교수가 텔레파시 실험에서 모두 정확한 묘사를 한 것은 아니다. 하지만 그는 505번의 실험에서 무려 60퍼센트나 되는 정답률을 기록했다.[105]

프로이트의
비밀 텔레파시 실험

프로이트가 1921년에 페렌치에게 보낸 편지에서 자신이 썼다고 밝힌 〈정신분석과 텔레파시Psychoanalysis and Telepathy〉라는 논문은 그의 사후인 1941년에 발간됐다. 이처럼 프로이트가 생전에 이 논문을 공개하지 않은 것은 그의 초심리학에 관한 관심 때문에 자칫 그동안 쌓은 정신분석학 분야에서의 명성이 흔들릴 것을 걱정했기 때문이다. 이 논문은 1921년에 독일에서 개최된 국제정신분석학회의 상임위원회에서 발표한 내용을 정리한 것으로, 여기서 그는 만일 텔레파시가 실재한다면 그것이 정신분석학에 어떤 영향을 끼칠 것인지를 논하고 있다.[106] 프로이트는 텔레파시에 대한 추상적인 논의를 넘어 실제로 그 자신이 실험을 하기도 했는데 그런 실험의 주요 대상자는 딸인 안나 프로이트Anna Freud와 절친 페렌체였다. 앞에서 프로이트가 1924년에 《일상생활에서의 정신분석학》의 개정판을 내면서 텔레파시라는 설명이 가장 적절해 보이는 놀라운 몇 가지 사례를 접했음을 언급했다고 했는데, 미국 뉴잉글랜드 대학의 철학과 교수 데이비드 스미스David Livingston Smith는 그가 딸 안나, 그리고 페렌체와의 텔레파시 실험 결과들을 말하고 있음이 거의 확실하다고 지적하고 있다.[107] 나중에 프로이트는 텔레파시를 정신분석의 테두리에서 이해하고 설명하려고 노력했다. 프로이트는 서로 강한 정서적 감응이 있는 사람들 사이에서 흔히 일어나는 이 현상은 초자연적인 것이 아니며 아주 자연스러운 것이라고 믿었다. 딸 안나의 회고에 의하면, 프로이트는 텔레파시를 의식적인 가교가 없는 무의식적인 통신이라고 생각했다고 한다.[108] 프로이트는 1933년 출간된 《새로운 정신분석학 입문서New Introductory Lectures on Psycho-Analysis》에서 매우 긍정적인 측면에서 텔레파시 현상을 다뤘다. 이 책에서 그는 깨어 있는 상태에서도 정신감응이 일어날 수 있지만 수면 상태가 정신감응적인 메시지를 수신하는 데 보다 적합한 것 같다고 말했다. 또한 비록 어떤 메시지가 정신감응의 방법을 통해 수면 중에 꿈의 형태로 전달된다고 하더라도, 정신감응의 메시지는 꿈 그 자체가 아니며 그 꿈의 정신분석적인 방법에 의한 해석이라고 주장했다. 프로이트가 이 책에서 언급한 또 한 가지 관심 분야는 '점술가의 예언'이었다. 그는 그의 환자들을 통해 수집한 많은 사례들로부터 점술가들이 결코 앞으로 일어날 일을 알아맞히는 것이 아니라는 결론에 도달했다. 대신 그들은 점을 보러 온 사람들의 생각을 정신감응적인 방법으로 읽어낸다는 가설을 내놓았다.

영매들의 가계에서
태어난 융

1909년 프로이트의 서재에서 일어난 사건의 정체는 무엇이었을까? 나중에 프로이트는 이를 유령의 두드림Klopf-geisterspuk 현상이라 명명했는데[109] 초심리학에서는 이를 폴터가이스트Poltergeist, 소리 요정 현상이라고 부른다. 예민한 성격의 사춘기 소녀들에게서 주로 나타나는 현상인데, 외부에서 아무런 영향이 없는데도 문이 저절로 열리거나 액자가 돌아가고 무거운 책장이 움직이며 심지어 전구가 깨지기도 한다. 융은 이를 "정신적 상태가 외부로 표면화되어 나타나는 현상catalytic exteriorization phenomenon"이라고 표현했으며 오늘날 초심리학에서도 그런 능력 소유자들의 내면 상태가 외부에 영향을 끼치는 현상으로 설명하고 있다.

융은 어렸을 때부터 주변에서 이런 현상을 자주 체험했는데 그런 현상의 주요 원인 인물이 어머니였다고 회고한 바 있으며 자신도 어머니의 그런 능력을 물려받았다고 생각했다. 융은 일곱 살 또는 여덟 살경 한밤중에 희미하게 빛을 내는 목 없는 유령이 집 안을 떠도는 것을 종종 목격했다고 회고했다.[110] 의학도이던 23세 때는 그가 초상현상을 받아들이게 된 결정적인 사건이 일어났다. 그해 여름 집 안에 있던 호두나무로 만든 식탁이 갑자기 큰 소리를 내면서 저절로 쪼개지는 일이 발생한 것이다. 융은 겨울이라면 혹시 몰라도 습한 여름에 그런 일이 일어난다는 것은 상상조차 할 수 없다고 생각했다. 그 일이 있고 나서 2주쯤 후에는 빵을 썬 후 서랍에 넣어둔 철제 칼이 큰 소리를 내면서 저절로 부서져 네 조각이 되는 일이 일어나기도 했다. 다음 날 융은 제련 전문가에게 조사를 의뢰했는데, 제련 전문가는 확대경으로 조사해본 후 그 강철 칼을 누군가 아주 높은 곳에서 떨어뜨리거나 바위에 세게 쳐서 부쉈다면 모를까 저절로 폭발했다는 것은 말이 되지 않는다고 이야기했다고 한다.[111]

이런 일이 주로 융의 어머니가 일하던 거실과 주방에서 일어났다는 점에 주목할 필요가 있다. 융은 외할머니 아우구스타 파버Augusta Faber가 뛰어난 영매였다고 회고했는데 그런 능력이 어머니를 통해 자기에게도 이어졌다고 믿었다. 또한 그런 능력이 외삼촌의 딸 헬렌 프라이스베르크Helen Preiswerk에게도 전해져 그녀가 뛰어난 영매가 됐다고 생각했다. 실제로 헬렌은 융이 종종 집에서 가족들과 함께 연 교령회의 영매로 활동했다.[112]

융이 스위스 제네바 대학의 심리학과 교수 테어도르 플러노이Théodore Flournoy, 미국 하버드 대학 심리학과 교수 윌리엄 제임스William James처럼 초심리 현상에 매우 우호적이었던 학자들과 교류했다는 사실은 비교적 잘 알려져 있다. 특히 플러노이는 융이 프로이트와 불화를 겪을 때 그로 하여금 프로이트의 한계를 극복하고 몽유병, 초심리학, 종교심리학에 계속 흥미를 유지하도록 격려했다.[113] 그런데 융이 최초로 초심리학이라는 학문을 개척한 듀크 대학 심리학과 교수 조지프 라인Joseph B. Rhine과 깊은 교유 관계를 유지했다는 사실은 잘 알려져 있지 않다.

1951년 융은 〈동기성同期性에 관하여On Synchronicity〉라는 논문에서 인과율 이외에 우주를 지배하는 두 번째 법칙인 동기성이 존재한다고 주장했다. 동기성이란 의미가 있기는 하지만 인과적으로는 관계가 없는 두 개 이상의 사건이 시간적으로 일치하여 나타나는 것을 일컫는다. 융은 그 후《심혼의 구조와 원동력The Structure and Dynamics of the Psyche》에서 정신력이 어느 정도 공간적인 요인을 제어하는 작용을 하며, 미래에 대해 시간과 정신력이 상호관계를 맺고 있을 뿐 아니라 물체를 움직이는 힘으로 작용할 수 있는데, 이런 메커니즘은 우리가 알고 있는 에너지에 대한 통념에서 벗어나 있어서 상식적인 힘의 전달이라는 개념을 적용할 수 없다고 말했다. 왜냐하면 이것이 인과율에 기초한 기존 물리학과 무관하기 때문인데, 실제로 우주에는 인과율 법칙이 성립하지 않는 그런 시공간이 실재한다고 주장했던 것이다.[114]

그런데 이처럼 혁신적인 이론이 도대체 어떻게 탄생한 것일까? 융은 그가 쓴 논문 〈동기성 : 비인과적인 연결 원리Synchronicity: An Acausal Connecting Principle〉에서 라인의 초심리학 실험에 대해 누차 언급하고 있다. 또한 라인의 실험 내용을 파악하기 위해 보낸 편지에 대한 라인의 답신 내용을 소개한 바 있다. 하지만 자신이 구체적으로 어떤 내용의 편지를 썼는지는 밝힌 바 없다. 그런데 최근 라인이 소장하고 있던 융의 편지들이 공개되면서 자세한 정황이 드러났다. 융의 '동기성' 논문은 거의 전적으로 라인의 실험에 의존해 쓰였던 것이다.[115] 라인은 초심리학을 학문의 영역으로 자리매김하는 데 혁혁한 공헌을 했을 뿐 아니라, 누적된 실험들을 통해 텔레파시나 투시 같은 초감각 지각이나 염력이 실재한다는 믿음을 널리 퍼뜨리는 데 결정적인 기여를 한 인물이다.

조지프 라인의
초심리 실험들

라인 교수는 초감각 지각의 존재를 규명하기 위해 제너 카드라는 것을 사용했다. 총 25장의 제너 카드는 다섯 장 단위로 별, 사각형, 원, 십자형, 물결무늬가 그려지도록 고안됐다. 라인 박사는 듀크 대학 학생들을 대상으로 실시한 예비 테스트에서 투시의 자질이 있는 것으로 판정된 허버트 피어스 2세Hubert Pearce Jr.를 실험 대상자로 선정했다.

피어스 2세는 라인 박사를 찾아가 자신이 어머니의 텔레파시 능력을 물려받은 것 같다고 스스로를 소개한 바 있었다. 1933년부터 1934년까지 라인은 피어스 2세를 대상으로 텔레파시 실험을 했다. 여기엔 당시 라인의 조수였던 조지프 프랫Joseph G. Pratt이 주도적으로 참여했으며 그런 이유로 '피어스-프랫 실험'으로 널리 알려지게 됐다.

듀크 대학에서 진행된 이 실험에서 프랫은 그의 연구실에 앉아 있었고 피어스 2세는 도서관에 자리를 잡았다. 둘은 먼저 프랫의 연구실에서 만나 시계를 맞춘 후 정해진 시간부터 1분 간격으로 텔레파시 실험을 진행했다. 프랫이 잘 섞인 제너 카드를 차례차례 1분 간격으로 뽑아서 책갈피에 순서대로 꽂을 때, 같은 시각 피어스 2세는 자신의 머리에 떠오르는 카드 이름을 순서대로 적었다. 이런 식으로 총 1,850회의 카드 맞히기 실험이 진행됐는데 피어스 2세는 558회를 맞춰 평균치보다 188회를 더 맞히는 결과를 냈다. 이를 통계적으로 표현하면 우연일 확률이 $1/10^{27}$에 해당한다.[116] 심리학에서 우연일 확률이 1/100일 경우 상당히 유의미한 결과라고 판단한다. 피어스 2세의 실험 결과는 극도로 유의미한 결과라는 표현을 쓰기에도 미안할 정도로 무엇인가 있다는 이야기다. 이 결과가 발표된 후 실험에 대한 문제 제기가 있었다. 철저한 통제가 이루어지지 않은 상황에서 피어스 2세가 도서관을 이탈해 프랫 연구실 너머로 지켜봤을 수 있다는 것이었다.[117] 라인은 자신이 이런 일이 일어나지 않도록 철저히 감시했다고 했지만 이런 유의 의혹들은 계속 제기됐다. 사실 오늘날 관점에서 볼 때 라인 실험이 철저한 통제 아래 수행되지 못한 것은 사실이다. 그럼에도 이를 음모론의 관점에서만 바라보는 시각 또한 문제가 있다.

라인 교수는 1933년에 제너 카드를 이용해서 피어스 2세를 대상으로 예지에 관한 실험도 했다. 카드를 섞기 전에 그로 하여금 섞은 후 나올 카드의 배열을 알아맞히도록 한 것이다. 이 실험 또한 상당히 유의한 수준으로 의미 있는 결과를 얻었다. 하지만 라인은 예지에 대한 학계의 반감이 얼마나 클지를 알고

있었기에 그 결과 발표를 미루다가 1938년에 출판한 책에서 소개했다.[118]

이 실험이 있고 난 후 피어스 2세는 초감각 지각 능력을 상실했다. 이 문제 또한 라인 실험이 나중에 비평가들에게 공격당하는 좋은 빌미가 됐다. 재현성을 중시하는 과학 실험의 요건을 제대로 갖추지 못했다는 것이었다. 하지만 이런 현상은 비단 피어스 2세에서만 찾아볼 수 있는 것이 아니다. 초심리 실험 초기에는 피실험자가 집중을 유지하는 데 문제가 없지만 시간이 지날수록 지겨움을 느끼게 되고 나중에는 지속적이고 단순한 반복 때문에 심리적인 장애까지 발생한다.[119]

1934년은 라인이 텔레파시, 투시, 그리고 예지를 포괄적으로 일컫는 ESP라는 용어를 만든 후 처음으로 자신의 실험 결과를 담은 논쟁적인 논문을 발표한 해다. 물론 대부분 내용이 피어스 2세를 대상자로 한 것이었다. 그 몇 달 전에 한 도박사가 라인을 찾아왔다. 그는 자신이 주사위를 이용한 도박에서 자신도 이해할 수 없는 탁월한 능력을 발휘한다고 주장했다.[120] 그날 이후 라인은 염력에도 관심을 가지고 실험을 했다. 물론 실험 도구는 주사위였다. 라인은 그 후 1941년까지 주사위를 사용한 염력 실험을 했고 우연일 가능성이 약 $1/10^4$쯤 되는 매우 유의미한 결과를 얻었다. 이 결과는 1943년에 논문으로 발표됐는데[121] 그러자마자 학계의 무자비한 공격을 받았다. 주사위를 이용한 야

바위꾼들의 행각은 아주 오래전부터 개발돼왔으며 그 수준이 매우 지능적이고 교묘해 웬만한 관찰자들은 문제점을 찾지 못한다는 것이었다. 라인은 이런 반론을 잠재우기 위해 솜씨 좋은 도박사들과 듀크 대학 학생들을 두 팀으로 나눠 주사위를 이용한 염력 실험을 했고, 두 집단 모두에서 유의미한 결과가 나타났음을 보여주었다.[122]

텔레파시 책의 서문을 쓴 아인슈타인

미국에서 최초로 듀크 대학을 중심으로 초심리학 연구가 진행된 데는 윌리엄 맥두걸William McDougall이라는 심리학자의 헌신적인 노력이 있었다. 20세기 초 영국 런던 대학(UCL)에서 심리학과 교수로 있다가 옥스퍼드 대학으로 옮긴 맥두걸은 1920년 영국심령연구학회 회장에 선출되면서 하버드 대학으로부터 윌리엄 제임스 심리학 석좌교수직을 제안을 받았다.[123] 하버드 대학으로 옮긴 그는 1927년까지 그곳에서 재직하다 초심리학 연구에 전적으로 몰두하는 것을 조건으로 듀크 대학으로 자리를 옮겼다. 그는 듀크 대학에 초심리학연구소를 세우고 조지프 라인을 책임자로 뽑았다. 그리하여 1930년부터 미국에서 본격적인 초심리 연구가 시작됐다.

이렇게 미국 초심리 연구에 초석을 놓은 맥두걸에게 아주 친한 작가 친구가 한 명 있었는데 그의 이름은 업턴 싱클레어Upton Sinclair다. 싱클레어는 사회주의 저술로 퓰리처상을 수상한 유명 작가였는데 엉뚱하게도 1930년에 텔레파시와 관련된 논픽션 책《정신 라디오Mental Radio》를 썼다. 그가 텔레파시에 관심을 가지고 이런 책을 쓴 것은 그의 두 번째 아내 메리 싱클레어Mary C. Sinclair가 매우 뛰어난 텔레파시 능력의 소유자였기 때문이다. 싱클레어는 책의 소개 글을 맥두걸에게 부탁했고, 이 방면의 최고 권위자였던 맥두걸은 이를 수락했다. 소개 글에서 맥두걸은 싱클레어 부인이 보여준 텔레파시 능력이 그때까지 진행됐던 그 어떤 실험자들보다 크다고 평가하면서, 그녀가 놀라운 텔레파시 능력을 소유한 몇 되지 않는 뛰어난 초능력자들 중 한 명이라고 치켜세웠다.[124]

싱클레어는 또 다른 절친에게 독일어판의 서문을 써달라고 부탁했는데 그는 바로 아인슈타인이었다(이 서문은 독일어 그대로 미국어판 2쇄에 실렸다). 아인슈타인은 1920년대부터 사회 개혁 운동가인 업턴 싱클레어를 가장 친한 친구 중 한 명으로 생각했다. 싱클레어는 다소 과격한 사회행동주의자였고 한편으로는 열성적인 심령주의자이기도 했다. 이 때문에 아인슈타인의 주변 사람들은 그가 싱클레어에게 집착하는 것을 만류했다. 하지만 아인슈타인은 싱클레어를 매우 신뢰했다. 아인슈타인이 써준 서문에는 다음과 같은 긍정적인 내용이 담겼다.

"이 책에 사려 깊고 솔직하게 기술되어 있는 텔레파시 실험 결과들은 확실히 과학자들이 당연한 것으로 인정할 수 있는 범위를 훨씬 넘어선다. 하지만 업턴 싱클레어처럼 양심적인 관찰자이자 작가가 의도적으로 독자들을 기만하려 이런 책을 썼을 리 만무하다. 나는 그의 정직함과 신뢰성을 믿는다."[125]

1905년 특수상대성이론 등 물리학계의 매우 중요 이슈에 대한 논문을 3개나 발표하면서 현대물리학 시대를 연 알베르트 아인슈타인은 1915년 일반상대성이론을 발표하면서 세계적인 과학 아이콘으로 부각되어 있었다. 그런 그에게 과학계에서 이단시하는 초심리학 관련 저술의 서문을 부탁했다는 사실은 그만큼 싱클레어와 아인슈타인 사이에 친분이 있었다는 증거다.

싱클레어 부인은 어린 시절부터 텔레파시 능력을 보였는데 특히 꿈을 통해 그런 정보를 얻었다고 한다. 그녀는 자신의 능력을 더욱 증진시키기 위해 다른 사람이 그린 그림의 내용을 보지 않고 자신이 그려보는 훈련을 했다. 이런 훈련 덕분인지 1928년경에 그녀는 상당한 정확도를 보였고, 업턴 싱클레어는 이런 부인을 상대로 실험을 한 후 이를 정리해 책으로 쓸 준비를 했던 것이다. 그렇다면 싱클레어 부인은 어느 정도의 능력을 발휘했을까? 업턴 싱클레어는 실험을 위해 처남 로버트 어윈 Robert L. Irwin에게 1928년 7월 13일 오전 11시 30분에 패서디나에 있는 어윈의 집에서 아무 그림이나 생각나는 대로 그린 후

15~20분 정도 주시하고 있을 것을 요청했다. 그리고 같은 시각 싱클레어 부인은 처남의 집에서 40마일 정도 떨어진 롱비치의 집에서 소파에 기대 집중해서 영상을 떠올린 후 그것이 무엇인지 글로 적었다. 다음 날 싱클레어는 부인이 쓴 글이 적힌 종이를 가지고 처남의 집으로 가 보관하고 있는 그림과 대조해 보았다. 그것은 테이블 포크였는데, 싱클레어 부인이 쓴 내용에는 오직 테이블 포크만 보인다고 되어 있었다. 다음 여러 쌍의 그림들 중에서 각 쌍의 왼쪽은 싱클레어가 그의 서재에서 그린 것이고, 오른쪽은 싱클레어 부인이 다른 방에서 알아맞힌 것들이다.[126]

이런 식의 실험이 1928년에 총 290회 이루어졌는데 거의 완벽하게 맞힌 경우가 65번이고, 상당한 유사성이 보인 경우가 155번이었으며, 완전히 틀린 경우는 70회에 불과했다고 한다.[127] 그런데 사실 업턴 싱클레어가 한 실험으로부터 그의 부인에게 텔레파시 능력이 있었다는 단정적인 결론을 이끌어내기는 어렵다. 어쩌면 투시일 수도 있기 때문이다. 그녀 자신도 나중에 이 점을 깨달았고 그것이 투시일 가능이 있음을 인정했다. 그리고 실제로 송신자가 없이도 그림을 알아맞혀서 자신이 투시 능력이 있다고 생각했다.

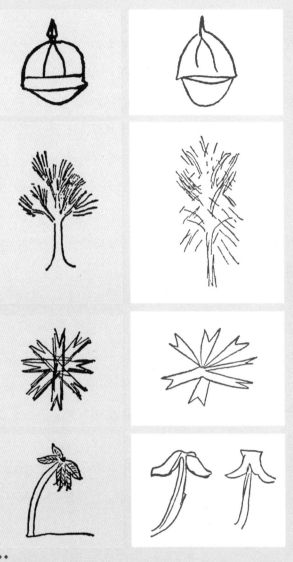

◆◆◆
업턴 싱클레어가 서재에서 그린 그림(왼쪽)과 싱클레어 부인이 다른 방에서
알아맞힌 그림들(오른쪽).

아인슈타인의 물리 세계에는
맞지 않는 텔레파시

앞에서 융이 조지프 라인과 긴밀한 사이였고 라인의 실험 결과로부터 큰 영향을 받았다는 사실을 언급한 바 있다. 오늘날 초심리학의 아버지라 불리며 초심리 현상 연구의 학문적 기틀을 세운 이로 평가받고 있는 라인은, 윌리엄 맥두걸이 듀크 대학에서 추진한 초심리 연구에서 실제적 업무를 담당했다. 그런데 아인슈타인은 라인에게 상당히 비판적이었다. 라인의 텔레파시에 관한 이론이 자신이 생각하는 물리 세계와 너무 맞지 않았기 때문이다.《정신 라디오》의 서문을 써준 지 몇 년 지나지 않아 아인슈타인은 라인의 초심리 실험 결과에 대해 의문을 제기했다. 라인의 실험에 의하면 텔레파시의 강도는 송신자와 수신자 간의 거리와 상관이 없다. 즉, 두 사람이 아무리 멀리 떨어져 있어도 텔레파시가 전달되는 데는 큰 영향이 없는 것이다.[128] 하지만 아인슈타인은 우주의 모든 힘들은 거리가 멀어지면 그 강도가 줄어드는 것이 당연하다고 생각했기 때문에, 라인이 실험을 통해 도출한 텔레파시가 거리와 무관하다는 결론은 무언가 인식되지 않은 잘못에 의해 왜곡된 것이라고 판단했다.[129]

재미있는 사실은 싱클레어가 한 실험에서도 텔레파시의 거리 무관성이 어느 정도 드러났다는 점이다.[130] 아마도 아인슈타인은 서문을 써준 책에 쓰인 텔레파시의 특성에 대해서는 주의를 기울이지 않고 건성으로 넘어갔던 것 같다.

결론적으로 말하자면 아인슈타인은 텔레파시가 가능할 수 있다고는 생각했다. 하지만 그는 뇌파에 담긴 정보가 아직 알려져 있지 않은 기제를 통해 다른 사람에게 전달되는 것이 텔레파시라고 이해했던 듯하다. 이 경우는 거리가 아주 멀어지면 텔레파시는 거의 작용하지 않아야 한다. 오늘날 초심리학자들은 반복적인 실험을 통해 텔레파시가 거리와 무관하게 작용한다는 결론을 내리고 있다.[131] 아인슈타인이 굳게 믿었던 물리 세계와는 다른 또 다른 물리 세계가 존재하는 것일까?

원자폭탄 개발에 직접적으로 관련됐던 아인슈타인

앞에서 1930년대 초 아인슈타인이 프로이트와 세계 평화에 대해 공개 서신을 주고받는 이벤트를 벌였었다는 사실을 언급한 바 있다. 그런데 그 후 아인슈타인은 민간인 대량 살상이라는 역사상 가장 비극적인 사건에서 일차적인 책임을 지는 행동을 하게 된다. 1945년 아인슈타인은 일본의 히로시마와 나가사키에 원자폭탄이 투하된 지 한 달이 안 된 시점에 아들 한스Hans Albert Einstein에게 편지를 보냈다. 이 편지에서 그는 "내 연구와 원자폭탄은 단지 매우 간접적으로만 연관돼 있다"

고 언급하고 있다.[132] 아마도 원자폭탄의 기본적인 이론이 상대성이론과 관련되어 있고 자신이 원자폭탄 개발에 관여됐다는 세간의 평가에 큰 부담을 느꼈던 모양이다.

그런데 아인슈타인의 이론은 원자폭탄 개발과 직접적인 관련이 없다손 치더라도 그의 행적은 아주 직접적으로 관련되어 있었다. 오늘날 대부분의 사람들은 아인슈타인이 과학자들의 요청에 의해 루스벨트Franklin Roosevelt 대통령에게 원자폭탄 개발의 필요성을 건의하는 한 통의 편지에 자신의 사인을 해줬다고 알고 있다. 하지만 아인슈타인이 대통령에게 또 다른 편지를 썼을 뿐 아니라 거기에는 거의 협박에 가까운 내용이 포함되어 있었다는 사실은 잘 알려져 있지 않다.

아인슈타인에게 편지를 쓰도록 주도한 이는 헝가리 출신의 물리학자 레오 실라르드Reo Szilard였다. 그는 독일 베를린-샤를로텐부르크 공과대학에서 물리학을 공부했는데, 학부 학생으로서 두각을 드러내 교수였던 아인슈타인의 눈에 띄었다고 한다. 이런 인연으로 아인슈타인과는 각별한 관계를 지속했는데 1933년 핵 연쇄 반응을 발견하여 핵에너지를 이용한 원자폭탄 제조를 할 수 있는 길을 열었고, 1939년에는 아인슈타인과 함께 루스벨트 대통령에게 아인슈타인-실라르드 편지(실라르드가 작성하고 아인슈타인이 서명을 했다)를 보내 핵무기 개발을 비밀리에 건의했다. 그런데 이 편지에 대한 미국 정부의 반응이 미온적

◆◆◆
알베르트 아인슈타인(완쪽)**과 레오 실라르드**(오른쪽).

이었다. 그러자 1940년에 실라르드는 아인슈타인에게 추가로 자신이 쓴 편지에 서명을 해서 루스벨트 대통령에게 보내 겁박하도록 했다. 편지에는 만일 핵무기 개발을 서두르지 않는다면 실라르드가 그때까지 미루고 있던 핵폭탄 제조의 핵심적인 내용을 논문으로 발표할 것이라는 구절이 담겨 있었다. 이에 놀란 루스벨트와 미 정부 관료들은 서둘러 맨해튼 계획을 실행하기로 결정했다고 한다.[133] 이처럼 여태까지 알려졌던 나치 독일이 원자폭탄 개발에 박차를 가한다는 소식을 접한 아인슈타인이 루스벨트를 설득했다는 내용은 사실이 아니다. 관심을 보이지 않으면 원자폭탄의 핵심 기술이 나치 독일에 알려지도록 하겠다고 루스벨트를 협박하는 실라르드의 행동에 아인슈타인이 부역을 한 것이다.

나치 독일의 원자폭탄 개발과
실라르드의 회한

그렇다면 과연 나치 독일에서는 원자폭탄 개발이 어느 정도 추진되고 있었을까? 2차 세계대전 기간 동안에 실용적인 수준의 폭탄 제조가 가능했을까? 결론적으로 말하면 전혀 불가능했다.

나치 독일에서 원자폭탄 개발 프로젝트를 지휘했던 이는 양자역학의 '불확정성 원리'로 유명한 베르너 하이젠베르크Werner Karl Heisenberg였다. 그가 나치 독일에 적극적으로 협조했는지의 여부에 대해서는 학자들 간에 논란이 있으나 다른 과학자들과 함께 일종의 사보타주를 했을 가능성이 충분히 있다. 그는 다음과 같은 두 가지 측면에서 나치 독일의 원자폭탄이 개발되는 것을 지연시켰다. 첫째는 폭탄 제조에 필요한 우라늄의 임계 질량을 실제보다 훨씬 크게 책정한 것이다. 두 번째는 핵반응 감속제로 흑연을 사용하는 대신 중수 사용을 고집했던 것이다.

그런데 하이젠베르크는 한편 자신의 의지와 무관하게 미국 쪽에서 맨해튼 계획이 가속화되도록 하는 역할을 했다. 1941년 그는 닐스 보어Niels H. D. Bohr를 만나 연합국 측에서 원자폭탄 개발을 하지 않도록 설득하라고 한다. 그런 제안을 한 이유가 다소 모호하다고 판단한 보어는 화를 냈고, 미국 쪽에서 일하는 과학자들을 설득하는 대신 오히려 나치 독일에서 원자폭탄 개발을 추진한다는 정보를 제공하는 역할을 했다.[134] 이에 자극을 받아 1942년부터 미국에서의 원자폭탄 개발이 가속화된다. 그렇다면 하이젠베르크는 왜 보어를 동원해 연합국 측의 원자폭탄 개발을 저지하려 했던 것일까? 그의 부인이 남긴 비망록에 의하면 원자폭탄 1개 제조에 필요한 동위원소가 분리된 우라늄의 임계질량을 잘못 계산한 그는, 나치 독일과 미국 모두가 원자폭탄 개발에 엄청난 재원을 소모하는 것이 무의미하다고 판단했다고 한다. 이 때문에 양쪽 모두를 포기시키려 했다는 것이다. 이 기록이 사실이라면 하이젠베르크는 보어에게 나치 독일이 원자폭탄을 개발할 의지도 없고 능력도 없다는 메시지를 전달하려 했다는 것인데, 정작 보어는 그가 연합국 측의 원자폭탄 개발만을 저지하려 했다고 오해한 셈이 된다.[135]

맨해튼 계획의 실무 책임자였던 로버트 오펜하이머Robert Oppenheimer가 1943년 말쯤 나치 독일이 여러 개의 원자폭탄을 만들 수 있는 충분한 양의 우라늄을 확보해서 연합국들을 전면 공격할 수 있다는 공포심에 사로잡혀 있었다는 여러 정황이 있다.[136] 하지만 이런 우려는 기우에 불과했는데 나치 독일은 인력이나 자금, 그리고 기술적인 측면에서 미국을 중심으로 한 연합국 측과는 상대가 되지 않았다. 막강한 정보력을 갖고 있던 연합국 측에서는 최소한 1944년경에 이런 사실을 알고 있었을 것이다.[137] 하지만 이미 원자폭탄 개발에 막대한 자금을 사용했고, 실용화되면 그것이 전략적 측면에서 안겨줄 막강한 이득을 잘 알고 있었을 그들은 일부러 이런 정보를 맨해튼 계획 실무자들에게 숨긴 것으로 보인다. 원자폭탄 제조가 가시화되었던 1945년 봄, 아인슈타인은 루스벨트 대통령에게 보내는 마지막 편지를 썼다. 그 편지에서 아인슈타인은 실라르드가 하고 싶은 중요한 이야기가 있으니 그를 만나보라고 권유하고 있다.[138] 물론 이 편지도 실라르드가 초안을 잡은 것이었다. 하지만 이 편지는 끝내 루스벨트에게 전달되지 못했다. 그가 갑자기 죽었기 때문이다.

이 편지에는 실라르드가 대통령을 만나고자 하는 이유가 밝혀져 있지 않다. 그럼에도 그가 어떤 의중으로 대통령을 만나려 했는지에 대한 정황은 알 수 있다. 나치 독일의 패전이 초읽기에 돌입하고 있던 당시 상황에서 어떻게든 원자폭탄을 실전에 사용해보고 싶어 하는 군 수뇌부의 의중을 눈치 챈 실라르드가 이를 저지하고자 했던 것 같다. 그가 루스벨트를 만났다면 원자폭탄을 오직 방어 목적의 전략적으로만 사용해야 한다고 건의했을 것이다.

실라르드는 히로시마와 나가사키에 원자폭탄이 투하된 것에 너무 놀랐고 평생 동안 속죄하면서 살았다. 실라르드가 자신이 저지른 일에 얼마나 큰 회한을 가졌는지는 그가 1947년에 쓴 〈전범으로서의 나에 대한 재판My Trial As a War Criminal〉이라는 단편 풍자소설을 통해 알 수 있다. 이 소설은 3차 세계대전 후 전승국이 된 러시아가 실라르드를 포함한 맨해튼 계획 관련자들을 전범 재판에 회부한다는 자학적인 내용을 담고 있다.[139] 아마도 이즈음의 아인슈타인도 비슷한 속죄의 마음을 갖고 있었을 것이다.

아인슈타인의 수제자 볼프강 파울리

아인슈타인이 아들에게 쓴 편지에서 밝히고 있듯이 기술적인 측면만 놓고 볼 때 그와 원자폭탄은 아주 간접적인 연관만 있었다. 실라르드와 긴밀한 관계를 갖고 있었지만 실라르드가 아인슈타인의 학문적 후계자는 아니었다는 말이다. 그렇다면 누구를 아인슈타인의 후계자로 꼽을 수 있을까? 아인슈타인이 은퇴하기 전 함께 연구를 했던 이는 바로 볼프강 파울리다. 파울리는 오스트리아 출신의 이론물리학자로 1924년 원자 구조에서 나타나는 양자역학적 효과인 '배타 원리Exclusion Principle'를 발견해 양자역학의 토대를 마련하는 데 크게 기여했다.

배타 원리는 주기율표상의
원소들이 어떻게 그런 모습
으로 존재하는지에 대한 아
주 근본적인 문제부터 여러
가지 물리 현상들까지 설명
해주는 이론으로, 이 우주를
구성하는 입자들을 비대칭적
인 페르미온fermion과 대칭
적인 보손boson으로 구분하
는 것을 출발점으로 한다.[140]

◆◆◆
볼프강 파울리의 모습.

파울리는 1940년부터 1946년까지 프린스턴 대학의 고등과학
연구소에서 아인슈타인과 공동 연구를 했으며 1945년 11월에
배타 원리로 노벨 물리학상을 받았다. 아인슈타인은 이를 경축
하기 위해 1946년에 열린 한 연회에서 파울리의 업적을 자신이
시작한 연구에 마침표를 찍은 것으로 평가하면서 자신의 후계
자이자 영적인 아들spiritual son이라고 칭송했다.[141] 아인슈타인
이 이 정도로 파울리를 평가한 데는 그만 한 이유가 있었다.

파울리는 18세이던 1919년에 일반상대성이론에 대한 논문
을 썼는데, 양자역학의 선구자로서 당시 그를 가르치던 아르놀
트 조머펠트Arnold Sommerfield는 이 논문을 보고 너무 감동해
독일의 저명한 학술지에 초청 논문으로 실리도록 주선해주었

다. 이 논문을 읽은 독일 출신의 영국 물리학자 막스 보른Max Born이 아인슈타인에게 편지를 썼고, 아인슈타인은 답신에서 나이 어린 청년이 이토록 완벽한 논문을 썼다는 사실이 놀랍다고 극찬을 했다. 나중에 아인슈타인은 자신의 상대성이론을 제대로 이해하고 있는 사람은 오직 파울리뿐이라고 선언했을 정도였다.[142]

냉철한 과학자들이 믿었던 미신, 파울리 효과

1940년대에 진행된 맨해튼 계획에는 연인원 25만여 명의 인력이 동원되었다. 거기에는 나치 독일 편에 선 이들을 제외하고 실라르드를 비롯해 연합국 측의 거의 모든 최상위급 물리학자들이 관련되었다. 하지만 정작 맨해튼 계획이 출범하는 데 결정적 역할을 했던 아인슈타인은 거기에 합류하지 못했다. 미 국방부에서 아인슈타인이 개입하는 것을 꺼렸기 때문이다. 세계적인 과학자로서 적들에게 일거수일투족 감시당하고 있을 아인슈타인을 끌어들이는 것은 위험천만한 일일 뿐 아니라, 그의 여린 성격 때문에 비밀을 제대로 지키지 못할 것으로 판단했다고 한다. 실제로 아인슈타인이 그리 크게 관여할 부분도 별로 없었지만, 극비리에 진행되는 프로젝트의 존재를 감추기 위해서라도 아인슈타인이 평소처럼 학문에 전념하는 모습을 보이는 것이 필요했던 것이다.

그런데 파울리 또한 아인슈타인과 마찬가지로 맨해튼 계획에서 배제됐으며 거기에는 아주 특별한 이유가 있었다. 파울리는 맨해튼 계획을 총괄하고 있던 오펜하이머에게 맨해튼 프로젝트에 참여 의사를 전달한 적이 있었다. 하지만 오펜하이머는 그가 기초물리학계에 남아 있기를 바랐다. 파울리는 다소 서운함을 느꼈고 외롭다고까지 생각했다.[143] 사실상 그의 동료들 대부분이 맨해튼 계획에 어떤 식으로든 관여하고 있었기 때문이다. 그렇다면 왜 오펜하이머는 파울리의 개입을 꺼렸을까? 표면적인 이유는 미국의 핵무기 개발을 나치 독일이 눈치채지 못하게 하려면 누군가가 미국의 기초물리학을 끌어가야 하고, 그 적임자가 바로 파울리라는 것이었다. 하지만 융과 파울리의 관계에 관한 논문으로 박사 학위를 받은 스웨덴 정신분석학자 수잔느 가이저Suzanne Geiser는 그 이외에 또 다른 중요한 이유가 있었다고 저서 《가장 내밀한 핵심The innermost kernel》에서 지적한다. 그녀는 파울리가 맨해튼 계획에서 배제된 가장 중요한 이유로 '파울리 효과Pauli Effect'를 꼽고 있다. 파울리 효과의 악명을 익히 알고 있었던 오펜하이머가 원자폭탄 개발이라는 민감한 사안에서 혹시라도 일어날 수 있는 돌발적인 상황을 미연에 방지하기 위해 그의 개입을 저지했다는 것이다.[144] 그런데 도대체 파울리 효과가 무엇일까?

앞에서 융에게 초능력이 있었다는, 또는 그렇게 그가 믿었다는 이야기를 한 바 있다. 마찬가지로 파울리에게도 그런 면이 있었다. 파울리 주변에서는 항상 크고 작은 이상한 문제들이 발생했다. 특히 이 문제는 그가 몸담고 있던 연구소의 실험들과 직결됐다. 그가 근처에만 가도 실험 기구가 부서지거나 실험 기기가 작동을 멈추는 일들이 발생했던 것이다. 이런 일들이 잦아지자 주변 사람들이 이를 '파울리 효과'라고 불렀다. 아주 멀쩡한 주변의 실험물리학자들이 파울리가 이런 문제들의 원인이라고 진지하게 생각하고 있었다. 그의 절친한 친구였던 분자 빔 연구의 대가 오토 스턴Otto Stern은 파울리가 자기 연구실에 들어오는 것을 아예 금지해버렸다. 어떻게 논리적이고 인과관계를 중요하게 생각하는 실험물리학자들이 이런 허무맹랑한 미신을 갖게 된 것일까? 그만큼 파울리와 사고의 상관관계가 명확해 보였던 것이다.[145] 그렇다면 파울리 자신은 그와 관련된 이런 이야기들을 어떻게 생각했을까? 놀랍게도 파울리는 이런 문제가 자신과 관련 있다고 굳게 믿고 있었다.[146] 파울리는 자신의 '정신적 형제'라고 부른 바 있는 제자 마르쿠스 피에르츠Markus Fierz에게 자기 때문에 좋지 않은 일이 생길 때면 그 전에 불편한 긴장감을 먼저 느끼곤 한다고 고백했다. 그런 긴장감 후에는 어김없이 사고가 났다는 것이다. 그러고 나면 그는 항상 기묘한 해방감과 편안함을 느꼈다고 한다.[147] 이 부분은 융에게 발생했던 상황과 너무 유사하다.

파울리 효과의 가장 대표적인 예를 하나 들어보자. 어느 날 독일 괴팅겐 대학 실험물리연구소의 한 실험실에 있던 고가의 측정 장비가 원인 모를 고장이 났다. 그곳은 파울리가 종종 방문했던 곳으로 그가 나타날 때마다 이런저런 사고가 났었는데 그날은 그의 부재중에 일이 터졌다. 연구소장이었던 제임스 프랑크James Frank 교수는 당시 취리히 연방 공과대학에서 일하고 있던 파울리에게 편지를 썼다. 1952년 노벨 물리학상 수상자이기도 한 프랑크 교수는 파울리와 서로 농담을 주고받을 정도로 막역한 사이였기에, 편지에서 농담조로 최소한 그 사고만큼은 파울리에게 혐의가 없다고 선언했다. 그런데 파울리가 답한 편지에는 아주 놀라운 내용이 담겨 있었다. 실험실 장비가 고장 나던 그 시각, 파울리는 닐스 보어를 만나러 덴마크 코펜하겐으로 가던 중 기차를 바꿔 타기 위해 잠시 괴팅겐 역에 머물렀다는 것이다![148]

의사와 환자로 처음 만난
융과 파울리

1909년 프로이트와의 폴터가이스트 사건이 있은 후 그와 결별하기 직전인 1912년 사이에 융은 아인슈타인과 수차례 만찬을 할 수 있는 기회가 있었다. 융은 그 만남으로부터 많은 영감을 얻었는데, 나중에 기록한 바에 의하면 그때 시공간의 상대성과 그것에 대한 정신적 조건 부여의 아이디어가 싹텄다고 한다. 그때부터 물리학자와의 교류를 꿈꿔왔으며 결국 1930년대에 아인슈타인의 후계자 격인 파울리가 그에게 찾아감으로써 꿈이 이루어졌다.

1927년부터 1932년 사이에 파울리에게 인생 최대의 위기가 닥쳤다. 당시 아버지가 그와 같은 또래의 여인과 바람을 피우고 있었는데 이 사실을 안 어머니가 분노를 이기지 못하고 자살을 한 것이다. 그러자 그의 아버지는 사귀던 여자와 바로 결혼했다. 또한 그 시기에 파울리 자신도 이혼을 하게 됐다. 이 시기는 그가 나중에 노벨상을 타게 되는 배타 원리를 발표하고 뉴트리노neutrino의 존재를 예언하는 등 한창 세계 최고의 물리학자로서 우뚝 서는 업적들을 낸 직후였다. 파울리는 큰 심리적 갈등에 시달렸으며, 그의 아버지가 마침 인근에 살고 있던 융을 찾아가볼 것을 권유했다. 이렇게 해서 융과 파울리의 첫 대면이 1932년 1월에 이루어졌다.

파울리는 어린 시절부터 지속적으로 이상한 꿈에 시달렸다. 그 꿈들 속에서는 진동하고, 회전하고, 리듬을 갖고 움직이는 기묘한 상징들이 나타났다. 이는 영매 또는 무당들에게 나타나는 신 내림 현상과 비슷한 상태로 파울리는 자신이 죽을 때까지 그런 현상의 본질이 무엇인지에 대해 고민했다. 사실 파울리의 기묘한 꿈들은 어떤 측면에서 그의 물리 이론들을 이끌어내는 역할을 했다고 볼 수 있다. 파울리의 배타 원리는 그가 자주 꾸었던 '세계 시계World Clock'와 관련된 꿈들과 긴밀한 연관이 있었음이 융의 분석을 통해 밝혀졌으며, 파울리 자신도 그런 연관성을 굳게 믿게 됐다.[149] 그런데 이른바 '위기의 시기'의 꿈들은 그의 창조성을 자극하는 것이 아니라 큰 고통으로만 다가왔다. 2년여에 걸쳐서 파울리는 융에게 수백 건이나 되는 꿈들에 대한 설명을 했으며, 그 내용들은 융이 무의식 이론을 정립하는 데 큰 도움이 됐다. 1935년 융은 파울리에게 그 꿈들을 자신의 논문 〈심리학과 연금술Psychology and Alchemy〉과 강연에 사용하고 싶다고 했다. 파울리는 자신의 꿈들이 융의 심리학 탐구를 돕는 데 큰 기여를 했다는 사실에 매우 만족하면서 그 제안을 기꺼이 받아들였다. 이와 같은 의사와 환자로 맺어진 융과 파울리의 초기 2년여 동안의 관계는 나중에 공동 연구자의 관계로까지 발전하게 된다.[150]

공동 연구자로서 이뤄낸
융과 파울리의 업적

파울리가 융을 찾아갔던 것은 그의 도움을 받아 자신의 꿈들이 의미하는 무의식적 상징을 찾아내고자 하는 바람에서였다. 나중에 파울리는 자신이 꿈이 시공간을 초월한 정신적 실체와 관련된 것이 아닌지를 융에게 물었고, 여기에 대해 융은 정신이 시공간의 장벽을 허무는 일이 가능하다고 하면서 이런 정신의 시공 초월성이 초능력으로 발현된다는 자신의 생각을 밝혔다.[151]

파울리는 자신이 공공연하게 초심리학의 옹호자로 내비치는 것을 꺼렸지만 초심리학이 진지하게 연구되어야 할 분야라고 생각했고, 편지를 통해 융과 초심리 현상의 실재에 대해 수차례 논의했다.[152] 주류 물리학자들 중에서 '파울리 효과'를 초심리학 적인 것으로 해석하는 사람은 거의 없다. 하지만 심층심리학 연구자들 사이에서 그의 문제는 아주 흥미로운 주제로 다루어지고 있다.

융은 파울리와 공동 작업을 하기 이전에는 동기성의 현상학적·실험적 양상들에 관심을 주로 표명했지만 이후부터는 그것의 존재론적·원형적 특성에 주목했다. 한편 파울리는 동기성의 무의식과 관련된 철학을 추구하는 데 보다 관심을 쏟았다. 이들은 공동 작업을 통해 심리학과 물리학의 영역을 넘어 그들이 자연철학에서 만나는 영역까지 탐구했다.[153] 이런 추구를 통해 이들은 정신과 물질의 통합 이론에 대한 저서인 《자연과 정신의 해석The Interpretation of Nature and the Psyche》을 내놓았다.

파울리가 추구했던
정신-물질의 상보성 이론

파울리가 추구하는 새로운 체계의 핵심은 물질과 정신이 한 가지 실체의 상보적 측면이라는 사실을 받아들이는 것이다. 지난 세기 동안 인류는 정신과 물질이 각자 달리 작동한다는 믿음을 키워왔다. '정신-물질 평행주의Psycho-physical parallelism'[154]라고 불리는 이런 원리는 파울리에 의하면 이제 양자역학에 대한 좀 더 심도 있는 이해를 통해 다음 세대의 과학에서는 극복되어야 한다.[155] 이 부분에 대해 파울리는 다음과 같이 기술했다. "정신과 물질의 관계, 또는 내적인 것과 외적인 것에 대한 일반적인 문제가 지난 세기에 발전한 '정신-물질적 평행주의'라는 용어로 해결될 것이라고 기대하면 안 된다. 현대물리학에서 상보성이라는 개념이 존재하게 되면서 현대 과학은 우리로 하여금 이 관계들에 대한 보다 만족스러운 개념에 도달하도록 해주는 것처럼 보인다. 만일 정신과 물질이 동일한 실재의 상보적 측면들이라고 가정한다면 이는 가장 만족스러운 답이 될 것이다."[156] 파울리가 주창한 이런 패러다임이 정말 성립한다면 초감각 지각이나 염력 같은 현재 과학 패러다임에서는 이해할 수 없는 현상들을 보다 쉽게 설명할 수 있을지도 모른다. 이와 관련된 내용들은 7장에서 좀 더 살펴보기로 하자.

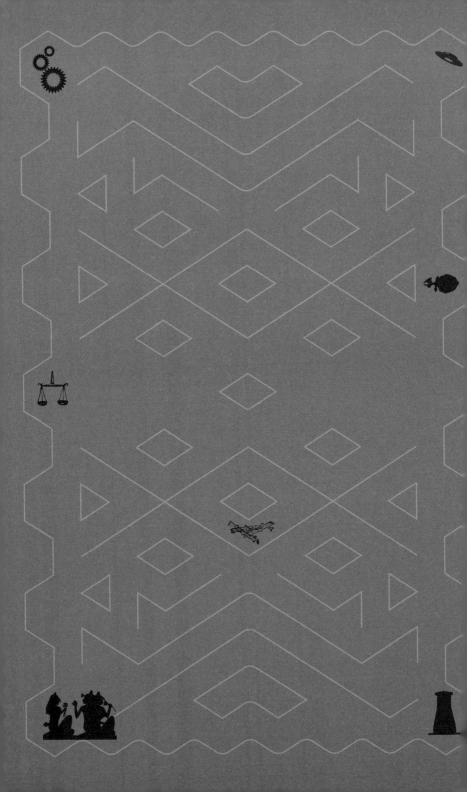

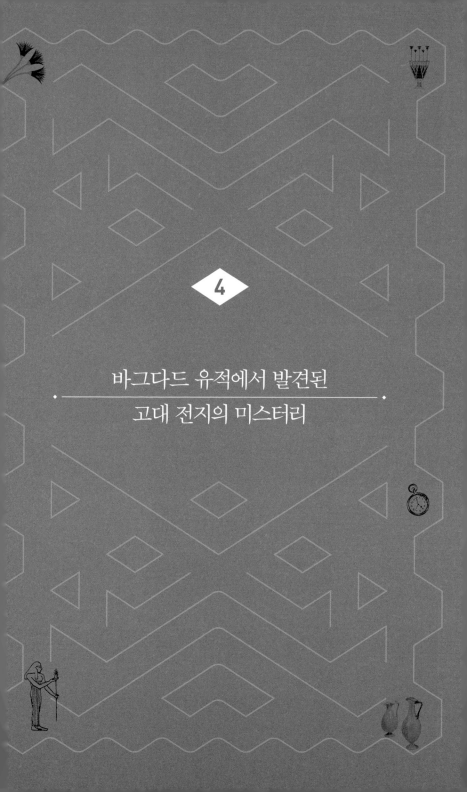

4

바그다드 유적에서 발견된
고대 전지의 미스터리

전쟁의 포화 속에서 사라진
고대 전지

2003년 2월 이라크 전쟁 발발 직전 〈연합뉴스〉에 "'고대 전지', 이라크 전에 풍전등화"라는 제목의 기사가 보도됐다. 전지는 1800년경 이탈리아의 과학자 알레산드로 볼타Alessandro Volta가 세계 최초로 발명했다고 교과서에 나와 있다.[157] 그런데 고대 전지라니? 이 기사에 의하면 기원전 3세기에서 기원후 7세기 사이에 이라크에서 제작된 것으로 보이는 진흙 항아리가 다름 아닌 전지라는 것이다.[158] 정말 그렇게 오래전에 전지가 만들어졌다는 말인가?

독자들 중에는 내 눈으로 직접 보기 전까지는 못 믿겠다는 분들도 있을 것이다. 그러나 이제는 보고 싶어도 볼 수가 없게 됐다. 〈연합뉴스〉에서 우려했던 일이 현실로 나타나 전란 중에 박물관이 약탈당했고 이른바 고대 전지도 이때 사라져버린 것이다.[159] 물론 비슷한 형태의 유물이 여러 개 있기는 하다. 하지만 분실된 것이 가장 '전지다운' 형상을 갖추고 있었기에 아쉬움이 크다. 그런데 도대체 어떤 근거로 그 항아리를 전지라고 믿게 됐던 것일까? 그것이 사라지기 전에 작성된 조사 자료들을 토대로 정말 그것이 전지였는지의 여부를 살펴보기로 하자.

과연 2,000년 전에 전지가 존재했을까?

1936년 여름 바그다드에 소재한 이라크국립박물관의 고고학자들이 바그다드 동남쪽 쿠주트 라부아 인근에서 철도 기술자들에 의해 우연히 발견된 파르티아 왕조기 유적지를 발굴하고 있었다.[160] 대부분의 유물들은 고고학자들이 충분히 예상했던 것들이었다. 하지만 한 가지 물건만큼은 전혀 예상치 못한 것이었다. 그것은 진흙으로 만든 14센티미터 높이의 항아리로 외형상으로는 별반 특이한 것이 없었으나 내부 구조가 매우 이상했다. 구리를 말아서 만든 직경 2.6센티미터, 길이 10센티미터 정도의 원통이 들어 있었고 원통의 윗부분은 역청으로 밀봉되어 있었는데, 그곳의 한가운데에는 직경 1센티미터, 길이 7.5센티미터 정도의 철심이 원통 안쪽으로 박혀 있었다.[161]

이라크국립박물관의 유물 관리자였던 독일 고고학자 빌헬름 쾨니히Wilhelm König는 항아리 내부 구조를 파악하는 순간 그

◆◆◆
이라크 바그다드 인근에서 발견된 고대 전지로 추정되는 유물의 구성품들. 진흙으로 만든 14센티미터 높이의 항아리(왼쪽). 구리를 말아서 만든 직경 2.6센티미터, 길이 10센티미터 가량의 원통(가운데). 직경 1센티미터, 길이 7.5센티미터 정도의 철심(오른쪽).

것이 갈바니식 전지와 흡사하다고 직감했다. 사용된 금속만 다를 뿐 오늘날 사용하는 전지의 구조와 정확히 일치했기 때문이다. 그것이 정말 전지라면 세계 최초의 전지는 교과서에 나와 있는 것보다 무려 2,000년 전에 발명된 셈이었다.

전지의 구조를 한마디로 설명한다면 이온화 경향이 서로 다른 두 금속 사이에 전해질이 채워진 것이다. 문제의 유물은 금속 실린더와 그 내부에 금속 봉이 고정되어 있는 오늘날의 건

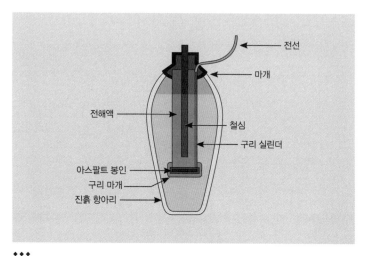

◆◆◆
바그다드 전지의 개요도.

전지와 구조가 매우 흡사했다(바그다드 전지는 건전지乾電池가 아닌 습식전지濕式電池의 구조를 하고 있다).

쾨니히는 항아리 내부에 들어 있는 철심을 세밀히 조사해보고는 그것이 공기 중에서 산화된 것이 아니라 산에 의해 녹은 것처럼 되어 있다는 사실에 주목했다.[162] 그는 항아리에 분명히 철을 산화시킬 정도의 산성도를 지닌 용액이 담겨져 있었을 것이라고 확신하게 됐다. 물론 그 정도의 산이라면 전해질로 작용하고도 남았을 것이다. 여기까지 생각이 미친 쾨니히는 그 유물이 전지임이 확실하다는 결론을 내렸고 이에 관한 논문을 썼다.

하지만 과학이나 공학에 대한 지식이 전무하다시피 한 인문학자들이 주류를 이루는 고고학계의 저널에 이런 논문을 발표하는 것이 무모한 일이었다. 쾨니히는 〈독일광산신문Deutsche Bergwerkszeitung〉의 일요판인 1938년 1월 16일자 〈기술보 Technische Blaetter〉에 자신의 논문을 실었다.[163] 전지 관련 기술은 광산 전문가들에게 매우 친숙할 뿐 아니라 중요하기 때문에 이들에게 어필할 수 있을 것이라는 기대에서였다. 쾨니히는 같은 해에 그 내용을 정리해서 〈탐구와 진보Forschungen und Fortschritte〉라는 독일 과학 저널에 "파르티아 시대의 갈바니 전지?Ein galvanishes Element aus der Partherzeit?"라는 제목으로 논문을 실었다.[164]

당시 주류 학계에서는 이 논문들에 거의 관심을 기울이지 않았다. 하지만 미국에서 활동하던 독일계 과학 저널 작가 윌리 레이Willy Ley가 이 주제에 큰 흥미를 느끼고 자신이 주요 필진으로 활동하던 〈어스타운딩Astounding〉지의 1939년 3월호 과학란에 소개했다.[165]

윌러드 그레이와 윌리 레이의 재현 실험

윌리 레이의 글을 통해 쾨니히의 이론을 접한 미국 제너럴 일렉트릭사 고에너지연구소High Energy Laboratory의 연구원 윌러드 그레이Wilard F. M. Gray는 고대 전지 가설에 매료됐다.

아마추어 고고학자이기도 한 그레이는 회사가 있는 매사추세츠주 피츠필드의 버크셔박물관으로부터 협조를 받아 쾨니히가 제안한 고대 전지 가설의 타당성을 검증해보기로 했다.

1940년 그레이는 윌리 레이의 글에 소개된 내용과 도면을 기초로 고대 전지의 복제를 시도했다. 가장 큰 문제는 그 안에 어떤 전해액을 넣어야 하는가 하는 것이었다. 그는 고대 전지 가설에 관심을 보인 몇몇 고고학자들의 조언을 받아 파르티아 시대에 알려져 있던 황산구리 용액을 사용하기로 했다. 그가 항아리에 황산구리 용액을 넣자 약 0.5볼트의 전기가 흘렀다. 하지만 전류의 흐름은 오래 지속되지 못했다.[166]

윌러드 그레이는 2차 세계대전 때문에 한동안 후속 연구를 하지 못했지만 전쟁이 끝난 후 윌리 레이와 의기투합해 고

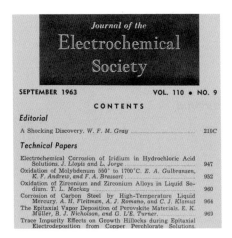

◆◆◆
윌러드 그레이가 '충격적인 발견'이란 제목으로 바그다드 고대 전지에 대한 사설을 쓴 1963년 9월호 〈전기화학회 저널Journal of the Electrochemistry Society〉 표지 사진.

대 전지 복제에 관한 연구를 재개했다. 그들은 '황산구리 용액
이 비록 기원 전후 시대에 알려져 있기는 했지만 과연 파르티
아 시대 사람들이 그것을 사용했을 것인가?'라는 학계의 의문
에 답하기 위해 과일즙이나 식초, 와인처럼 일상에서 보다 쉽게
구할 수 있는 재료들을 전해액으로 사용해 실험을 해보았다. 그
결과 1~2볼트의 전류를 얻을 수 있었고 최장 18일 동안 전류
가 흐르는 것을 확인했다.[167]

　　그 후 '바그다드 전지'가 정말 전지로 작동한다는 사실을 보
여주는 실험들이 여러 연구자들에 의해 진행됐다. 물론 전해액
을 넣었을 때 전기가 흐른다고 해서 그것을 전지라고 단정할
수 없다는 회의적인 시각도 있다. 그런 실험들이 '바그다드 전
지'가 정말 전지임을 증명해주지는 못한다는 것이다. 주류 고고
학자들, 특히 이라크 발굴에 참여하는 학자들은 그것이 전지일
가능성이 전혀 없다고 주장한다. 미국 뉴욕 주립 대학 스토니
브룩의 고고학자 엘리자베스 스톤Elizabeth Stone이 대표적인
인물이다. 20여 년 간 이라크의 고고학 발굴에 참여했던 그녀
는 주변 동료들 중에서 문제의 유물을 전지라고 생각하는 사람
은 아무도 없다고 말한다. 그녀와 동료들이 그곳에서 20여 년
에 걸쳐 발굴 작업을 했지만 그런 시대착오적인 유물이 발견된
적은 단 한 번도 없었다는 것이다. 그렇다면 도대체 그것의 정
체는 무엇일까? 그녀는 그것이 당시 종교적 의식에서 사용되던

다른 항아리들과 근본적으로 다르지 않다고 말한다.[168]

스톤이 지적하듯이 주술적인 목적에 사용됐을 것으로 추정되는 유사한 항아리 유물들이 바그다드 인근에서 발견됐다. 바그다드에서 남쪽 40킬로미터 떨어진 사산 왕조기(225~640년)에 속하며 주술사의 주거지로 추정되는 유적지에서 발견된 항아리들에는 구리 실린더가 들어 있었고, 파피루스 조각들과 철이나 청동 바늘들이 함께 발견됐다. 인근의 또 다른 유적지에서는 위아래가 역청으로 밀봉된 청동 실린더들이 발견됐는데 그 안에는 유기 물질이 담겨 있었다. 이는 성스러운 문서 두루마리를 보관하던 보관 용기이며, 안에서 발견된 유기 물질은 두루마리가 썩어서 생긴 산성을 띤 찌꺼기일 것으로 추정됐다. 그러나 이런 유사성에도 불구하고 철심이 없다는 점에서 쾨니히가 발견한 것과는 근본적으로 차이가 있었다.[169]

쾨니히가 발견한 유물이 전지가 아니라 종교적 의식에 사용됐다거나 보관 항아리로 사용됐다는 주장을 하는 사람들은, 이른바 '바그다드 전지'가 보여주는 구조적 특징들을 고려하여 그것이 전지 이외에 다른 어떤 것이었을지에 대한 적절한 답을 찾아야 할 것이다. 구리 실린더가 역청으로 밀봉되어 있다는 사실은 분명히 그 안에 어떤 액체를 담아놓고 새지 않도록 조치한 것을 의미한다. 기름을 제외한 많은 액체들은 산성을 띄며, 실제로 철봉이 부식된 것은 그것이 일종의 산액에 담겨져 있었음을 가리킨다. 서로 다른 이온화 경향을 갖는 금속들인 철과 구리 사이에 산성을 띤 액체가 있었다면 당연히 전류가 흐를 수밖에 없다. 이 모든 사실들은 한결같이, 그리고 이미 대중매체가 널리 인정하듯이 그것이 고대에 만들어진 전지임을 가리키고 있다. 그렇다면 도대체 그 제작 목적은 무엇이었을까?

통증 완화와 마취를 위한 전기 침?

일부 연구자들은 그것이 의학적 목적에 사용됐을 것으로 추정한다. 그 근거로 고대 그리스와 로마인들이 전기뱀장어 같은 전기어電氣漁를 통증 치료에 사용했다는 기록을 제시한다. 전기어는 지중해나 나일강 일대에 서식하지만 바그다드 인근의 페르시아만이나 티그리스강, 유프라테스강에는 살지 않는다. 따라서 바그다드 전지는 전기어를 대체하여 발명된 의료 기기였다는 것이다. 이런 주장에 대해 반론이 있다. 바그다드 전지가 공급할 수 있는 전기의 전압과 전류가 너무 미약해 통증 완화 효과를 낼 수 없다는 것이다. 당시에 널리 사용됐던 대마초나 아편, 와인 등이 통증 완화에 훨씬 더 효력이 있었을 것이므로 굳이 전지까지 발명해야 할 동기가 없었다는 이야기다.[170]

이런 반론에 대한 재반론이 있다. 통각 상실이나 마취, 근육 이완은 1볼트의 전압과 1밀리암페어 정도의 미약한 전류가 흘러도 가능하다는 것이다. 단 이때에는 침습법을 써야 하는데 당시에 이미 중국에서 침을 의학용으로 사용하고 있었기에 이런 기술이 접목됐을 가능성을 제기했다.

한편 고대 그리스 로마 문명에 제한적이기는 하지만 전기에 대한 지식이 있었다는 점에도 주목할 필요가 있다. 알렉산드리아의 과학자 헤론Heron of Alexandria은 정전기의 성질을 잘 파악하고 있었으며 이를 도선을 통해 이동시키는 방법도 알고 있었다. 바그다드는 중국과 그리스 로마 문명 사이의 길목에 위치하므로 전기와 침습법이 그곳에서 융합됐다는 식의 설명은 그럴듯하다. 그리고 출토된 진흙 항아리 주변에서 실제로 철이나 청동 바늘들이 발견되기도 했다. 정말로 고대 그리스 로마의 전기와 중국의 침술이 파르티아에서 만나 마취용 전기 침으로 결실을 맺었던 것일까?[171]

흥미롭기는 하지만 이런 주장은 오히려 전지가 그리스 로마 문명권에서도 발명됐을 가능성을 시사한다는 점에서 문제가 있다. 모든 여건 면에서 당시 전지가 발명됐을 만한 최적지는 고도의 문명을 구가하고 있던 그리스 로마이지 파르티아 또는 사산 왕조는 아니었기 때문이다. 그렇다면 왜 고대 그리스 로마 문명에는 유사한 유물이나 기록이 없는 것일까?

종교적 경외감을 위해
전기 충격을 이용했다?

　다른 학자들은 바그다드 전지가 종교적 목적으로 사용됐을 것으로 추정한다. 이들은 사원의 신상 안에 전지를 넣고 거기에 전기가 통하게 한 다음, 이를 만지는 이들이 전기 충격을 느끼도록 함으로써 종교적 경외감을 일으키도록 했을 것이라고 주장한다. 예를 들어 사제가 신자에게 질문을 해서 틀리면 전기가 흐르는 신상을 만지게 해 충격을 느끼게 하고, 맞으면 전기를 차단하여 만져도 아무런 충격을 받지 않게 해 실제로 신이 관여하는 것처럼 보이도록 했다는 것이다.[172]

　하지만 바그다드 전지의 전압과 전류가 너무 작아 전기 충격을 주기에 충분치 않다는 반론이 있을 수 있다. 종교용 가설 지지자들은 전지를 여러 개 직렬 연결하면 되고 또 전기 충격이 반드시 놀랄 정도로 강할 필요는 없다고 주장한다. 신전에서 여러 가지 신기하고 놀라운 일들이 벌어졌고 이를 신탁으로 연결시켰다는 고대 기록들이 존재한다. 실제로 고대 그리스의 천재적인 발명가 헤론은 물, 불, 증기 등을 이용한 분수기, 터빈, 오르간, 자동문 개폐 장치 등을 발명해 신전에 설치함으로써, 신전을 정말 신이 살아서 뜻을 전달하는 곳처럼 꾸몄다.

　그런데 앞에서도 제기된 의문이지만 만일 바그다드 전지가 신전의 권위를 높이기 위한 소품으로 사용됐다면, 파르티아나 사산 왕조에서보다는 당시 최고 문명을 구가하던 그리스 로마 문명권에서 헤론 같은 최고 수준의 과학자에 의해 그것이 발명 됐어야 마땅한 것 아닐까?

이런 의문에 대해 반드시 그럴 필요는 없다는 주장이 있다. 시대착오적인 놀라운 기술이 문명의 수준과 무관하게 아주 우연히 발견 또는 발명될 수 있고, 이런 기술이 대대로 은밀하게 전해져올 수 있다는 것이다. 이른바 '고대 천재 발명가 가설'이다. 고대에 전지가 비교적 단순한 치료나 제의 목적으로 사용 됐다면 이런 가설이 힘을 받겠지만 이보다 훨씬 고도의 산업에 적용됐다면 이런 가설을 지지하기는 어렵다. 그런데 고대 전지가 매우 높은 수준의 산업적 목적으로 사용됐다는 주장이 제기된 바 있다.

아르네 에게브레트의 전기 도금 실험

쾨니히 등에 의해 처음부터 제기됐고 아직도 꾸준히 선호되는 가설은 당시 고대인들이 전지를 사용하여 금속 도금을 했다는 설이다. 전착법電着法에 의한 금속 도금 또는 전기 도금은 전기 분해의 원리를 이용해 전해액 속에 녹아 있는 금속을 다른 금속 위에 석출析出 방식으로 입히는 것이다. 이 방법은 이탈리아 화학자 루이지 브루그나텔리Luigi Brugnatelli가

1805년에 발명했다. 그는 알레산드로 볼타가 발명한 전지를 사용하여 최초로 전해 석출에 성공했다. 만일 전기 도금을 위해 바그다드 전지가 사용됐다는 가설이 옳다면 이것은 전지 발명과 함께 또 하나의 시대착오적 발명에 해당한다(오늘날 한방병원에서 사용하는 전기 침을 당시에 발명했다는 주장도 시대착오적이기는 하다).

독일 힐데스하임에 소재한 '뢰머와 펠리제우스 박물관'의 책임자 아르네 에게브레트Arne Eggebrecht 박사는 1978년 바그다드 전지를 사용해 도금이 가능한지를 알아보기 위한 실험을 했다. 그녀는 포도즙을 전해액으로 사용한 바그다드 전지를 여러 개 복제해서 직렬 연결한 후 한쪽 전극을 은제 브로치에, 그리고 다른 쪽 전극은 금판에 연결했다. 이 두 금속이 시안화금 $Au(CN)_3 \cdot 3H_2O$ 용액에 담겨지고 두 시간쯤 뒤에 은제 브로치에 약 1마이크로미터 두께의 금박막이 입혀졌다고 한다.[173]

그런데 바그다드에서 출토된 항아리가 전지가 틀림없다고 믿는 학자들도 그것이 전기 도금에 사용됐다는 주장에는 대부분 부정적이다. 전지는 우연하게 발명될 가능성이 있지만 전기 도금은 그렇지 않다고 믿기 때문이다. 전기 도금에는 전지에 사용된 금속 이외에도 두 가지 금속이 더 필요하다. 이 중 한 금속은 다른 금속에 전착電着될 재료로 사용되는데 보통 부식이 잘 되지 않는 금이나 은 같은 고전위高電位 금속이다.

그런데 고전위 금속은 어지간해서는 물에 용해되지 않기 때

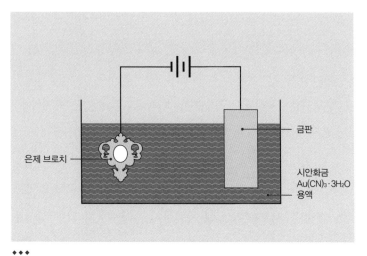

◆◆◆
독일의 아르네 에게브레트가 1978년에 복제한 바그다드 전지를 여러 개 직렬 연결해 실험한 은제 브로치의 금도금 개요도.

문에 시안화금이나 은시안화칼륨$K\{Ag(CN)_2\}$ 같은 특별한 전해액이 필요하다. 이런 전해액들은 만들기도 어렵고 맹독성이라 위험해서 전착에 대한 상당한 지식이 축적된 후에나 제조가 가능하다.

결국 이런 전해액을 만들 수 있었겠는가가 관건인데 기원 전후 시대에 이런 지식이 존재했을 리 만무하다는 것이다.[174] 실제로 당시에 도금된 제품들을 살펴보면 고전위 금속을 얇게 펴서 씌우거나, 아말감화해서 입힌 후 수은을 증발시키거나, 납과 합금시켜 얇게 입힌 후 가열하여 납을 제거하는 방법 등 비교적 쉬운 방법들만 사용했음을 확인할 수 있다.[175] 이런 방법으로 도금된 제품들은 전기 도금된 것보다 표면이 매끈하지 못하다. 아직 바그다드 전지가 발견된 시대에 전착 도금 제품으로 의심되는 것은 단 한 개도 발견되지 않았다.

메소포타미아문명으로부터 내려온 전기 도금 기술?

쾨니히는 당시 문명이 쇠했던 이라크 지역에서 전지가 만들어졌다는 사실에 의구심을 가졌다. 헤론 등이 활동하던 동시대 로마제국의 문명이 훨씬 발달했기 때문에 전지 같은 발명품이 만들어진다면 차라리 그런 곳이 훨씬 적합하다고 판단했다. 그렇다면 이라크에서 전지가 발견됐다는 사실은 무엇을 의미할까? 쾨니히는 이라크가 고대 메소포타미아문명의 발상지라는 사실에 주목했다. 파르티아 왕조 시대에서 과거의 바빌로니아, 고대 메소포타미아 시대로 거슬러 올라갈수록 문명 수준이 더 높았다는 사실을 고려할 때, 어쩌면 바그다드 전지는 먼 옛날에 개발된 전지 기술이 대대손손 전해져온 것일 수 있음에 착안한 그는 자신의 가설을 검증하고자 했다. 그런 노력 끝에 쾨니히는 바그다드박물관에서 매우 균일하게 은도금이 된 구리 식기들을 발견했다. 놀랍게도 이 그릇들은 기원전 2500년경 수메르문명 시기 제작된 것들이었다. 쾨니히는 이 사실로부터 수메르문명 시기에 이미 전지가 발명되어 도금에 사용됐고, 점차 퇴화하기는 했어도 이런 기술이 2,000년 뒤 파르티아인들에게까지 이어졌다는 잠정적인 결론에 도달했다.[176]

월러드 그레이도 쾨니히의 주장에 동조하면서 4,000여 년 전 고대 메소포타미아 시대에 제작된 구리 항아리가 전착법에 의해 금, 은, 심지어 안티몬 도금까지 되어 있다고 주장했다.[177] 그런 유물들의 표면 상태가 전기 도금이 아니고는 설명하기 어려울 정도로 매끈했기 때문이다. 만일 이런 가설이 옳다면 기원 전후 시대에 최고 문명을 구가한 그리스 로마가 아닌 상대적으로 한참 뒤떨어진 파르티아에서 전지가 발견된 사실을 적절하게 설명해줄 수 있다. 그것은 기원 전후에 발명된 것이 아니라 훨씬 오래전 이라크 지역에서 최고 수준의 문명을 구가했던 수메르 시대에 도금용으로 발명됐고, 파르티아 시대에는 한참 퇴보된 형태로 존속되고 있었던 것이다. 실제로 기원전 2500년경의 수메르문명은 기원 전후의 어느 고대 문명들보다 높은 과학기술 수준을 구가하고 있었다. 따라서 '천재 발명가 가설'보다는 오히려 이전의 고대 문명에서 발명된 기술이 퇴화됐다는 주장이 훨씬 설득력이 있기는 하다. 하지만 쾨니히나 그레이가 간과한 사실이 하나 있었다.

1920년대에 영국의 수메르학 대가 레오나드 울리C. Leonard Woolley 경은 이라크 우르 지역에서 금으로 만들어진 끌들과 톱을 발굴했다. 처음에는 모두들 이 제품들이 순금으로 만들어졌다고 생각했는데 독일 하이델베르크 대학의 미카엘 뮐러 카프 Michael Müller Karpe에 의해 모두 도금된 것으로 밝혀졌다. 표면이 너무나 매끄러웠기에 처음에 전기 도금의 가능성이 제기됐다. 하지만 후속 조사에서 전기 도금된 것이 아니라는 사실이 드러났다. 피도금 물질이 구리와 주석, 그리고 금의 합금임이 밝혀졌기 때문이다. 이 경우 '고갈도금법枯渴淘金法(depletion gilding)'을 통해 매우 매끄러운 표면을 얻을 수 있다. 고갈 도금의 원리는 다음과 같다. 구리, 주석, 그리고 금이 합금된 금속을 적절한 산으로 처리하면 표면의 금은 녹지 않고 구리와 주석만 선택적으로 녹는다. 금은 지구상에서 부식에 제일 강한 물질이기 때문이다. 그 결과 표면의 금 밀도가 매우 높아지며 산화 과정이 끝난 후 가열하거나 문질러 광택을 내면 매우 얇고 매끄러운 금도금이 완성된다.[178] 그렇다면 결국 바그다드 전지가 2,500년 전에 개발된 전기 도금용 전지라는 주장은 아무 근거가 없는 것일까?

고대 이집트에
전기 도금 기술이 존재했을 가능성

기원전 2500년경 메소포타미아가 아닌 이집트 땅에서 전기 도금을 했다는 주장이 학계에 보고된 바 있다. 비록 금이 아닌 다른 금속이기는 하지만 전착 기법에 의해 코팅됐다는 것이다. 1933년 콜린 핑크Colin G. Fink와 아서 콥Arthur H. Kopp은 미국 메트로폴리탄박물관에 소장된 고대 이집트 제5~6왕조경의 금속 물병과 대접 표면에 달라붙은 모래와 산화물을 제거하고 있었다. 그러던 중 구리 표면 여러 곳에 부분적인 안티몬 코팅이 되어 있음을 발견했다. 이들은 자신들이 표면의 이물질을 제거하기 위해 사용한 액체가 묽은 염기성 용액과 유기산류였으며 거기에는 안티몬이 전혀 섞여 있지 않았다고 했다. 또 그 용기들은 순수한 구리로 철 성분이 약간 섞여 있을 뿐 안티몬은 섞여 있지 않다는 점을 확인했다. 따라서 이물질 제거 작업 중 구리와 안티몬 합금에서 표면 구리를 선택적으로 제거하는 '고갈 도금'이 자동으로 일어났을 가능성도 없다고 보았다. 결국 그들은 고대 이집트인들이 전착법을 했을 것으로 판단하고 아마도 은을 모방하여 안티몬 코팅을 했을 것이라는 잠정적 결론을 내렸다. 이들은 2,500년 전에 고대 이집트에서 사용되던 안티몬 화합물의 종류를 살펴보고 눈 화장에 황화안티몬이 애용됐다는 사실을 확인했다. 그들은 이 물질을 기본으로 해서 당시 전착에 사용했을 두 가지 가능한 방법을 제시했다.

첫 번째 방법은 끓는 중탄산소다Natron와 황화안티몬Sb_2S_3 수용액에 피도금 구리를 넣는 것이다. 이후 잠시 기다리면 표면에 조밀한 은잿빛 물질이 입혀진다. 이 물질이 바로 안티몬이다. 그런데 이런 방법으로 입힌 안티몬에는 황이 섞이는 문제가 있다. 핑크와 콥이 조사한 금속 물병과 대접의 표면에서는 황이 전혀 검출되지 않았다. 따라서 고대 이집트인들이 이 방법을 사용했을 가능성은 없었다. 그렇다면 두 번째 방법이 유력한데 이 경우가 바로 전기 도금에 해당한다. 식초와 소금, 그리고 황화안티몬이 끓고 있는 용기에 전기적으로 연결된 피도금용 구리와 철사를 넣는다. 약 한 시간 정도 지나면 구리 표면에 밝은 은빛의 얇은 코팅이 이루어진다.[179] 이 경우 표면에는 황 성분이 존재하지 않는다. 표면에서 황이 검출되지 않는다는 점에서 2,500년 전 고대 이집트의 금속 물병과 대접은 이 방식에 의해 코팅됐을 가능성이 유력하다. 하지만 이 방법에는 한 가지 문제가 있다. 당시는 철이 사용되지 않았다는 것이 주류 학계의 견해이기 때문이다. 하지만 핑크와 콥은 고대 이집트에서 운석에 포함된 철을 신성시했고 중요한 종교 행사에 사용했다는 사실을 지적하면서, 그들이 이렇게 구한 철을 연금술 목적으로 사용했을 것으로 추정했다.[180]

투탄카멘왕 무덤 발굴시 유물 보존을 도왔던 앨프리드 루카스Alfred Lucas는 이들의 주장을 반박했다. 그에 의하면 그 용기들 표면에 산화안티몬이 묻어 있었으며, 이물질 제거에 사용된 알칼리 용액이 여기에 반응하여 환원 작용을 일으켰고, 그 결과 마치 안티몬 코팅이 된 것처럼 보인 것이라고 설명했다. 그는 이런 일이 일어나려면 세정에 오직 알칼리성 물질만 사용됐어야 함을 강조한다.[181] 하지만 세정 작업을 할 때는 매우 묽은 화학약품을 사용하는 것이 상식이고, 그것도 비교적 짧은 시간 상온에서 사용한다는 사실에 비추어볼 때 이런 방식으로 코팅이 일어났을 가능성은 희박해 보인다. 무엇보다도 핑크와 콥은 그 용기들의 다른 부분에서 안티몬 성분이 전혀 검출되지 않았음을 강조했을 뿐 아니라, 알칼리성 용액으로 세척한 후 비슷한 농도의 아세트산이나 포름산으로 후 처리해주었음을 명기하고 있어[182] 오직 알칼리성 용액으로 세척을 했다고 전제하는 루카스의 논점은 처음부터 틀려 있었다고 볼 수 있다.

루카스는 당시 철을 사용해서 전착을 했다는 사실도 터무니없다고 지적한다. 하지만 이집트 선왕조 시대 때부터 이미 운석에서 채취한 철을 가공해서 사용했다는 증거가 있다.[183] 그리고 기원전 2500여 년경 구왕국의 피라미드 시대에 이르러서는 보다 널리 철이 사용됐는데,[184] 운석에서 채취한 것이 아니라 지구상의 광산에서 채취한 것임이 밝혀져[185] 당시 철이 많이 사용됐으리라 추정된다. 이처럼 루카스가 제기한 반론은 그의 높은 명성에도 불구하고 여러 측면에서 적절치 못해 무게감이 크게 떨어진다. 아직 이 문제는 학계에서 명확하게 결론이 나지 않고 있으며, 향후 면밀한 조사가 이루어져 정말로 고대에 전기 도금이 이루어졌는지의 여부가 판가름 나기를 기대한다.

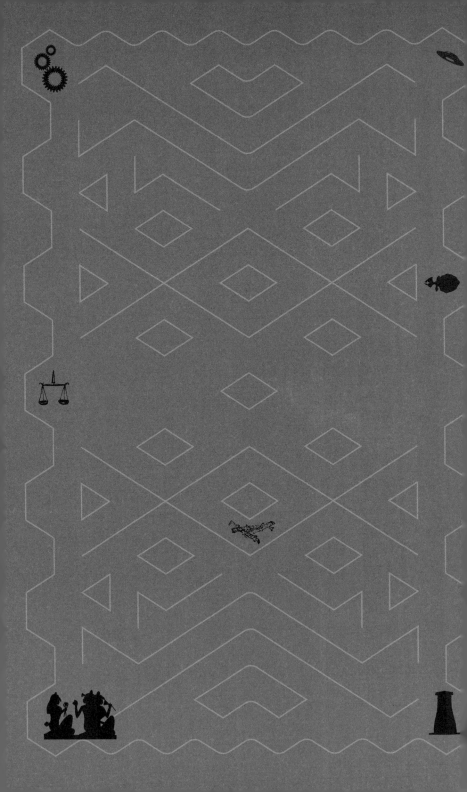

5

생명체의 진화를 이끄는
보이지 않는 힘의 미스터리

◆

물리학을 선망하는
생물학자들

생물학자들에게는 오래전부터 물리학자들에 대한 심각한 콤플렉스가 있어왔다. 물리학이 과학으로서 매우 세련되고 논리 정연한 체계를 갖고 있는 반면 생물학은 그런 것들이 많이 결여되어 있다는 자각 때문이었다. 수학적 논리를 바탕으로 이론과 실험 모두에서 이른바 '정확한 과학exact science' 혹은 '경성 과학hard science'의 표상으로 군림했던 물리학의 위용은 실로 대단했고, 잔뜩 주눅이 든 생물학자들 사이에서는 한때 '물리학 선망physics-envy'이라는 표현이 공공연하게 쓰이기도 했다.[186] 그런데 아직도 이런 주눅 들림은 가시지 않은 것 같다. 한국을 대표하는 생물학자 중 한 명인 최재천 교수는 최근 이런 이야기를 털어놓으며, 생물학이 물리학과 같이 정확한 과학이라고 선언할 때가 됐다는 주장을 했다. 그런데 왜 생물학이 물리학처럼 정확하고 경성硬性이어야 하는가? 그것이 그렇게 부러운 일인가?

최재천과
자연선택의 원리

최재천은 다윈Charles Robert Darwin이 주장한 진화론이 이제 물리학처럼 상당한 견고성을 지니게 됐다고 선언하면서 이제는 확립된 학문으로 받아들이자고 말한다. 그는 다윈의 이론은 더 이상 가설이 아니니 '자연선택설'이라고 하지 말고 '자연선택의 원리'라고 해야 한다고 주장한다.[187] 정말 그 정도로 자연선택설이 생명의 진화 현상을 완벽하게 설명해준다고 말할 수 있을까? 나는 아니라고 생각한다. 이 학설은 생명현상을 모두 수학과 통계로 환원해서 설명할 수 있다는 기계적 환원론의 형태를 취하고 있는데, 나는 물리와는 구분되는 생물학적 고유 특성(생물학자들을 주눅 들게 했던 바로 그 근본적인 원인)이 존재한다고 믿는다. 철저하게 기계적 환원론으로 무장된 다윈 진화론의 핵심은 다음과 같다.

① 한 종에 속하는 개체들은 각자 다른 형태, 생리, 행동 등을 보인다. 즉 자연계의 생물 개체들 간에 변이variation가 존재한다.
② 일반적으로 자손은 부모를 닮는다. 즉 어떤 변이는 유전

heredity한다.

③ 환경이 뒷받침할 수 있는 이상으로 많은 개체들이 태어나기 때문에 먹이 등 한정된 자원을 놓고 경쟁competition할 수밖에 없다.

④ 주어진 환경에 잘 적응하도록 도와주는 형질을 지닌 개체들이 보다 많이 살아남아 더 많은 자손을 남긴다(자연선택natural selection).

다윈 자연선택설을 설명하는 데 가장 많이 예로 드는 것이 산업혁명 이후 런던의 나방 색깔 변화다. 산업화가 진행되면서 런던 시내가 공장과 자동차로부터 배출되는 매연으로 우중충해졌고, 보호색 효과로 이런 환경에서 생존율이 좋아진 짙은 색깔의 나방들이 늘어났다는 것이다.[188] 이 가설에서 중요한 변이 요건은 색깔이다. 나방의 색깔은 아주 흰 것으로부터 조금 칙칙한 것, 그리고 좀 더 시커먼 것까지 다양한 변이를 일으킨다. 그런데 우연히 희게 태어난 개체들은 변화된 환경의 보호를 받지 못해 도태되고, 보다 짙은 색깔의 개체들이 잘 적응하게 되어 더 많이 살아남았다는 것이다.

실제로 아주 흔히 인용되는 이 가설이 사실로 입증됐는지는 잘 모르겠으나 이런 정도 설명은 비교적 쉽게 수긍이 간다. 나방뿐 아니라 모든 생명체의 특성을 나타내는 색상의 변이는 여러 자연 조건에 따라 좀 더 밝거나 검게 변이될 수 있다. 진화와 는 상관없지만 보호색 효과는 우리 현실에서 쉽게 그 예를 찾 아볼 수 있다. 전쟁 중에 인간들은 보호색 효과를 내는 전투복 을 입거나 얼굴을 검게 칠해서 적의 눈에 띄지 않게 위장하며 이를 통해 생존률을 높인다. 전쟁이나 전투복, 얼굴에 칠하는 것은 지능을 가진 인간이 만든 인위적인 것이기는 하지만 자연 에서도 이와 비슷한 현상이 아주 우연하게, 그렇지만 자연의 요 구에 맞춰 일어날 수 있다고 쉽게 이해가 된다. 그런데 정말 자 연선택설이 더 이상 가설이 아닌 원리 수준으로까지 확고해졌 다는 최재천의 말이 옳은 것일까?

카멜레온의 변색은 무죄

산업혁명 이후의 런던 나방 색깔 변화와 함께 자연선택 의 예로 많이 언급되는 것이 카멜레온의 변색 능력이다. 흔히 카멜레온이 몸 색깔을 자유자재로 바꾸는 능력은 주변 환경 과 구별할 수 없도록 하여 자신을 보호하기 위한 것으로 알려 져 있다. 진화론자들은 카멜레온을 예로 들면서, 자연의 다양한 배경 색에 녹아들 수 있는 능력의 유전자를 갖도록 변이된 종 족이 그렇지 않은 종족들보다 훨씬 생존에 유리했으며 그 결과 살아남게 됐다고 설명해왔다.[189] 하지만 이런 설명이 잘못됐음이 최근 연구에 의해 밝혀졌다. 카멜레온이 몸 색깔을 바꿀 수 있게 진화한 것은 자신을 감추는 데 유리해서가 아니라, 오히려 눈에 잘 띄는 것이 유리해서라는 정반대의 결론이 나온 것이다. 이들은 자신의 색깔을 바꿈으로써 짝짓기 상대를 유혹하거나 경쟁자를 퇴치하거나 심지어는 위험한 상황을 동료들에게 알린다고 한다. 짝짓기나 경쟁에 변색을 활용한다는 점은 자연선택설에 잘 들어맞는다. 하지만 마지막의 위험을 동료에게 알리는 데 활용한다는 것은 기존 자연선택설과 잘 맞아떨어지지 않는 것처럼 보인다.[190]

연구진들은 뱀 등 자신들을 잡아먹는 포식자의 모형을 들이댈 때 카멜레온이 어떤 색깔 변화 반응을 보이는지 관찰했는데, 가장 극적인 색깔 변화는 다른 카멜레온들에게 신호를 보낼 때 일어났다고 한다.[191] 이 내용은 기존 진화론의 이기적 특성을 뒤집는 것이어서 주목된다. 카멜레온들이 위험에 빠진 상황에서 목숨을 부지하기 위한 행동에 앞서, 오히려 주변 동료들에게 알림으로써 그들을 보호하려는 이타적 본능을 보인다는 점은 고전적인 다윈 진화론으로는 설명하기 어렵다. 물론 이런 이타적 행위가 그 집단의 생존에 유리하도록 진화된 결과라는 해석의 여지는 있다.

보통 진화론으로는 설명할 수 없는
나뭇잎벌레의 진화

보호색의 유전 문제와 관련해서는 카멜레온보다는 나뭇
잎벌레Phylliidae bioculatum를 예로 드는 것이 훨씬 나아 보인
다. 이 곤충은 정말 나뭇잎과 똑같이 생겼기 때문이다. 최재천
교수는 이 벌레에 대해 "솔직히 말해 우리 진화생물학자들은
그동안 은근히 라마르크Jean Baptiste Lamarck가 옳았더라면 얼
마나 좋을까 생각하곤 했다. 라마르크의 부활을 부추기는 두 가
지 열망은 바로 진화의 속도와 효율성이다…… 만일 그렇다면
나뭇잎 모양을 쏙 빼 닮은 베짱이의 의태mimicry, 그저 초록빛
에 나뭇잎 모양만 닮은 게 아니라 잎맥은 물론 심지어 벌레 먹
은 자국까지 흉내 낸 의태, 거의 의도적으로 보이는 그 기막힌
자연의 조화를 훨씬 더 편안하게 설명할 수 있었을 텐데"[192]라
고 말하고 있다. 최재천은 이 벌레를 베짱이Hexacentrus japoni-
cus의 일종으로 부르고 있는데 사실은 대벌레목Pasmatodea 잎
벌레과Phylliidae에 속한 곤충이다.[193] 그런데 이 곤충은 다윈 이
론에 거스르는 듯한 행태를 보인다. 완벽한 나뭇잎 모양으로 진
화한 것이 스스로의 보호에 오히려 방해가 되는 측면이 있는
것이다. 너무나 나뭇잎과 비슷해서 그들은 상대방이 나뭇잎인
지 동료인지 분간을 못하고 서로 뜯어먹는다고 한다.[194]

최재천 교수가 이 벌레에 대해 방어적인 자세를 취하는 데는

그에게 생물학적인 직관이 작동하고 있기 때문이다. 누구라도 이 벌레를 보면 자연선택이 아닌 다른 뭔가 오묘한 조화가 있다고 믿고 싶어질 것이다. 하지만 최재천은 정신을 가다듬고 다음과 같이 주류 학자로서의 길을 꿋꿋하게 걸어간다.

"그렇다고 해서 내가 지금 이런 현상들을 다윈의 이론으로 설명하지 못한다고 말하는 것은 결코 아니다. 라마르크의 이론 없이도 충분히 잘 설명하고 있으며, 그중 가장 매력적인 설명은 역시 도킨스로부터 온다. 그는 《불가능의 산을 오르며Climbing Mt. Improbable》에서 이를 등산에 비유하며 설명한다. 상상하기 어려울 정도로 기막힌 적응 현상을 보면서 비판자들은 종종 도대체 어떻게 하루아침에 산기슭에서 산봉우리로 뛰어오를 수 있느냐고 머리를 흔든다. 도킨스의 설명을 우리나라 상황에 맞춰 각색하면, 단번에 평지에서 백두산 정상으로 뛰어오른 게 아니라 비교적 평탄한 비탈로 조금씩 조금씩 오른 것이다. 중국에서는 장백산이라 부르는 우리나라의 백두산은 한반도에서 올려다보면 엄청나게 가파르고 높은 산이지만, 중국 쪽에서는 완만한 경사를 따라 하염없이 가다 보면 어느덧 정상에 다다르는 그런 산이다. 다윈의 말대로 아무리 대단한 적응이라도 오랜 세월에 걸쳐 작은 변화들이 축적되어 만들어진다."[195] 최재천이 언급하고 있는 사람은 영국의 생물학자 리처드 도킨스Richard Dokins다. 그의 본업은 진화생물학자 및 동물행동학자이지만

진화론자와 무신론자, 회의론자들의 전위이자 극렬한 다윈주의
자로 전 세계에 이름을 떨치고 있다.

자, 이제 나뭇잎벌레의 의태를 '불가능한 산을 오르는' 다윈
의 진화 방식으로 설명할 수 있는지 생각해보자. 이 벌레의 조
상은 처음에 어떤 모양이었을까? 이파리를 닮았을까? 아주 우
연히? 통계와 확률을 들이대는 다윈 진화론대로 하자면 처음부
터 그럴 우연은 없어야 한다. 실제로 대벌레목에 속한 대부분의
곤충들은 이파리 형태가 아니라 나무 막대 형태다. 그래서 나무
막대벌레stick-bug나 걸어 다니는 나무 막대walking stick라고 불
린다.[196] 이파리 형태는 1퍼센트에 불과하다. 따라서 나뭇잎벌
레가 어떤 적절한 시점에서 나무 막대 모양 또는 그와 비슷한
형태에서 이파리 모양으로 진화했다고 볼 근거가 충분히 있다.
그렇다면 그 시점은 언제쯤일까? 나뭇잎벌레의 선조 격인 곤충
이 4,700만 년 전에 존재했다는 증거가 나왔다. 오늘날의 나뭇
잎벌레와 크게 다르지 않다.[197] 더 오래된 증거에 의하면 나뭇
잎벌레가 나무 막대 형태의 벌레에서 분기된 시점은 1억 년 이
전이라고 봐도 무방하다.[198] 곤충이 지구상에 나타난 것은 3억
5,000만 년 전인 고생대 데본기로 추정되므로 대벌레목에 속한
곤충이 이때부터 존재했다고 쳐도 약 2억 년에 걸쳐 진화가 이
루어진 셈이다. 이 기간 동안 어떻게 나무 막대 비슷한 형태에
서 이파리를 꼭 빼어 닮은 형태로 진화했을까? '불가능한 산을

오르는' 모델을 적용하려면 수많은 무작위적 돌연변이를 가정해야 하는데 도킨스식의 접근은 아무래도 무모해 보인다. 무작위로 나뭇잎 비슷한 형태가 되기도 쉽지 않지만, '초록빛에 나뭇잎 모양만 닮은 게 아니라 잎맥은 물론 심지어 벌레 먹은 자국까지 흉내 낸 의태'까지 무작위 돌연변이가 일어났다는 주장은 마치 폐차장에 회오리바람이 일더니 부속품이 제대로 갖춰진 차 한 대가 조립됐다는 식의 기적과 같다고 나는 생각한다. 그보다는 이 곤충에게 시각적 정보의 취합과 이를 이용해 자신의 몸 변화를 이루어내는 미스터리한 능력이 있다고 설명하는 것이 보다 합리적이지 않을까?

산나무두더지 똥을 먹도록 진화된
변종 식충식물들

동물을 사냥하는 벌레잡이식물(식충식물食蟲植物, insectivorous plants)은 스스로 광합성으로 탄소동화작용을 일으켜 살아가는 데 필요한 에너지를 확보하면서, 다른 한편으로 부족한 질소를 벌레에서 얻어 보충한다. 이들은 남다른 해괴망측한 벌레잡이기관(포충기관捕蟲器官)으로 작은 동물을 잡아 소화시켜 질소 따위의 영양소를 벌충하는 육식식물carnivorous plant이다. 식충식물은 동물을 잡는 방법에 따라 다음과 같이 다섯 가지 무리로 나뉜다.

① 벌레잡이주머니(포충낭捕蟲囊)인 잎을 가진 네펜데스*Nepen-thes*

② 점액이 분비되는 털(선모腺毛)이 난 잎에 먹잇감을 달라 붙이는 *끈끈이주걱*과 *끈끈이귀개*

③ 벌레가 닿으면 더욱 센 압력으로 배좁은 통 안으로 빨아드리는 *통발*

④ 여닫이 기구인 벌레잡이잎(포충엽捕蟲葉)으로 재빠르게 잎을 오므려 곤충을 잡는 *파리지옥*

⑤ 벌레가 닿으면 안으로 향한 털이 움직여 저절로 속으로 끌려들게 하는 벌레잡이또아리풀[199]

이 중에서 네펜데스속 식물들은 둥글고 갸름한 주전자 또는 항아리 모양의 주머니를 가지고 있는 지구상에서 가장 큰 식충식물에 해당하며 주로 절지류節肢類 등 곤충들을 포식하여 질소를 보충한다. 주머니 속 아래쪽에서는 곤충들을 유인하는 액체를 분비하고 위쪽에서는 미끌미끌한 액체를 분비하여, 주머니 속으로 들어오는 곤충이 미끄러지도록 하여 잡아먹는 것이다. 그런데 이들 중에는 그런 용도에 걸맞아 보이지 않을 정도로 지나치게 큰 주머니를 만드는 종이 있다. 네펜데스 로위*Nepenthes lowii*, 네펜네스 라야*Nepenthes rajah*, 그리고 네펜데스 마크로필라*Nepenthes macrophylla*가 그들이다. 이들이 다른 네펜데스속 식물들보다 쓸데없이 큰 주머니를 갖는 이유는 그것들이 발견된 이후 150년 동안 미스터리였다. 이렇게 큰 주머니를 갖는 이유로 척추동물을 포획하기 위한 것이라는 설이 있었으나, 실제로 그렇게 큰 동물들을 포획하는 것이 주목적이라는 결정적인 증거는 나오지 않았다. 그런데 최근에 캐나다의 한 대학교 연구팀에 의해 그 미스터리가 풀렸다. 이 종들은 주로 나무두더지들의 똥을 포획하기 위한 용도로 그런 큰 항아리를 사용한다는 것이다. 이를테면 그 항아리는 나무두더지의 맞춤형 변기였던 셈이다.[200]

네펜데스 로위는 미성숙 단계에서는 지상 근처에 포식 주머니를 만들고 식충식물 본연의 자세로 곤충을 포식하지만, 어느 정도 성장하면 비교적 높은 곳에 주머니를 만드는데 이 주머니는 아래쪽 주머니와는 전혀 다른 역할을 맡는다. 산나무두더지(mountain tree shrew, *Tupaia montana*)의 똥을 받아내는 변기 역할을 하는 것이다. 재미있는 사실은 네펜데스 로위와 동소적同所的으로 서식하고 있는 식충식물인 네펜데스 물루엔시스*Nepenthes muluensis*는 전혀 산나무두더지와 교류를 하지 않는다는 것이다.

네펜데스 로위가 가진 산나무두더지를 유인하는 요소는 항아리 윗부분에 90도로 배치된 뚜껑에서 분비되는 수액이다. 산나무두더지는 항아리에 걸터앉아 이 달콤한 수액을 핥으면서

자신의 영역을 표시하기 위해 똥을 싼다. 그리고 이 똥은 네펜데스 로위에게 충분한 질소를 공급한다. 진화학자들은 산간지대에 서식하는 네펜데스들은 풍부한 개미들이 서식하는 저지대와는 달리 곤충들이 적기 때문에 이런 방향으로 진화적 압박을 받았을 것이라고 해석한다.[201]

이 상황을 한번 다윈의 자연선택설로 설명해보자. 원래 저지대에 살던 네펜데스 로위의 조상은 비교적 작고 본연의 역할에 충실한 식충식물이었을 것이다. 그런데 우연히 고지대로 씨앗이 퍼져 올라가면서 곤충류를 포식하는 데 어려움이 생기기 시작했다. 마침 주변에 살던 산나무두더지들이 주변에 똥을 쌌고, 이 식물은 그 똥으로부터 일부 질소를 취하게 됐다. 그러다가 아주 우연히 이 식물의 주머니는 산나무두더지가 앉기에 적당한 크기로 커졌고, 더욱 우연히 달콤한 액체를 분비하기 시작했는데, 그것도 산나무두더지들이 주머니 위에 걸터앉으면 바로 입이 닿을 수 있는 뚜껑 쪽에서 액체를 분비하게 됐다. 그뿐 아니라 그 액체는 아주 우연히 산나무두더지들의 미각에 맞아 산나무두더지들이 주머니 위에 오래 걸터앉아 똥을 쌀 수 있는 시간을 벌게 됐다. 이리하여 네펜데스 로위는 질소 결핍을 해결하게 됐다. 아주 우연히……[202]

네펜데스 로위와 산나무두더지의 공생관계는 얼마나 오래됐을까? 네펜데스속은 네펜다시아 *Nepenthaceae*과에 속한다. 네펜데시아과의 화석은 5,000만 년 전까지 거슬러 올라가 추적된다.[203] 하지만 산나무두더지는 이 정도로 오래되지 않았다. 산나무두더지는 나무두더지목 *Scandentia* 투파이과 *Tupaiidae* 청서번티기속 *Tupaia*에 속한 동물이다. 투파이과 동물 화석은 약 2,000만 년 전 지층에서 발견되고 있다.[204] 네펜데스 로위와 산나무두더지의 관계는 아무리 오래됐어도 2,000만 년 정도라는 얘기다. 이 정도 기간 동안에 앞에서 언급한 바와 같은 무작위적인 유전자 변형과 자연선택이 이루어졌던 것일까?

쇠똥구리를 속여서 씨앗을 퍼뜨리는
식물의 전략

남아프리카에 서식하는 벼목*Poales* 레스티오과*Restiona-*
*ceae*에 속하는 세라토카륨 아르젠티움*Ceratocaryum argenteum*
은 지름이 1센티미터가 넘는 크고 둥근 씨앗을 맺는다. 가까운
친척들의 씨앗이 매끈한 검은색인 데 비해 이 식물의 씨앗은
훨씬 큰데다 짙은 갈색의 거친 표피를 지녔다. 연구자들은 유독
이 종만 독특한 크기와 형태를 갖는 씨앗을 갖고 있는 이유를
궁금해했다. 대부분의 식물들은 주로 바람을 이용해 가볍고 작
은 씨앗들을 먼 곳까지 이동시키는 방법을 이용하여 번식한다.
이런 목적을 원활히 달성하도록 종종 깃털이나 날개 같은 구조
를 갖기도 한다. 하지만 문제의 식물은 오히려 정반대의 방향으
로 진화해서 이유가 궁금했는데 최근 미스터리가 풀렸다.

연구진들은 처음에 이 씨앗들이 쥐들에 의해 운반될 가능성
을 검토했다. 그 인근의 쥐들은 식물의 씨앗을 먹고 산다. 그래
서 쥐들이 이 씨앗들을 멀리 운반해 저장한 후 그 장소를 잊어
버리는 습성을 간파한 번식 전략일 수 있다고 생각했다.[205] 하
지만 인근 쥐들은 이 씨앗 특유의 휘발 성분이 풍기는 냄새를
싫어해 근처에 얼씬도 하지 않았다. 연구자들은 씨앗이 이 지

역에 사는 영양의 배설물과 크기, 모양뿐 아니라 또 다른 중요한 특성조차 빼닮았다는 사실에 주목했다. 놀랍게도 이 씨앗에서 나는 자극적인 냄새가 영양의 배설물에서 나는 것과 흡사했는데 심지어 함유된 화학 성분조차도 상당 부분이 일치했다.[206] 연구자들은 이런 크기와 형태, 그리고 냄새로 미루어 초식동물의 배설물을 흉내 내 쇠똥구리를 속이려는 전략일 가능성이 크다고 보고 실험에 나섰다. 그들은 195개의 씨앗을 던져놓았는데 하루 만에 27퍼센트의 씨앗이 쇠똥구리에 의해 땅속에 묻혔다. 이 벼목 식물의 자생지는 매우 건조하여 주기적으로 자주 산불이 나는데, 이 식물은 한번 타면 재생하지 못하는 문제점을 갖고 있어서 이런 메커니즘이 생존과 번식에 매우 중요한 수단이었을 것으로 추정됐다. 쇠똥구리가 씨앗을 멀리 퍼뜨리는데

◆◆◆
남아프리카에 서식하는 세라토카룸 아르젠티움라는 식물의 씨앗을 영양 똥으로 오인해 굴리고 있는 쇠똥구리의 모습. ⓒ Jeremy T. Midgley

다 수분이 많아서 산불에도 안전한 땅속에 묻어주기까지 했기 때문이다. 연구자들은 "씨앗이 딱딱한데다 쇠똥구리한테 아무런 보상도 하지 않기 때문에 벼목 식물의 이런 씨앗 확산은 놀라운 속임수의 사례"라고 평가했다.[207]

이런 벼목 식물의 속임수 전략도 다윈의 자연도태설로 설명하려면 많은 우연을 가정해야 한다. 이 식물도 처음에는 다른 친척들과 마찬가지로 작은 씨앗을 만들었을 것이다. 그러다가 아주 우연히 큰 씨앗이 만들어졌고, 아주 우연히 주변에 사는 영양들의 똥과 같은 크기의 것이 나왔으며, 더욱더 우연히 그 똥에서 나오는 냄새의 화학 성분과 일치하는 성분까지 함유하는 씨앗을 만들게 되었다. 그러자 주변에서 영양의 똥을 굴려 알을 까는 습성을 지닌 쇠똥구리가 이를 오인하여 멀리 굴려가서 땅에 묻었는데, 그 전까지는 그것이 영양의 똥이 아니라는 사실을 전혀 눈치 채지 못했다. 이렇게 그 식물은 엄혹한 주변 환경에도 불구하고 긴긴 시간 동안의 시행착오를 거쳐 씨앗을 안전하게 퍼뜨리는 행운을 잡게 됐다, 아주아주 우연히⋯⋯. 그런데 정말 그랬을까? 이런 무작위적 우연의 연속의 메커니즘은 통계적으로 소요되는 시간이 너무 길다. 아마도 이런 메커니즘이라면 쇠똥구리가 관심을 갖기 이전에 이 벼목 식물종은 멸종되었을 것이다. 이보다는 이 벼목 식물에 무작위한 유전자 돌연변이와 자연선택이 아니라 아직 우리가 이해하지 못하는 아주 효율적인 생존 메커니즘이 작동되었다고 봐야 하지 않을까?

최재천은 다윈의 자연선택설을 이제 가설이 아닌 진리로 받아들이자고 하지만 내게는 어림 반 푼어치도 없는 주장처럼 들린다. 생명과학자들의 많은 노력에도 불구하고 생명현상은 아직 대부분 미지의 영역으로 남아 있으며, 고전적 통계 법칙과 단순한 기계적 환원론으로는 도저히 설명해낼 수 없다고 나는 믿는다.

쥐를 씨 뿌리는 일꾼으로 만든
덤불 식물의 전략

이스라엘 네게브사막의 십자화목 목서초과 덤불 식물인 단목서초(sweet mignonette, *Ochradenus baccatus*, 꼬리풀taily weed이라고도 불린다)는 연중 과즙이 풍부하고 당도가 높은 열매를 많이 맺기 때문에 낙타, 야생 염소, 조류, 설치류 등에게 귀중한 식량 자원이다. 이 동물들 대부분은 원래 과육만 좋아하고 식물의 씨앗은 먹지 않지만 카이로가시쥐*Acomys cahirinus*,[208] 황금가시쥐(golden spiny mouse, *Acomys russatus*)나 털꼬리모래쥐(bushy-tailed jird, *Sekeetamys calurus*) 등 설치류들은 씨앗을 매우 좋아한다. 그런데 흥미롭게도 이 쥐들은 다른 식물의 씨앗은 즐겨 먹지만 단목서초 열매를 먹을 때만은 씨앗을 뱉어내는 특이한 행동을 한다. 그 이유가 뭘까?

바로 겨자기름 폭탄 때문이다. 이 물질은 신기하게도 과육만 먹을 때는 생성되지 않는다. 과육과 함께 씨앗을 씹을 때만 생겨난다. 씨앗이 으깨지면 그 속에 있는 효소인 미로시나제my-rosinases가 흘러나오고, 이 물질이 과육 속에 있는 잠재적 독성 물질들인 글루코시놀레이트류(glucosinolates, GLSs)들을 활성화시킨다. 이 글루코시놀레이트류는 미로시나제가 활성화시키지 않으면 무해한 물질들이다. 이 반응으로 포도당과 티오시안산염thiocyanate, 이소티오시안산염isothiocyanates, 아질산염nitrites 등이 만들어지는데, 특히 이소티오시안산염은 겨자의 특징인 매운 맛을 낸다. 이것이 쥐들이 과육과 함께 씨앗을 씹지 않고 골라서 뱉어내는 이유다.[209] 이와 비슷한 기제는 같은 십자화목의 십자화과 식물들에서도 찾아볼 수 있다. 겨자, 양배추 등은 이웃한 서로 다른 세포들에 글루코시놀레이트와 미로시나제를 따로 갖고 있는데, 해충이 잎을 갉아먹으면 세포가 파괴되면서 섞이고 미로시나제가 글루코시놀레이트를 포도당과 이소티오시안염으로 쪼갠다. 이때 나온 이소티오시안염이 벌레들에게 타격을 입힌다.[210]

단목서초가 십자화과 식물들과 다른 점은, 서로 다른 세포 속에 글루코시놀레이트와 미로시나제가 분리 저장되어 있는 것이 아니라 씨앗 보호를 위해 과육과 씨앗에 화학 성분들이 분리 저장되어 있다는 점이다. 단목서초 식물의 과일 맛은 워낙 강해서 그 기억을 가지고 있는 황금가시쥐나 털꼬리모래쥐는 과육을 씹을 때 씨앗을 거의 대부분 뱉어낸다. 이렇게 설치류들이 씨앗을 뱉어내기 때문에 종자 전파에 도움이 되는 것이다.[211]

카이로가시쥐나 털꼬리모래쥐들은 씨앗을 포식하는 전형적인 설치류에 속한다. 그런데 이들이 과일을 먹을 때 씨앗을 먹지 않는 것을 보고 연구자들은 놀랐고 그 이유를 분석화학적 기법으로 알아낸 것이다. 단목서초의 화학적 공격 때문에 씨앗을 먹지 않게 된 설치류들은 아주 뛰어난 씨 뿌리는 일꾼이다. 뿐만 아니라 이 설치류들은 씨앗의 발아에 좋은 영향을 미치는 것으로 밝혀졌다. 발아에 좋지 않은 부모 식물 근처에서 떨어진 시원하고 직사광선이 닿지 않는 바위틈에 씨앗을 뱉어놓음으로써, 발아에 적합한 서식처로 씨앗을 퍼뜨리는 역할을 하는 것이다. 게다가 열매 속에 있는 씨앗을 빼내 심었을 때보다 설치류들이 뱉어낸 씨앗을 심었을 때 두 배나 더 빠른 발아 속도를 보여서, 설치류들의 침 속에 발아를 돕는 성분이 포함되어 있을 가능성도 제기되고 한다.[212]

약 9,200만 년 전에 지구상에 처음 등장한 십자화목 식물들은 당시 페닐알라닌phenylalanine을 재료로 글루코시놀레이트를 만들어 해충에 대항했다. 그러다가 약 7,750만 년 전 십자화목 일부에서 게놈 중복이 일어났고 뒤이어 아미노산인 트립토판tryptophan으로도 글루코시놀레이트를 만들 수 있는 식물들이 나타났다. 그런데 약 6,800만 년 전 흰나비아목蝶目에 속하는 나비들 대다수에 글루코시놀레이트를 만드는 식물들을 먹을 수 있도록 해독제가 생기면서, 새로운 종류의 십자화목 식물들이 큰 피해를 입게 됐다. 그러다가 약 3,200만 년 전 오늘날 십자화과 식물들의 공통 조상에게서 120여 구조의 글루코시놀레이트를 만드는 방법이 개발되면서 반대로 흰나비아목의 나비들이 큰 타격을 입게 됐다. 하지만 오래지 않아 십자화과 식물의 화학무기에 대한 해독제를 갖춘 나비들이 등장하기 시작했다.²¹³ 그렇다면 배추와 나비의 경쟁은 순전히 우연에 의한 자연선택의 결과를 반영하는 것일까? 맨 처음부터 해충에게 대항하는 글루코시놀레이트와 미로시나제를 서로 다른 세포 속에 따로 저장하는 식물이 나타났다는 것 자체가 사실 좀 기괴하다. 여러 화학물질들이 아주 우연히 만들어지다가 이런 기막힌 조합에 성공한 것일까? 어쨌든 내키지는 않지만 생물이 일종의 화학반응 장치이고, 그 안에서 무작위로 화학 실험이 이루어져 해충에 저항할 수 있는 조합이 만들어졌다고 가정해보자. 이렇게 초기 조건만 인정하면 다음부터는 유전자 중복이라는 비교적 단순한 메커니즘의 반복으로 오랜 기간 동안에 생존 전략이 자연선택적으로 구축되어졌다고 볼 수도 있다. 하지만 단목서초 식물의 경우에는 상황이 매우 달라 보인다.

단목서초의 전략을 다윈의 자연선택설로 설명하려면 쉽게

일어날 것 같지 않은 우연들을 가정해야 한다. 9,200만 년 전 처음 등장한 모든 십자화목 식물의 인접한 세포들에는 글루코시놀레이트와 미로시나제가 분리 저장되어 있었다. 그러다 어느 시점부터 단목서초라는 종에서 이 화학 성분들이 저장되는 메커니즘이 달라졌다. 인접 세포들에 나뉘어 저장되는 게 아니라 과육 세포들과 씨앗 세포들에 분리 저장되는 것들이 아주 우연히 나타난 것이다. 그리하여 과육과 씨앗을 함께 씹으면 독한 맛이 나게 됐고, 설치류들은 과육만 먹고 씨앗은 조심조심 뱉어내게 됐다. 그리하여 이 식물은 오래 살아남게 됐다. 아주 운 좋게……. 이 상황을 설명하려면, 십자화목 식물에서 변이가 일어나면서 인접한 서로 다른 세포들에 글루코시놀레이트와 미로시나제가 분리 저장되던 메커니즘이 인접하지 않은 세포들에 저장되기도 하고, 잎과 줄기에 따로 저장되기도 하고, 뿌리와 줄기에 따로 저장되기도 하고, 열매와 잎에 따로 저장되기도 하는 등 아주 다양한 확률적 조합이 있었는데, 아주 우연히 열매의 과육과 씨앗에 따로 저장되는 조합이 생겼고, 그래서 아주 우연히 설치류로부터 씨앗이 보호받게 됐다고 말해야 한다. 이렇게 아주 우연한 사건이 비교적 짧은 기간인 수천만 년 동안에 이루어질 수 있을까? 이 또한 회오리바람이 지나간 폐차장에 우연한 조립에 의해 등장한 완벽한 자동차의 기적이 아닐까?[214]

다윈주의와 신다윈주의의
차이점

지금까지 여러 생물들의 독특한 생존 전략을 살펴보았다. 그 결과 많은 경우에서 자연선택설을 적용할 때 확률의 함정에 빠진다는 사실이 드러났다. 최재천은 나뭇잎벌레를 예로 들며 라마르크의 용불용설을 적용하면 그 의태가 보다 쉽게 설명된다고 하는데, 나뭇잎벌레가 자신의 생존을 위해 나뭇잎과 닮겠다고 아무리 용을 쓴들 생명체를 한낱 기계로 바라보는 현재의 주류 생물학적 관점에서 그런 변용이 일어난다는 것은 난망難望이다. 확률의 함정을 극복하고 지구상 생명체들의 진화를 설명할 수 있는 방법은 없는 것일까?

앞에서 정리된 4개 항의 다윈 진화론에서는 이른바 획득형질이 유전되는지 아닌지의 여부가 불분명하다. 그런데 사실 이렇게 모호한 것은 다윈이 획득형질 유전을 당연한 것으로 생각했기 때문이다. 최재천은 다윈의 진화론이 획득형질 유전을 내세운 라마르크의 용불용설과 다른 것이라고 주장하지만 다윈이 획득형질 유전을 상식으로 받아들였다는 여러 가지 증거가 있다.[215] 유전자의 존재가 알려져 있지 않던 당시에 다윈은 신체 각 부분의 세포에 자기 증식성 입자가 포함되어 있어, 습성에 의해 체득된 정보가 혈관이나 도관 등을 통해 생식세포에 모여 자손에게 전달된다는 범생설pangenesis를 지지하고 있었다.[216]

최재천이 주장하는 다윈 진화론은 사실 오리지널 다윈 진화론이 아니라 유전자의 발견 이후 등장한 신다윈주의 진화론이다. 신다윈주의 진화론은 다음과 같은 세 가지 주장을 골자로 하고 있다.

① 생명 진화의 핵심은 무작위적 돌연변이random mutations에 있다.
② 돌연변이의 본질은 DNA 유전자형 변이genotype changes다.
③ 변이된 유전자형은 고전적 통계 법칙에 지배되는 자연선택에 의해 후대로 전해진다.

새로운 진화 패러다임을 위하여

볼프강 파울리는 물리학이나 심리학뿐 아니라 생물학에도 관심을 가지고 있었으며, 특히 생명체의 진화에 대해 많은 고민을 했다.[217] 그는 닐스 보어, 막스 델브뤼크Max L. H. Delbrück, 빅토어 바이스코프Victor Frederick Weisskopf 등과 서신을 교환하면서 생물 진화에 대한 견해를 피력했다. 생물리학자인 델브뤼크는 파울리에게 생물학을 파괴하려는 음모를 꾸미는 할 일 없는 이론물리학자들의 일군에 끼려고 발버둥치고 있는 것이라며 다소 조롱 섞인 답을 보냈다. 그런데 파울리가 제기했던 문제는 무엇이었을까?

그는 무작위적 돌연변이와 자연선택을 골간으로 하는 신다원주의가 다음과 같은 세 가지 문제 때문에 생물 진화를 충분히 설명하지 못한다고 생각했다. 첫째, 종들의 무작위 돌연변이에 의존한다는 가정에 따른 진화 확률들은 제대로 추정된 것인가? 둘째, 신다위니즘이 미처 예측 못했던 유형의 영향을 주변 환경이 유전체들에게 미치지는 않는가? 셋째, 진화 메커니즘을 충분히 설명할 수 있을 만큼의 인과관계가 존재하기는 하는가?

실제로 그가 제기했던 문제들이 지난 몇 년 사이에 생물학계에서 주요 관심사로 떠올랐고 특히 처음 두 문제들에는 상당한 변화가 있었다. 최근 연구에 의해 적응형 작위적 돌연변이들adaptive non-random mutations이 존재하며,[218] 유전자형 변이genotype changes가 아닌 유전자와 환경의 영향에 의해 형성된 생물의 형질인 표현형 변이phenotype changes가 존재한다는 사실이 밝혀짐으로써[219] 고전적 이론에 대한 대폭적인 수정이 불가피해진 것이다. 따라서 신다윈주의를 포함한 고전적 진화론은 최재천의 바람과는 달리 원리이기는커녕 수정되어야 하는, 그리고 앞으로도 계속 수정이 필요할지 모르는 한낱 가설에 불과하다.[220] 그런데 이 두 가지의 문제가 최근 보정됐다고 해도 앞에서 살펴본 생물계의 신비로운 측면을 제대로 설명해내기에는 역부족인 것처럼 보인다. 결국 파울리가 제기한 세 번째 문제가 관건으로 떠오르는데, 이 문제에 대한 연구는 아직 큰 진전이 없다. 파울리는 이 세 번째 문제에 대해 생물 진화가 단지 우연에 의해 이루어지는 것이 아니라 어떤 목적을 갖고 진행된다고 생각했다.[221] 이것은 최재천이나 도킨스를 비롯한 다윈주의자들이 끔찍이 싫어하는 목적론적 진화론 또는 지적 설계론이다. 이런 학설들은 이미 다윈 이전부터 등장했으나 논리적인 측면에서 자연선택설에 밀려나 있었다. 하지만 양자생물학이 태동하면서 기존의 진화론과 타협점을 찾을 수 있는 새로운 유형의 지적 설계론이 등장하기 시작했다.[222]

이런 조류를 이끌고 있는 대표적인 이들 중 한 명은 루퍼트 셸드레이크Rupert Sheldrake다.[223] 그는 세상 사물이 나름의 모양새나 활동 양식을 일으키도록 작용하는 무늬, 혹은 틀로 작용하는 형태 발생장morphogenetic field이 존재한다고 주장한다. 이런 장이 그 생명체의 최종 형태에 대한 정보를 보유하고 있다는 것이다. 사실 이런 주장은 아주 새로운 것은 아니다. 고전적 목적론teleology에서 이미 이와 유사한 주장이 제기된 바 있다. 하지만 셸드레이크는 여기서 더 나아가 형태 공명morphic resonance이라는 개념을 도입해 생명 진화를 설명한다. 이런 장들이 각 종들로 하여금 서로 공명하며 새로운 정보를 주고받아 옴살적으로holistically 진화하도록 작용한다는 것이다.[224] 옴살적이라는 표현은 기존의 고전적 환원주의로 해석이 불가능할 때 흔히 사용된다.

　주류 생물학계에서는 아직 셀드레이크식의 주장을 지지하는 견해가 나오지 않고 있지만, 최소한 생물 진화에 옴살적인 측면이 존재할 가능성은 최근 양자생물학의 발전과 함께 크게 부각되고 있다.[225] 고전적 통계역학에 기반을 두고 있는 신다윈주의의 자연선택 이론은 앞에서도 설명했듯이 '불가능한 산을 오르는' 노력이 필요하다. 하지만 최근 생물학이 양자역학과 결합하면서 생명체 내에 양자통계역학적으로 극도의 효율성을 나타내는 옴살적 메커니즘이 존재한다는 사실이 드러나고 있다.[226]

　생명현상이 양자역학적으로 이루어지고 있다는 생각을 처음 저술로 남긴 이는 양자역학의 초석을 놓았던 물리학자 에르빈 슈뢰딩거Erwin Shroedinger다. 그는 생명체가 단지 자연의 선택에 자신을 맡기고 고전물리학의 통계 법칙에 따라 수동적으로 진화하는 것이 아니라, 기존 물리법칙을 뛰어넘는 새로운 기반에서 양자 현상을 활용해 능동적으로 진화하고 있다고 보았다. 그에 의하면 생명체는 양자 영역까지 조정 가능하며, 양자 세계에서 일어나는 아주 효율적인 메커니즘을 활용하여 살아 있는 세포를 작동시킨다는 것이다. 그는 특히 양자 수준의 미시적 질서가 거시계에 드러나는 대표적인 사례로 아주 안정적이고 질서 있는 유전을 꼽고 있다. 그는 유전자가 지구상에서 가장 높은 형태의 질서를 나타내고, 유지하고, 또한 조절해준다고 말했다. 따라서 유전자는 과거 모든 생명체의 암호화된 상호 주관적 기억의 저장고로서, 현재와 미래의 진화를 결정하는 기념비적인 것이며, 거기에 작용하는 법칙은 현재까지 알려진 물리법칙으로 환원되지 않는 그 상위에 부가된 법칙이라는 것이다.[227] 그는 이런 새로운 법칙을 '질서로부터의 질서order from order'라고 불렀다. 불과 20세기까지 이런 슈뢰딩거의 생각은 허무맹랑한 것으로 치부됐다. 하지만 21세기에 접어들면서 생명현상의 근저에 아주 효율적인 양자역학적 메커니즘이 작동되고 있다는 사실들이 하나둘씩 드러나기 시작했다.[228]

이탈리아의 생물학자 펠레그리노 드 로사Pellegrino De Rosa는 다윈의 진화론이나 거기서 파생된 그 어떤 이론도 고전 통계 물리에 의존한 무작위적 돌연변이라는 가정을 버리지 않는 한 생명 진화의 효율성을 설명할 수 없다고 하면서, 표의조형적 진화론ideoplastic evolution을 고려해야 한다고 말한다. 이 이론은 양자생물학과 홀로그램적 얽힘holographic entanglement의 측면에서 진화를 바라볼 필요성을 제기한다.[229] 홀로그램적으로 얽혔다는 것은 '옴살적이다'라는 표현과 사실상 같다.

이와 같은 가설은 아직도 20세기 생물학을 신봉하고 있는 주류 생물학자들에게 배척당하고 있으며, 안타깝게도 이런 모델이 유효한지 여부를 검증할 만한 적절한 방법은 아직 존재하지 않는다. 그러나 한 가지 확실한 사실은 다윈의 무작위적 돌연변이와 자연선택만으로는 생명의 진화를 제대로 설명할 수 없다는 점이다. 조만간 생물학적 특이성을 제대로 설명할 수 있는 이론이 나타났으면 하는 것이 나의 바람이다.

MYSTERY

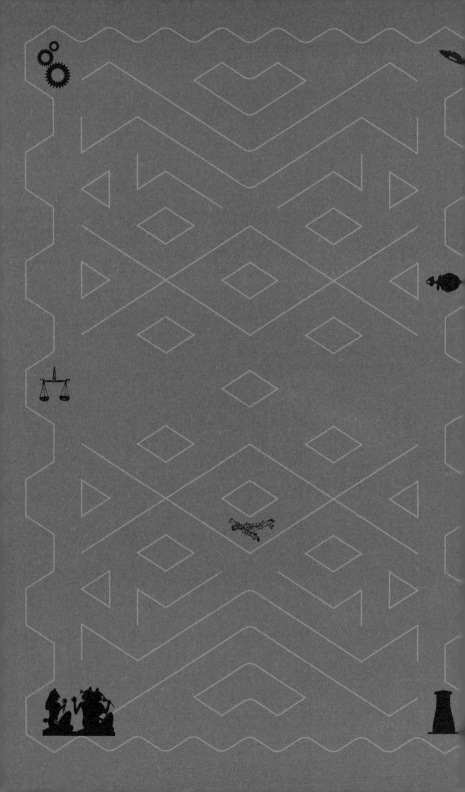

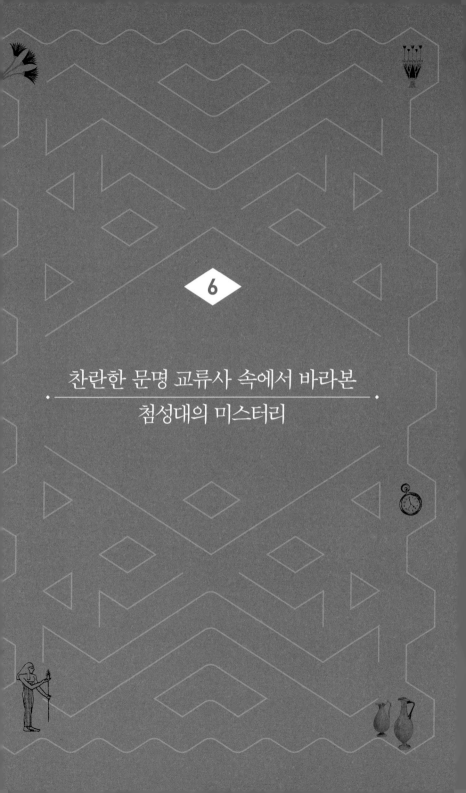

6

찬란한 문명 교류사 속에서 바라본
첨성대의 미스터리

◆

도전받는
첨성대 천문대설

우리는 국사 교과서에서 신라 27대 선덕여왕 때인 7세기에 건축된 것으로 알려진 국보 31호 첨성대가 현존하는 세계 최고最古 또는 동양 최고의 천문대라고 배웠다. 이는 지난 100여 년 동안 일관되게 주류 학계에서 인정받아왔던 관점이었다. 그런데 1960년대 중반부터 이런 관점에 대한 반론이 하나둘 제기되기 시작해 1970년대부터 1980년대에 걸쳐 격렬한 논쟁이 있었으며, 최근까지 수많은 이설들이 등장했다.[230]

첨성대는 경상북도 경주시 인왕동에 소재하며 높이 9.17미터, 밑지름 4.93미터, 윗지름 2.85미터다. 모양은 원통형으로 되어 있고, 30센티미터 높이의 돌 361개 반을 사용하여 기단 위로 27단을 쌓아 올렸으며, 그 위에 정자석井字石이 2단으로 짜여 있다. 12단(높이 4.16미터) 되는 곳 위의 13단에서 15단에 이

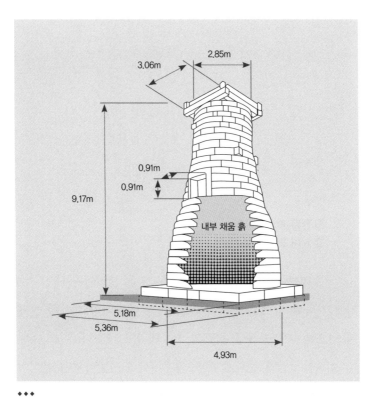

◆◆◆
경주 첨성대의 건축 규격과 얼개.

르는 남쪽 허리에 한 변이 1미터인 정사각형 문이 달려 있는데 사다리를 걸었던 자리가 있다. 내부에는 12단까지 흙이 채워져 있다.[231]

현재 주류 학설인 첨성대 천문대설의 가장 중요한 근거는 고대 기록이다. 고려 말인 13세기 중반 승려 일연一然에 의해 저술된《삼국유사三國遺事》제1권 선덕왕善德王 지기삼사조知幾三事條 끝 별기別記에 "돌을 다듬어 첨성대를 만들었다(錬石築瞻星臺)"라는 대목이 있다. 여기서 '첨성瞻星'이란 '별을 우러러본다'는 뜻이며 따라서 천문 관측의 의미로 해석할 수 있다. 또 조선조 15세기 말에 저술된《신증동국여지승람新增東國輿地勝覽》에는 첨성대에서 "천문을 물었다(以候天文)"는 대목이 있어 이 역시 천문대임을 가리킨다고 해석됐다.[232]

그런데 왜 천문대설이 도전을 받게 된 것일까? 첨성대 천문대설을 비판하는 학자들은 그 구조가 상식적으로 판단할 때 천문 관측용으로 전혀 적합하지 않다는 점을 내세운다. 첨성대 천문대설을 지지하는 학자들이 말하는 첨성대의 사용법은 이렇다. 별이 총총한 밤에 사다리 등을 이용해 첨성대 중간의 작은 입구로 들어가 내부에서 다시 사다리를 타고 정상에 올라간다. 그리고 비좁은 꼭대기에 관측기구들을 설치하고 별을 관측한다. 그런데 왜 이렇게 위험하고 복잡한 경로를 거쳐 비좁은 곳에 가서 관측을 했어야 하는가? 정말로 그럴 요량이라면, 굳이 속이 빈 내부 공간을 만들지 말고 여러 층의 단을 쌓아 그 상부를 편평하고 넓게 만든 후 외부에 계단을 두어 이를 디디고 올라가 정상에서 관측하는 것이 훨씬 용이하고 합리적이지 않을까? 그리고 만일 그것이 일반적인 천문대로 기능했다면, 그 상부의 정자석 방위가 별 관측에 도움이 되도록 동서남북에 맞추

어 정해지는 것이 정상인데 이런 기본적인 요소를 갖추지 못했다는 점도 문제로 부각됐다.[233]

소수 견해이기는 하지만 첨성대의 천문대설 중에는 개방형 돔 형태의 천문대라는 주장도 있다. 이에 따르면, 관측자는 입구로 올라간 후 다시 꼭대기까지 올라가지 않고, 아래에 누워 중천을 쳐다보면서 별이 천정을 지나는 남중 시각과 각도를 측정해 춘·추분점과 동·하지점을 예측했다는 것이다.[234] 이런 용도로 건축됐다면 첨성대가 방위 정렬이 되지 않아도 전혀 문제가 없다. 이 가설은 꼭대기까지 올라가서 천문 관측을 했다는 주류 학설보다 설득력 있어 보인다. 하지만 주류 학설이나 개방형 돔 학설 모두 지나치게 통일신라 시대의 천문학 수준을 과대평가한 것으로 실제 그 정도로 수준 높은 관측이 이루어졌다는 증거는 없다.

만일 별과 관련이 있지만 과학적인 천문 관측과 무관하다면 도대체 어떤 식으로 별과 연관된 것일까? 최근 당시 추세로 보아 첨성대를 점성술과 연관시켜 해석하는 것이 옳다는 주장이 제기됐다.[235] 8세기경 인도의 개인 점성술이 중국과 일본으로 전파됐다는 증거가 있다.[236] 이보다 조금 이른 시기이기는 하지만 첨성대는 인도로부터 신라로 불교 사상이 전파되면서 함께 전달된 점성술 관련 건축물일 가능성이 있는 것이다.

별 관측 기능보다는 별과 관련된 상징성에 주목한 주비산경

◆◆◆
첨성대 상단의 모습. 비좁고 바닥이 평탄치 못해 천문 관측을 하기에 부적합하다는 주장
이 제기되었다. 국립문화재연구소 제공.

설周髀算經說도 제기됐다.《주비산경》은 당시 천문학의 핵심적
문헌이었다. 이 가설에 따르면 첨성대가 천문대의 부속 건물이
며,《주비산경》의 수학적 원리와 천문 현상의 숫자를 비髀로 형
상화한 건축물이라는 것이다. 이 가설은 첨성대의 실용성을 논
외로 한 것이라 발표 후에 오히려 첨성대의 천문대설을 보완하
는 논리를 펴는 데 사용됐다. 즉, 수비적數比的 상징성을 고려해
건축된 천문대의 일종이라는 것이다. 결국 주비산경설은 첨성
대의 본질적 기능을 규명하는 것과는 무관한 주변적 가설로 자
리 잡게 됐다.[237]

별이 아닌
태양과 관련된 첨성대?

첨성대가 별을 관측하기 위해 건축됐다는 문헌적 기술에 반하여 태양과 관련이 있다는 가설들도 제기됐다. 이 중 초기에 제기된 규표설圭表說은 첨성대가 낮에 해 그림자 길이를 측정하여 시간과 절기의 변화를 읽기 위해 지어졌다는 것이다. 1960년대 중반에 제기된 이 가설은 그 이전까지 특별한 의심 없이 첨성대를 별 관측 시설로 여겨왔던 전통적인 믿음을 흔드는 새로운 해석으로, 이후 본격적으로 전개될 첨성대 논쟁의 전조가 됐다. 그러나 규표설은 새로운 아이디어 차원에서 주의를 환기시키는 역할을 했을 뿐 어떻게 첨성대 그림자로 시간과 절기를 측정했는지에 대한 설득력 있는 설명이 결여되어 학자들에게 주목받지 못하고 논의조차 변변히 이루어지지 않았다.[238]

첨성대가 별이 아닌 태양과 관련됐다는 또 다른 가설로 지점 정렬설이 있다. 첨성대의 기능을 파악하려는 여러 가지 노력들이 이루어지는 가운데 첨성대의 상단에 놓인 정자석의 두 모서리를 잇는 대각선 언저리로 동지 일출선 또는 하지 일몰선이 지난다는 주장이 제기됐다. 그리고 이후 첨성대와 첨성대의 건축을 명한 선덕여왕의 능을 잇는 선이 동지 일출선상에 정렬되어 있다는 측량 결과가 밝혀졌다.[239] 이는 고고천문학적으로 상당한 의미가 있다. 영국의 노먼 로키어Norman Lockyer 경

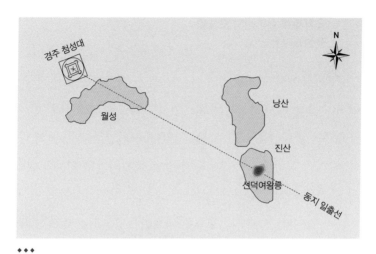

◆◆◆
경주 첨성대와 선덕여왕릉은 동지 일출선에 정렬되어 있다.

(1836~1920)에 의해 19세기에 출발한 고고천문학의 연구 과정
에서, 많은 고대 유적들이 동지나 하지의 일몰 또는 일출선과
정렬되어 있다는 사실이 밝혀졌다. 영국의 스톤헨지나 고대 이
집트의 카르나크신전 등은 이렇게 지점 정렬solstice alignment
이 된 건축물의 대표적인 예다.[240] 이처럼 첨성대가 지점 정렬
과 연관되어 있다는 사실은 첨성대 건축에 천문학적 고려가 반
영되어 있음을 입증하는 주요 증거로서 의미가 크다. 특히 첨성
대는 동지 일출선과 정렬되어 있을 가능성이 큰데, 이는 세계의
여러 지역에서 고대인들이 동지 일출을 태양의 부활을 알리는
새해의 출발로 받아들였기 때문이다.

극락세계 수미산의 모습을
구현했다?

지금까지 소개한 비주류 가설들은 첨성대를 고전적 의미의 천문대로 규정하지는 않으면서도 궁극적으로 천문 현상 관측과의 관련성을 부인하지는 않았다. 하지만 이와는 전혀 다른 의미로 첨성대를 바라보는 관점이 제기되면서 역사학계에서 뜨거운 논쟁이 불붙게 되는데, 그 대표적인 가설이 수미산설首尾山說이다. 지금까지 소개된 가설들은 그 어느 것도 병 모양으로 잘록하게 건축된 첨성대의 형상에 주목하지 않았다. 수미산설은 그 형태에서 건축의 의미를 찾는다. 첨성대가 불교에서 극락세계에 있는 것으로 상정想定된 수미산을 형상화했다는 것이다. 그런데 이 가설은 첨성대의 모습이 불교 경전에서 묘사하는 수미산과는 거리가 있다는 주장에 의해 배척받

◆◆◆
미얀마 양곤의 보타타웅 불탑의 모습.

았다.[241] 하지만 현재 우리가 알고 있는 불교의 모습은 신라 시대의 그것과 달랐을 수 있다. 실상 동남아시아의 불교국에 존재하는 여러 불탑들은 첨성대의 형태와 상당히 유사하다.[242] 비록 그 불탑들이 수미산을 형상화했는지 여부를 알 수는 없으나 첨성대가 불교적 상징성을 띠고 있을 가능성은 충분히 있다.

토착 종교와 불교 신앙이 표현된 우물?

첨성대가 상징적인 우물을 표현한 것이라는 주장은 비교적 최근에 제기된 가설이다. 이 가설은 실제로 첨성대가 내부가 비어 있는 우물 형태의 구조를 갖고 있다는 점, 그리고 상부의 돌들이 우물 정井자를 나타내는 듯 보인다 하여 학계에서 정자석井字石이라 불린다는 사실만으로도 충분히 근거 있어 보인다. 그런데 왜 그런 우물 형태의 건축물이 지어졌는지에 대해서는 여러 가지 주장이 존재한다. 이 중에서 우물 제단설은 첨성대가 우물의 신성함, 생명의 근원, 풍요의 상징 등과 관련을 가지며 풍년을 기원한 토착 종교의 제단이라는 가설이다.[243]

또 우주 우물설은 첨성대가 지상 세계와 천상 세계를 연결하는 통로였으며 선덕여왕이 도리천忉利天으로 올라가는 상생上生 통로, 혹은 도리천의 지배자인 제석帝釋이 지상 세계로 내려오는 하생下生 통로의 역할을 했다는 가설이다.[244]

한편 미륵용신 우물설도 있는데 이 가설에서는 첨성대를 토착 신앙의 용신龍神 사상과 불교의 미륵 신앙이 결합된 복합 종교적 상징물로 본다. 이 가설에 따르면 첨성대는 용신 사상의 우물을 상징하는 동시에 불교의 수미산을 상징하며, 미륵의 화신인 용이 오르내리는 통로인 첨성대에서 제의가 이루어졌다는 것이다.[245]

그리고 가장 최근에 제기된 회위정설圖圍井說에 따르면, 첨성대는 선덕여왕이 전륜성왕轉輪聖王(고대 인도 사상에서 말하는 이상적 군주)으로서 하생하기를 기원하는 종교적 구조물이다. 첨성대를 구성하는 장대석들의 적절한 조합이 '돌아올 때(圖) 둘러싸는(圍) 우물(井)'의 뜻을 나타낸다는 것이다.[246]

절충적이고 종합적인 가설들

지금까지 첨성대의 기능을 설명하는 주요 가설들을 검토해보았다. 이 중에서 별 관측설은 제일 확실한 문헌적인 지지를 받고 있는 가설이다. 단 그것이 과학적 관측이었는지 아니면 점성술적인 것이었는지에 대해서는 논란이 있으며 최근에는 전자보다는 후자가 더 지지를 받는 추세다.

고고천문학적 관점에서 볼 때 첨성대가 동지 일출선에 정렬되어 있다는 관점도 충분한 설득력이 있다. 첨성대가 우물을 모방해 건축됐다는 관점도 최근 제기됐는데, 형태만을 놓고 보면 가장 설득력 있는 가설이다. 다른 한편 그 외형이 완전한 원통 형태가 아니라는 점에서 불교 관련설이 제기됐는데 이 또한 동남아시아 불탑과의 유사성 측면에서 상당히 설득력 있는 가설이다.

최근 이와 같은 여러 가지 타당성 있어 보이는 가설들을 상당 부분 수용하여, 천문 관측 가설을 밑에 깔고 몇 가지를 조합하는 '절충주의적 가설들'이 등장했다. 한 가지 예를 들자면 서울여대 정연식 교수는 첨성대가 우물을 형상화한 동시에 석가모니 모친 마야부인의 신체를 나타낸다고 주장한다. 그리고 첨성대가 천문 관측과 관계가 있으나 상설 천문대가 아니라 정치적, 종교적인 의미에서 하늘을 관찰하기 위한 시설물로 점성술과 관련됐을 것으로 본다.[247] 이런 가설들의 등장으로 그동안 첨성대의 기능을 둘러싸고 첨예하게 대립했던 천문학계와 종교학계 간의 관련 논쟁이 잦아든 상태다. 그런데 정말 이런 정도의 절충으로 첨성대의 미스터리가 풀렸다고 말할 수 있는 것일까?

우물 안에서 별을 관측했던 고대 세계사

지금까지 살펴본 여러 가설들 중 현재까지 제기된 가장 유력한 두 가지 설을 꼽으라면 문헌적 측면에서 지지를 받는 별 관측설과 형태적 측면에서 지지를 받는 상징적 우물설이라고 나는 생각한다. 그 다음으로 지점 정렬설과 불탑 또는 불교 제단설이 어느 정도 근거가 있어 보인다. 그런데 이 모든 가설들은 신라 시대 자체적인 천문학으로부터 기인했다거나 토속화된 불교 전통과 연관이 있다는 주장이 주종을 이룬다. 그런데 대부분의 관련 학자들이 첨성대를 너무 신라 시대의 국내적 관점에서만 바라보려 했던 것은 아닐까라는 문제 제기를 하고자 한다. 첨성대가 건축되던 시기 전후로 신라는 국제적으로 활발한 교역을 하고 있었다. 따라서 첨성대와 관련해 가장 유력한 키워드인 '별 관측'과 '우물'이 유기적으로 연관된 사례를 고대 세계사의 맥락 속에서 찾아볼 필요가 있다고 나는 생각한다.

기원전 1세기에 활동했던 것으로 추정되는 고대 그리스의 천문학자 클레오메데스Cleomedes는 우물 속에서 태양을 바라본 기록을 남겼다. 그는 우물 바닥에서 태양을 보면 평소보다 크게 보인다고 했다.[248] 그런데 우물 바닥에서 태양을 볼 수 있는 지역은 지구상에 그리 많지 않다. 왜냐하면 그런 조건을 만족시키려면 태양이 수직 상방, 즉 천정天頂(zenith)을 지나야 하기 때문이다. 클레오메데스가 천문학자였다는 사실을 염두에 둔다면, 우물에서 태양 관측을 한 것은 우연히 이루어진 것이 아니라 천문 관측의 일환으로 특별히 마련된 장소에서 이루어진 것이 아닌가 하는 생각이 든다. 고대에 우물에서 태양을 바라보는 것이 천문학적 관심에서 이루어졌을 것이라는 심증은 기원 전후에 활동했던 지리학자 스트라보Strabo의 기록을 볼 때 더욱 확고해진다. 그는 이집트 시에네에 매우 깊은 우물이 있으며, 시에네가 북회귀선에 있으므로 우물이 얼마나 깊든 간에 하지 정오에 태양빛이 우물 속 물 위로 비춘다고 기록하고 있다.[249] 북회귀선은 북반구에서 하짓날 정오에 태양이 천정을 지나는 지역을 잇는 선이다. 이 지역은 북위 23도 27분에 위치한다. 이와 같은 기록은 알렉산드리아 도서관장이었던 에라토스테네스Eratosthenes가 했다는 지구 크기 측정과도 연관이 있다. 에라토스

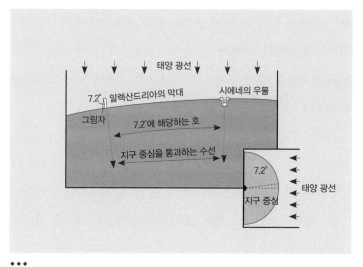

◆◆◆
고대 그리스의 천문학자 에라토스테네스가 했다고 하는 지구 크기 측정법의 개념도.

테네스는 하짓날 정오 시에네의 해시계 그림자가 사라진다는 사실을 활용하여 지구 크기를 오늘날 알려진 수치와 매우 근접한 값으로 계산해냈다고 한다.[250] 해시계 그림자가 없어지는 것이나 깊은 우물에 태양 빛이 비추는 것은 모두 태양이 수직 상방에 위치한다는 조건일 때 발생하는 것이다. 에라토스테네스의 지구 크기 측정 기록을 후대에 전한 이가 클레오메데스라는 사실을 염두에 둔다면[251] 우물 속에서 태양을 본 것은 천문 관측의 일환으로 이루어진 것이 틀림없다는 확신이 든다.

그렇다면 우물에서 태양이 아니라 별을 관측했다는 고대 기록은 없을까? 기원전 4세기경 고대 그리스의 대표적인 철학자 아리스토텔레스Aristoteles는 동물들의 눈꺼풀 종류와 기능을 논하는 글에서 인간이 눈을 손으로 가려 빛을 어느 정도 차단하거나 빛을 가리는 관管을 통해 사물을 볼 때 더 먼 곳을 볼 수 있다는 주장을 하면서, 땅 구덩이나 우물 속에서 낮에도 이따금 별들을 볼 수 있다고 언급했다.[252]

기원후 1세기경 로마제국의 자연과학자 플리니Pliny the elder도 이와 같은 주장을 했는데 그는 대낮에도 우물에 반사된 별빛을 관측할 수 있다고 했다.[253] 낮에 별을 볼 수 없는 이유는 수증기를 비롯해 대기 중의 많은 미세 입자들이 햇빛을 산란시켜 별에서 지구로 오는 빛을 가려버리기 때문이다. 특히 관측자에 가까운 곳에 존재하는 입자들이 산란에 기여하는 정도가 심하다. 따라서 낮에 별빛을 보려면 관측자 상부에 빛 산란을 최대한 억제할 수 있는 공간을 만들어주는 것이 필요하다. 오늘날 대낮의 별 관측은 암상자camera obscura 또는 이와 비슷한 기능을 갖춘 시설을 이용한다.[254] 깊은 우물은 암상자의 대체물로서 주간 별 관측에 이용됐던 것이다.

고대 그리스 문명, 그리고 그 뒤를 이은 로마 문명이 무너지면서 그들이 일구어놓은 천문학적 유산은 고스란히 이슬람 세계로 넘어갔다. 그리고 이렇게 계승된 학문은 훗날 서구에서 일어난 르네상스 운동에 크게 기여하게 된다. 르네상스 시대의 위대한 과학적 발전이 주로 천문학자들에 의해 이루어졌다는 점을 고려하면 이슬람의 역할이 얼마나 중요했는지 알 수 있다. 이 모든 정황으로 볼 때 우물을 이용한 주간 천체 관측이 그리스 로마 문명의 주主 계승자인 이슬람에서 이루어졌을 가능성이 있다. 실제로 이슬람권에는 천문 관측용 우물에 대한 기록들이 존재한다. 중세 서구권과 이슬람권을 통틀어 두드러진 업적이 나왔던 네 곳의 천문대는 마라가, 사마르칸트, 이스탄불, 그리고 우라니보르크 천문대다.

이란 서북부에 소재한 마라가 천문대는 1259년에 나시르 알-딘 알 투시Nâsir al-Din al Tûsî에 의해 건설됐다. 우즈베키스탄에 소재한 사마르칸트 천문대는 1429년에 울루 베그Ulugh Beg에 의해 건설됐다. 터키의 수도 이스탄불에 소재했던 이스탄불 천문대는 1577년 타키 알-딘Taqî al-Dîn에 의해 건설됐다. 덴마크와 스웨덴 사이의 섬에 소재한 우라니보르크 천문대는 덴마크인 티코 브라헤Tycho Brahe에 의해 1580년에 건설됐다. 이처럼 중세의 중요 천문대 네 곳 중 세 곳이 이슬람권에 건설 됐다는 사실은 중세의 이슬람 천문학이 서구권보다 훨씬 앞서 나갔음을 시사한다. 그런데 이슬람권에 건설된 세 곳의 천문대 모두에 주간 별 관측용 우물 시설이 존재했다는 기록이 있다.[255]

13세기의 이슬람을 대표하는 페르시아 출신 철학자, 과학자, 수학자 나시르 알-딘 알 투시는 마라가 천문대의 초대 천문대 장을 역임하면서 우물을 이용하여 낮에 별 관측을 했다고 한 다.[256] 13세기 중반에 북위 37도 22분에 위치한 마라가의 천정 근처를 안드로메다자리의 l성, 페르세우스자리의 b성, 거문고 자리의 직녀성Vega α Lyrae, 백조자리의 l성과 같이 매우 밝은 별 들이 지나고 있었다.

16세기 오스만튀르크 제국을 대표하는 천문학자, 수학자, 엔 지니어인 타키 알-딘은 이스탄불 천문대 부속으로 주간용 천 체 관측 시설을 건축해 사용했다고 한다.[257] 건축 후 얼마 안 있 어서 천문대가 파괴되어 지금은 그 유적조차 제대로 남아 있지 않아 직접 확인할 길은 없다. 하지만 그 모습을 알 수 있는 그 림이 현재까지 전해온다. 그림에서 보이는 당시 건축됐던 주간 천체 관측용 시설은 우물 형태를 한 탑이다!(p.8 오른쪽 그림 참조)

주변에 있는 사람들의 키와 비교해보면 우물 탑 높이가 5~6미터쯤 됨을 알 수 있다. 관측자는 우물의 꼭대기가 아니라 그 안에서 천체를 관측한다. 우물 꼭대기에 걸터앉아 있는 이는 관측을 돕는 보조원인 듯하다. 그림에서 하늘에 태양과 달이 동시에 떠 있다는 사실에 주목할 필요가 있다. 태양이 떠 있으니 관측을 하고 있는 시점이 밤은 아니다. 하지만 달도 함께 떠 있으니 백주 대낮도 아니다. 모든 것을 종합해보면 이 우물 탑은 여명인 시점에 천체 관측을 하기 위해 고안된 것처럼 보인다. 16세기 말 북위 41도 3분에 위치한 이스탄불의 천정 부근을 지나던 밝은 별들로 안드로메다자리 g성, 마차부자리 알파성α Aurigae, 그리고 거문고자리 직녀성 등이 있었다.

천체 관측용 우물의 실체는 17세기 이후 서구에서 찾아볼 수 있다. 1667년 건설된 프랑스 파리천문대에는 깊이가 55미터나 되는 우물 형태의 부속 건물이 있다. 1748년에 건설된 오스트리아의 크렘스뮌스터천문대에도 59미터 깊이의 우물이 존재한다. 이들은 모두 대낮에 별자리를 관측하는 용도로 사용됐다.[258] 파리천문대나 크렘스뮌스터천문대의 천체 관측용 우물은 이슬람의 영향으로 건설됐을 것으로 추정된다.

첨성대의 천체 관측용
우물 탑으로서의 가능성

지금까지 우물에서의 별 관측과 관련한 역사적 기록 및 유물 등을 살펴본 결과 다음과 같은 몇 가지 결론을 내릴 수 있다. 첫째, 고대 세계에서 우물이 주간에 천체 관측을 할 용도로 이용됐다. 둘째, 이런 천문 관측 방법은 고대 그리스에서 로마, 그리고 이슬람권을 거쳐 서구로까지 전파됐다. 셋째, 우물의 깊이가 깊은 경우는 백주 대낮에도 별 관측을 했을 것이지만 깊이가 얕은 경우에는 주로 여명일 때 별 관측을 했을 것으로 추정된다.

이제 첨성대를 이와 같이 고대 세계에 알려져 있던 주간 별 관측용 우물과 연관시켜 생각해보자. 만일 우리가 첨성대를 주간 별 관측용 우물 탑이었다고 가정하면 문헌적으로나 그 형태상 최선의 답이 된다. 야간에 별을 관측할 요량이라면 굳이 속이 빈 내부 공간을 만들지 않아도 되지만 주간 관측용이었기에 그런 공간이 필요했다고 볼 수 있다. 앞에서 첨성대가 개방형 돔 형태의 천문대라는 가설을 소개했었다. 이 가설은 관측자가 첨성대 꼭대기에 올라가지 않고 아래에 누워 천정을 지나는 별들을 관측했다는 것이다. 사실상 고대의 별 관측용 우물 탑들은 이런 방식의 별 관측을 했다는 점에서 진실에 상당히 접근한 가설처럼 보인다. 하지만 이 가설이 크게 주목받지 못한 이유는 별은 야간에만 관측하는 것이라는 고정관념 때문에 그 누구도 첨성대를 낮에 관측을 하려고 만들었다는 생각을 못했기 때문이다. 야간이라면 굳이 사방이 밀폐된 공간을 이용할 이유가 없는 것이다. 하지만 주간이라면 이야기가 다르다. 최근 제안된 가설 중에는 첨성대에 카메라 원리가 적용됐다는 것이 있다. 첨성대 내부가 암상자 역할을 한다는 점에서 이런 가설은 본질에 상당히 접근했다. 하지만 이런 가설의 주창자들은 마지막 부분에서 핵심을 벗어나 표류한다. 첨성대가 주간에 산란된 햇빛 일부를 가려서 별빛을 관측할 수 있다는 점에 주목하는 대신, 첨성대 상부에 존재했을지 모르는 가상의 작은 구멍을 통해 카메라 원리가 고스란히 구현됐다는 식의 시대착오적인 제안을 하여 학계의 주목을 받지 못했다.[259]

물론 첨성대에서 주간에만 별 관측하기 위해 건축됐다고 단정 지을 필요는 없다. 밤새도록 천정을 지나는 별들을 관측하고 해가 떠오른 후에도 연장해서 별 관측을 했을 수 있다. 하지만 해가 중천에 떠오를 때까지 별 관측은 불가능했을 것이다. 이스탄불에 건설됐던 우물 탑과 마찬가지로 첨성대도 그 깊이가 5~9미터 정도밖에 되지 않기 때문이다. 아마도 첨성대에서의 별 관측은 여명일 때까지로 제한적이었을 것이다.

그렇다면 주간 천체 관측용 우물 탑 이론이 첨성대와 관련된 지점 정렬설이나 불탑설과는 어떤 관련이 있을까? 먼저 지점 정렬과 관련해서 무엇보다 동지 일출 시점이 동서고금의 종교적 상징성 측면에서 볼 때 일 년 중 가장 중요한 '여명기'라는 사실에 주목할 필요가 있다. 동지 때 태양이 죽었다가 다시 부활한다는 의미가 담겨 있다. 어쩌면 첨성대는 동지 일출시에 경주의 천정을 지나는 어떤 별빛을 담는다는 상징성을 띠고 있었을 수 있다. 도대체 그 별은 무엇이었을까? 경주는 북위 35도 51분에 위치하고 있어 마라가와 비슷한 위도다. 따라서 안드로메다자리의 l성, 페르세우스자리의 b성, 거문고자리의 직녀성, 백조자리의 l성 등 중 어느 하나였을 가능성이 높다. 이 부분은 천문학자들의 확인이 필요하다. 이제 마지막 남은 의문은 왜 첨성대가 원통형인 이스탄불의 우물 탑과 달리 마치 동남아의 불탑을 연상시키는 형태로 만들어졌을까 하는 것이다. 이 의문은 아마도 그리스 로마 문명권에서 신라로 주간 천체 관측용 우물의 아이디어가 전파되는 과정에서 찾아봐야 할 것 같다.

첨성대 양식이 로마에서 왔을 가능성

먼저 우물에서 별을 관측한다는 아이디어가 로마제국에서 신라로 직접 전달됐을 가능성을 살펴보자. 실제로 동아시아 전체에서 유독 4~5세기 경주의 신라 고분에서만 로만 글라스 roman glass(로마산 유리 제품)가 출토되고 있어 로마제국과의 연관되어 있을 충분한 가능성이 있어 보인다. 당시 신라 왕족들은 로마풍의 물건과 관련 문화를 선호했다는 여러 정황이 있다. 경주 황남대총에서 발견된 봉수형 유리병은 4~5세기경에 제작된 것으로 추정되는데, 바닥이 납작하고 둥근 몸체가 위로 올라가면서 넓어지다가 목 부분에서 다시 좁아지는 구조로 되어 있다. 이는 지중해 동북 연안의 로마제국 식민지에서 생산된 '오이노코에 유리병'인 것으로 판명됐다. 지중해에서 한반도로 넘어온 것이다.[260]

♦♦♦
황남대총에서 발견된 봉수형 유리병. 로마제국 식민지에서 생산된 것으로 추정된다.

♦♦♦
1세기 로마제국에서 제작된 오이노코에 로만 글라스. 황남대총에서 발견된 것과 같은 유형으로 분류된다.

그렇다면 도대체 어떤 경로로 로만 글라스의 수입이 이루어진 것일까? 가장 유력한 설은 신라가 북방 초원 루트를 통해 로마와 교류하면서 선진 문물을 받아들였다는 것이다. 기동력이 뛰어난 유목민들이 대륙의 서쪽과 동쪽을 연결해준 이 교통로는 초원의 길이다. 부피가 작고 고부가가치 상품인 금이나 유리가 주요 교역품이었다. 이스라엘과 시리아를 중심으로 지중해 동부 연안에서 만들어진 로만 글라스는 북방의 흑해 인근 유목민들에게 수출됐다. 그곳에서 유리는 중앙아시아를 거쳐 몽골 초원을 지나 만주 요녕성에 전해졌고 다시 한반도의 끝 신라에 도착했다는 것이 가장 널리 받아들여지는 가설이다.[261]

그렇다면 천문학 지식도 이런 육로를 통해 지중해에서 한반도로 전파된 것이 아닐까? 그랬을 것 같지는 않다. 초원 루트를 통해 동서 교류에 개입한 이들은 교역을 통해 부를 축적하려한 상인들이었기 때문이다. 이들이 부피나 무게에 비해 별로 상품적 가치가 없는 학술 서적이나 천문 기기 등을 그 머나먼 여정을 통해 신라까지 전달했을 이유가 없다. 그리고 더 중요한 사실은 첨성대가 지어진 시기보다 훨씬 이른 시기에 초원 루트를 통한 동서 교류가 중단됐다는 점이다. 5세기에 게르만족의 이동으로 서로마제국이 멸망하고(476년), 그 이후 유럽과 아시아에 걸쳐 있던 로마 식민지가 황폐화됨으로써 문화 교류의 상대가 사라져버렸기 때문이다. 신라는 6세기 중반부터 중국에

조공하면서 한자와 불교 등 중국의 문물을 적극적으로 수입하게 된다.[262] 따라서 첨성대가 로마제국으로부터 직접적인 영향을 받아 건축됐을 가능성은 희박하다.

그렇다면 로마제국의 천문학 지식이 7세기경 중국을 통해 신라로 유입됐던 것은 아닐까? 그랬을 가능성도 없어 보인다. 로마제국이 무너진 뒤 신라와 마찬가지로 중국 북위北魏도 초원 루트를 통한 지중해 지역과의 교류를 중단해야 했기 때문이다. 그 이전 시기에 고대 그리스나 로마의 천문학이 중국으로 직접 전달됐다는 증거 또한 없다.

페르시아나 아랍에서 영향을 받았을 가능성

다음으로 지중해 국가들과 신라 사이에 존재했던 서역 국가들,[263] 특히 페르시아나 아랍에서 신라로 천문학 지식이 전달됐을 가능성을 검토해볼 필요가 있다. 서로마제국이 붕괴되면서 고대 그리스와 로마의 학문은 대부분 서역으로 전수됐다. 천문학 지식도 예외는 아니었다. 13~16세기 페르시아나 아랍의 주간 천체 관측용 우물은 그 이전에 이런 천문학적 지식이 고대 그리스나 로마의 자료를 통해 알려졌음을 시사하고 있다. 그렇다면 지중해로부터 동쪽의 서역으로 전해진 천문 지식이 다시 신라까지 전달됐을 수 있다. 로마제국으로부터의 영향이 시들해진 7세기경 통일신라에는 서역인들이 직접 신라에 오가면서 교역을 했다. 통일 후 태평성대를 구가하던 신라인들의 서역 문물에 대한 호기심은 대단했다. 《삼국사기三國史記》의 기록을 보면, 귀족들은 물론 일반인들까지도 앞 다투어 서역에서 들어온 호화 물품들을 사들임으로써 사회적으로 무분별한 사치 풍조가 일고 있었다.[264] 또 7세기 무렵 서역인들이 신라로 대거 유입되어 정착했다는 많은 증거들이 나오고 있다.[265] 이처럼 당시 신라에 서역 문물의 유입과 긴밀한 인적 교류가 있었다는 정황을 고려하면, 통일신라 시대에 갑자기 등장한 첨성대 건축 양식이 혹시 이런 교류와 관련 있었던 것이 아닐까 하는 의구심을 가져볼 만하다.

혹시 고대 그리스 천문학을 아는 서역인이 신라 땅에 정착하여 살면서 주간 천체 관측용 우물에 대한 아이디어를 제공한 것은 아닐까? 그러나 그 가능성이 그리 높아 보이지는 않는다. 아랍에서 이슬람 혁명이 일어나 지중해를 장악한 시기가 7세기경이었으나[266] 당장은 새로운 영토의 안정을 도모하는 것이 급선무였기에 문화나 학문 쪽에 눈길을 돌릴 여력이 없었다. 실제로 이슬람 문명의 황금기가 시작된 8세기 말 이후부터 고대 그리스의 천문학 관련 저작들이 번역, 연구됐고, 9세기 초에 접어들며 천문대가 건립되어 본격적인 천문 관측이 시작됐다.[267] 이런 정황을 살펴보면, 7세기 중반 첨성대를 건설한 신라가 이슬람권보다 오히려 2세기 정도 이른 시기에 고대 그리스의 천문 관측 기법을 도입한 것이라고 판단할 수 있다. 그렇다면 도대체 어떤 경로로 신라에 고대 그리스의 천문 지식이 전달된 것일까?

고대 천문학의 중심지 인도로부터
강한 영향을 받은 첨성대

앞에서 그리스 로마 시대의 천문학적 지식의 정통 후계자들은 이슬람인이라고 언급한 바 있다. 하지만 그런 전수가 이루어지기 훨씬 전에 다른 곳으로의 전수가 먼저 있었다. 그곳은 바로 인도다. 인도에서의 초기 천문학은 종교적 의식을 거행할 시간적, 장소적 요건을 정하기 위한 천문 관측의 형태로 이루어졌다. 예를 들어 기원전 6~4세기에 저술된 천문학 관련 서적에는 '베다 희생제Vedic sacrifice'의 거행에 필요한 천문 관측 지식이 담겨 있다. 그런데 기원전 4세기 알렉산더대왕의 인도 정복과 함께 그리스의 천체 관측술이 인도에 전파되면서 인도 천문학의 과학적 면모가 갖추어지게 된다. 그리고 1~2세기경에는 그리스 로마 점성술과 수리數理천문학이 인도에 전해지기도 했다. 6세기경에는 인도에서 점성술과 더불어 천문학이 크게 발전했는데 고대 인도인들은 그런 발전이 고대 그리스로부터의 영향에 의한 것임을 잘 알고 있었다.[268] 서로마제국이 멸망한 후 지중해 연안의 식민지 국가들은 대부분 몰락한 상황이었다. 그나마 비잔틴에 수도를 둔 동로마제국에서 그리스 로마 문화의 영향력이 한동안 남아 있었다. 하지만 6세기에 이르러서는 기독교 철학과 문화가 전면에 부상하면서 천문학을 비롯해 찬란했던 그리스 로마의 학문적 성과가 묻히고 암흑기로 접어들게 된다. 그 결과 6세기 이후부터 9세기경 이슬람권에 천문학의 전성기가 도래하기 전까지 전 세계에서 천문학이 가장 발달한 곳은 인도가 될 수밖에 없었다. 그렇다면 당시 인도에 천문 관측용 우물이 존재했을까? 현재 유적으로나 기록으로부터 그런 흔적을 찾기는 어렵다. 하지만 그런 관측소가 존재했을 개연성은 충분히 있다. 왜냐하면 이 시기에 인도의 천문 관측 중심지는 우자인Ujain이었기 때문이다. 그곳은 당시 북회귀선이 지나던 곳이었다. 정말로 인도 천문학이 상당 부분 그리스의 영향을 받았다면, 오래전 북회귀선에 놓여 있던 시에네에서 천문 관측 시설로서 우물을 이용한 전통이 6~9세기경 북회귀선이 지나던 우자인으로 이어졌을 가능성이 있다.

그렇다면 6~7세기 경 고대 인도와 신라와의 교류는 활발했을까? 해로를 통한 동서의 교류는 육로보다 훨씬 더 이른 시기부터 발달했다. 이미 2세기경의 중국 후한後漢 시대부터 로마, 인도, 동남아, 중국, 한반도를 잇는 네트워크가 형성되어 활발한 해상 교류가 이루어지고 있었다.[269] 앞에서 언급한 서역인들의 신라 경주 유입은 이런 해상 루트를 이용한 것이다. 특히 통일신라의 국교가 불교였던 사실을 염두에 둔다면, 첨성대가 인도 문화의 지대한 영향을 받았을 것이란 추정이 가능하다. 실제로 통일신라 시대의 왕족들은 6~8세기 인도를 세계 불교의 중심지로 여겼고, 자신들의 나라가 전륜성왕이 통치하고 숙업적으로 인도 아소카왕(阿輸迦王)에 결부되는 국가임을 표방했다.[270] 아소카왕은 기원전 3세기경 인도 사상 최초의 통일국가를 이룬 마우리아 제국의 왕으로 불교를 널리 전파하는 데 큰 공헌을 했다.

이처럼 7세기경의 통일신라는 인도 불교 문명에 많은 것을 의존하고 있었다. 이 때문에 천문학 지식이 종교적 신념과 결합된 형태로 인도를 통해 전달됐을 가능성이 매우 높은 것이다. 특히 아소카왕이 사르나트 불교 성지에 세운 원통형 불탑은 현재 동남아시아 불교 국가에서 찾아볼 수 있는 불탑의 원조 격으로 첨성대의 이미지를 어느 정도 연상시킨다는 점에 주목할 필요가 있다.[271] 만일 신라가 인도로부터 천문학 지식을 받아들였다면, 아마도 과학으로서의 천문학이라기보다 종교적 상징성이 강한 점성술에 가까운 천문학이었을 것이며, 따라서 첨성대가 순수한 천문 관측 용도였다고 단언하기는 어렵다.

한편 중국이 인도로부터 천문학을 받아들인 뒤 이를 다시 신라에 전달했을 가능성도 검토해볼 수 있겠다. 중국 후한 시대(25~220년)에 불교가 전파되면서 인도의 천문학이 중국 천문학에 영향을 주기 시작했다. 인도에서 중국으로의 본격적인 천문학 유입은 당나라 시대인 7~10세기에 이루어졌다. 8세기 초에는 인도의 천문학자가 당나라의 국립 천문대장을 맡기도 했다.[272] 첨성대 상단의 석재 배열이 정말로 한자의 정井자를 나타내는 것이라면, 이는 명백히 중국의 영향을 의미하며, 한자 체계가 인도풍 건축양식과 융합됐다는 증거일 수 있다. 6~7세기는 중국으로부터 한자 체계와 함께 불교가 신라로 유입되던 시기였다. 모든 정황으로 보아 첨성대가 인도의 천문학적, 점성학적, 불교적 영향에 의해 만들어진 것이 거의 확실해 보인다. 하지만 '주간 천체 관측 우물'에 대한 인도나 중국의 관련 기록이 발견되지 않는 한 그것이 인도에서 직접 전파된 것인지, 중국을 거쳐 들어온 것인지를 현시점에서 단정하기는 어렵다.

문헌적 기록에 의존하여 오랫동안 맹목적으로 천문대라고만 여겨져온 첨성대는 동서고금에 그 유례를 찾기 힘든 독특한 형태로 인해 최근 들어 논란의 한가운데에 있었다. 수십 년간의 논의 끝에 이제 첨성대의 주요 특성이 파악됐고 이를 바탕으로 한 '절충적 가설들'이 등장하면서 더 이상의 격한 언쟁들은 사라진 듯하다. 하지만 이런 가설들은 그 존립의 근거가 7세기 중반의 한반도라는 시공간에만 묶여 있어 한계가 있었다. 지금까지 필자는 보다 긴 시간과 너른 국제적 시야로 첨성대가 신라 땅에 건축되기까지의 역사적, 지리적 고찰을 했으며, 그 결과 고대 그리스에서 출발한 천문학적 지식이 인도의 종교적 틀에 융화되어 신라에 첨성대로 탄생하게 됐다는 잠정적 결론에 도달하게 됐다. 그럼으로써 첨성대 기능에 관해 그동안 제기된 천문대설, 우물설, 지점 정렬설, 그리고 불교적 상징물설을 모두 포괄한 절충적 가설의 튼튼한 이론적 토대를 제시했다고 생각한다. 이를 바탕으로 좀 더 완성도 있는 후속 연구가 이루어지기를 바란다.

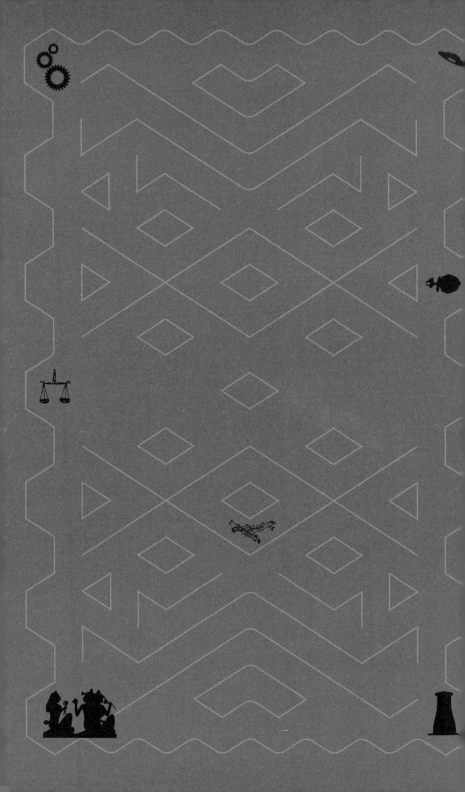

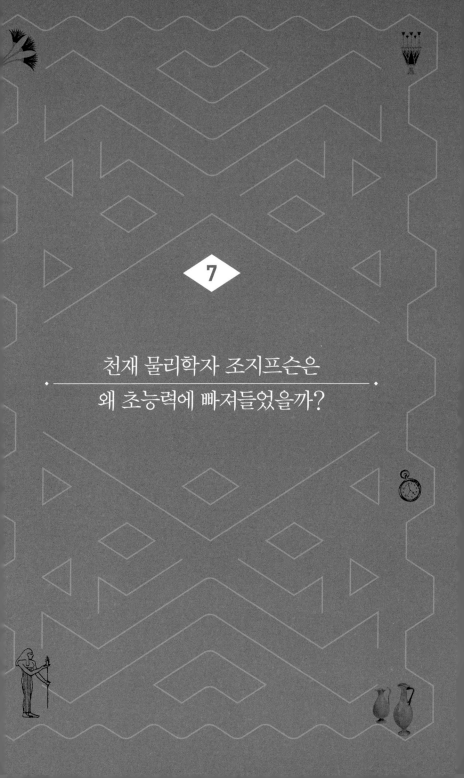

7

천재 물리학자 조지프슨은
왜 초능력에 빠져들었을까?

◆

초심리학에 경도된
천재 물리학자

영어 squid의 의미는 '오징어'다. 그런데 이 글자를
SQUID라고 대문자로만 쓰면 초전도 양자 간섭 소자Supercon-
ducting Quantum Interference Device라는 전혀 다른 뜻이 된다.
이 소자는 10^{-15}테슬라라는 극히 작은 세기의 자기장을 검지할
수 있는 소자다. 참고로 말하면 일반적인 냉장고의 전자석은
10^{-2}테슬라이며 지구 자기장의 세기는 그 값의 다섯 배쯤 된다.
인체에서도 신체 내부의 시냅스에서 신호 전달 물질 속 이온이
이동하면서 자기장이 발생한다. 그 세기는 심장에서 10^{-11}테슬
라, 뇌의 경우 $10^{-12} \sim 10^{-13}$테슬라, 그리고 척추에서는 10^{-14}테슬
라로 매우 작은데 이들의 신호는 너무 미약해 SQUID로만 측
정 가능하다. 자기 공명 영상 장치(MRI)로 흔히 알려진 의료 기
기에 바로 이 소자가 들어간다. 그렇다면 SQUID는 어떤 원리

로 동작하는 것일까? 이 소자가 작동되는 핵심 원리는 '조지프슨 효과Josephson Effect'라고 알려져 있다. 이 효과를 발견해서 33세에 노벨 물리학상을 받은 천재, 브라이언 조지프슨Brian David Josephson……. 그의 발견은 의학뿐 아니라 양자 컴퓨터 등 전자공학의 여러 분야에도 응용될 만큼 미래 산업에 기여할 바

•••
브라이언 조지프슨의 모습.

가 크다. 그런 그가 노벨상을 탄 이후 엉뚱하게도 초월 명상과 초심리학에 경도되어 주류 과학계와 동떨어진 삶을 살아왔다. 도대체 그에게 어떤 일이 일어났던 것일까? 과학계의 특별한 미스터리를 파헤쳐본다.

학부생이 세계 최고 수준의 논문을 쓰다

1960년 3월, 미국 아르곤국립연구소의 존 시퍼John P. Schiffer 박사는 영국 케임브리지 대학의 물리학부 학생으로부터 편지를 받는다. 그 편지에는 시퍼 박사가 주도하고 있던 실험 결과와 관련된 몇 가지 의견들이 적혀 있었다. 시퍼 박사가 속한 연구팀은 당시 아인슈타인의 일반상대성이론을 검증하는

실험을 하고 있었는데, 그해 2월 15일 〈피지컬 리뷰 레터Physi-cal Review Letters〉에 실린 그들의 논문 데이터는 예측치에서 크게 벗어나 있었다. 시퍼 박사는 그 편지에서 지적한 부분을 보강해서 새로 실험을 했고 결국 일반상대성이론이 예측하는 결과를 훨씬 작은 오차 범위 내에서 측정해내는 데 성공했다. 편지를 쓴 학생의 이름은 브라이언 조지프슨이었다.[273]

우리나라에서도 가끔 학부생이 국제 SCI급 저널에 논문을 썼다는 사실이 보도되곤 한다. 석박사 과정 학생들도 쓰기 힘들어하는 SCI급 논문을 학부생이 쓴다는 것은 매우 놀라운 일이다. 그런데 학부생이 특정 학문 분야에서 세계 최고 수준의 논문을 썼다면 당연히 그는 천재라고 불릴 만하다. 브라이언 조지프슨은 1960년 3월에 학부생 신분으로 〈피지컬 리뷰 레터〉에 한 편의 논문을 싣는다. 논문 제목은 "고체에서 방출된 감마선의 온도에 의한 파장 편이Temperature-dependent shift of gamma rays emitted by a solid". 언뜻 보기에는 그저 그렇고 그런 평범한 논문처럼 보인다. 하지만 이 논문은 아인슈타인의 일반상대성이론에서 예측하는 중력에 의한 시간 지연 효과의 검증 실험과 관련이 있었다. 이 효과를 측정하기 위해서는 초정밀 실험이 필요하다. 하지만 당시 관련 연구자들은 통제해야 할 여러 변수들중에서 시료의 온도를 간과하고 있었고 조지프슨은 이 문제를 이론적 계산으로 보여주었다.[274]

뫼스바우어 효과의
실험적 검증

방사성 원소 중에는 핵분열을 일으키면서 감마선 광자 Gamma photon를 방출하는 종류가 있다. 만일 자유원자로부터 감마선이 방출된다면, 반작용에 의해 원자는 뒤로 밀려 움직이게 되고 방출되는 광자는 에너지를 일부 잃게 되어 그 파장이 늘어난다. 주변에 아직 원소 변환이 일어나지 않은 동일한 원소의 자유원자가 존재하여 방출된 광자가 그 원자에 충돌한다고 하자. 만일 방출되면서 처음의 원자에게 에너지를 빼앗기지 않았다면 광자는 공명흡수resonant absorption라는 메커니즘에 의해 새로 만난 원자에게 용이하게 흡수된다. 하지만 자유원자에서 방출된 감마선 광자는 공명을 일으키기에 충분한 에너지에 미달된 에너지를 갖고 있기 때문에 흡수되지 않는다. 1958년에 독일의 물리학자 루돌프 뫼스바우어Rudolf Ludwig Mössbauer는 결정질 고체에 박혀 있는 원자가 감마선을 방출할 때 반동으로 결정체에 전달되는 병진운동並進運動 에너지가 극히 미미하며, 따라서 방출된 광자는 거의 에너지를 잃지 않게 되어 동일한 원소로 되어 있는 다른 결정질에 입사되면 공명흡수가 용이하게 일어나게 된다는 사실을 발견했다.[275] 뫼스바우어 효과라고 명명된 이런 현상에서는 공명흡수가 가능한 에너지 창窓이 매우 좁기 때문에 이를 활용하면 초정밀 에너지 변화 측정이 가능하다. 이런 점에 주목한 뫼스바우어는, 아인슈타인이 일반상대성이론을 통해 광자가 중력이 강한 곳에서 약한 곳으로 이동할 때 시간 지연 효과에 의해 광자 에너지가 줄어들어 파장이 늘어나 적색편이赤色偏移(red-shift)를 일으킨다고 한 주장이 옳은지를 검증하는 데 뫼스바우어 효과를 활용할 것을 제안했다.[276] 정말로 그런 현상이 일어난다면 결정체 원자핵에서 방출된 후 이동 중에 상당한 적색편이를 일으킨 감마선은, 상대편에 놓여 있는 동일한 원자로 이루어진 결정체의 원자핵에 공명흡수 되지 않을 것이기 때문이다. 그리고 방출부나 흡수부를 적절한 등속도로 움직이면 도플러 효과에 의해 이런 효과가 상쇄되어 공명흡수가 잘 일어날 수 있다는 사실을 이용한다면, 일반상대성이론에서 예견한 적색편이 효과를 정량적으로도 측정이 가능할 것이란 사실에 관련 물리학자들이 주목하였다.

1960년대 전후의 세계 물리학계에서는 뫼스바우어가 제시한 일반상대성이론 검증 방법을 어떻게 실험으로 구현하느냐는 문제가 초미의 관심사였다. 그래서 1959년부터 1960년 사이의 〈피지컬 리뷰 레터〉에는 이 문제를 다룬 논문들이 다수 게재되었다.

1959년 관련 연구를 주도하고 있던 미국 아르곤국립연구소와 하버드 대학 연구팀은 뫼스바우어 효과를 바탕으로 한 일반상대성이론 검증 실험에 있어 경쟁 관계였다. 그 실험들은 중력이

다른 두 곳에 동일한 방사성 고체 시료로 구성된 감마선 방출부와 흡수부가 위치하도록 고안되었다. 1960년 2월 15일에 〈피지컬 리뷰 레터〉에 실린 아르곤국립연구소의 실험 결과는 일반 상대성이론이 예측하는 값에서 무려 43퍼센트나 벗어나 있었다.[277] 실험을 주도한 아르곤국립연구소의 시퍼 박사와 하버드 대학의 로버트 파운드Robert Pound 교수는 서로 경쟁 관계였지만 자신들의 실험에 대한 많은 정보를 공유했다. 하지만 하버드 대학팀에서 알려주지 않은 중요한 한 가지 정보가 있었다. 오차를 줄이기 위해서는 방출부와 검지부를 바꿔가면서 실험해야 한다는 사실이었다.[278] 1960년 4월 1일 〈피지컬 리뷰 레터〉에 실린 하버드 대학의 파운드와 레브카G. A. Rebka Jr.의 논문은 약 14퍼센트 정도로 오차 범위를 좁혔다.[279] 이로써 파운드와 레브카가 일반상대성이론의 시간 지연 효과를 최초로 검증한 과학자로서의 영예를 안게 되었다.[280]

그런데 재밌게도 이들의 논문 바로 아래에 조지프슨의 논문이 실려 있었다. 서두에 소개한 바와 같이 조지프슨은 시퍼 박사에게 편지를 써서 조언을 했다. 그것이 바로 시료의 온도 민감성에 관한 것이었고 이 논문이 그런 문제를 이론적으로 다루고 있었다. 파운드 등이 쓴 논문에서는 시료를 바꿔가면서 실험한 이유가 온도 의존성을 고려해서라고 되어 있지만, 그것이 어느 정도 의존하는지에 대한 제대로 된 이론적인 설명은 없었다.

방사성 원소 결정체에서 감마선이 방출될 때 비록 결정체의 병진운동 에너지 증가는 미미하지만 상당한 내부 에너지 증가가 가능하다. 그리고 이 내부 에너지 증가는 결정체 주변 환경에 의존하는데, 결정체의 진동 에너지와 관련이 있는 온도는 그중에서도 매우 중요한 요소였다. 뫼스바우어를 비롯한 당시 관련 물리학자들은 이런 점을 간과하고 있었는데 조지프슨이 제대로 답을 제시한 것이었다. 뫼스바우어 효과에 의한 일반상대성이론 검증에 한 조지프슨의 기여는 당대 최고의 관련 학자들이 한 기여와 동등하게 중요한 비중으로 평가받는다.[281]

조지프슨과 바딘, 천재들 간의 논쟁

1962년 9월 영국 런던 대학 퀸즈 메리 칼리지에서 세계 저온물리학학회가 열리고 있었다. 20대 초반의 앳된 강연자가 자신이 최근 발표한 이론에 대해 청중들에게 설명하고 들어가자, 뒤를 이어 강단에 선 50대 중반의 강연자는 못마땅한 표정으로 앞의 발표 내용이 터무니없다고 논박을 했다. 한 대목에 이르자 앞서 발표한 청년이 더는 참을 수 없다는 듯 일어나 반론을 제기하기 시작했다. 50대 강연자는 존 바딘John Bardeen, 그리고 20대 청년은 조지프슨이었다.[282]

당시 일리노이 주립 대학 전기전자공학과와 물리학과에서

♦♦♦
50대의 존 바딘 모습.

동시에 교수직을 맡고 있던 바딘은 1956년 트랜지스터 발명으로 노벨 물리학상을 수상한 물리학계의 거두였다. 반면 조지프슨은 케임브리지 대학 학부를 마치고 캐번디시연구소 물리학 박사 과정에 진입한 지 얼마 안 되는 애송이 과학도에 불과했다. 도대체 초로에 접어든 대가가 애송이 과학도에게 짜증이 났던 이유가 무엇이었을까?

1936년 미국 프린스턴 대학에서 물리학 박사 학위를 받은 바딘은 하버드 대학와 미네소타 대학, 그리고 미 해군 군수연구소를 거쳐 1945년부터 진공관을 대체할 수 있는 소자를 개발하고 있던 벨연구소의 윌리엄 쇼클리William Shockley 그룹에 합류한다. 쇼클리는 반도체에 전기장을 가하여 전도도를 변화시킴으로써 진공관과 동일한 작동을 하는 소자를 만들고자 했지만, 이런 방법으로는 반도체 전도도를 변화시킬 수 없었다. 이 문제를 해결하기 위해 고민하던 바딘은 반도체 표면에 존재하는 에너지 준위들이 반도체 내부로 외부 전기장이 침투하는 것을 방해한다는 결론에 도달했다.[283]

결국 바딘이 이런 문제를 해결함으로써 1947년에 최초의 트랜지스터가 탄생하게 되었다. 연구 책임자였던 쇼클리는 트랜지스터 발명에서 자신의 역할이 절대적이었던 것처럼 포장하여 여러 혜택들을 독차지하려 했다. 그런데 얼마 후 쇼클리의 '외부 전기장에 의한 반도체 전도도 제어' 아이디어가 이미 오래전에 다른 사람에 의해 특허 등록이 되었다는 사실이 밝혀졌다(이런 이유로 벨연구소의 최초 트랜지스터 특허 발명자 명단에서 쇼클리 이름이 빠졌다). 최초로 발명된 트랜지스터는 상용화하기 다소 어려운 측면이 있어 상용화를 위한 후속 연구가 필요했는데, 트랜지스터 발명에 절대적인 기여를 한 바딘을 여기서 배제하는 등 쇼클리는 계속해서 독단적인 행동을 했다. 이에 질린 바딘은 1951년 벨연구소를 떠나 일리노이 주립 대학 교수가 되었고, 이때부터 반도체 이외에 초전도체 연구를 병행했다. 트랜지스터 발명으로 그는 윌리엄 쇼클리, 월터 브래튼Walter Houser Brattain과 함께 1956년 노벨 물리학상을 공동 수상했다.

BCS 이론과
존 바딘

초전도 현상이 처음 발견된 때는 1911년이다. 네덜란드의 물리학자 헤이커 카메를링 오네스Heike Kamerlingh Onnes는 액체 헬륨을 이용해 온도를 낮춰가며 고체 수은 저항을 측정하다 4.2K에서 갑자기 저항이 사라지는 놀라운 현상을 관찰했다.

이처럼 바딘이 관심을 갖기 40년 전에 발견되었지만 1950년대 중반이 지나도록 아직 초전도 현상의 가장 핵심적인 메커니즘을 설명할 적절한 이론이 나오지 않고 있었다.

보통 상태에서 전자들 각각은 임의로 움직인다. 그런데 초전도 금속 내에서는 전자들이 정렬된 집합 상태로 존재한다는 것이 실험에 의해 밝혀졌다. 즉 전자들이 강하게 결속하여 마치 서로 순식간에 정보를 교환하듯 일사분란하게 움직인다는 것이다. 이는 수많은 전자들을 포함하는 거시적인 규모에서 이른바 양자 결맞음quantum coherence 상태의 존재를 암시했다. 이런 상태는 전자들이 매우 근접한 에너지 준위에 밀집되어 있음을 의미한다. 하지만 이런 전자들의 거동은 양자역학적으로 불가능하다. 왜냐하면 파울리의 배타 원리[284] 때문이다. 배타 원리는 소립자를 크게 페르미온fermion과 보손boson으로 구분한다. 전자electron는 대표적인 페르미온으로 가까이 있는 동일한 특성을 갖는 두 전자가 동일 에너지 준위에 존재할 수 없다. 원자 내부에서 두 전자가 하나의 양자 궤도를 공유하는데 이는 서로 회전 운동량이 반대이기 때문이며, 이 두 전자는 동일한 페르미온이 아니다. 하지만 광자photon로 대표되는 보손 입자들은 동일한 에너지 준위를 무한대로 채울 수 있다. 그렇다면, 도대체 초전도 금속 안에서는 어떻게 수많은 전자들이 사실상 동일한 에너지 준위에 밀집할 수 있는 것일까? 이런 의문을 푸는 단초가 1950년에 실험적으로 발견되었는데 임계온도에서 전자들과 격자 진동자phonon 사이에 상호작용이 존재한다는 것이었다.

천재적인 이론물리학자였던 존 바딘은 노벨상 수상 이듬해인 1957년에 리언 쿠퍼Leon Cooper, 존 슈리퍼John Robert Schrieffer 와 공동으로 단일 전자들이 아니라 격자 진동자의 매개에 의해 둘씩 짝을 이룬 전자쌍(쿠퍼쌍, Cooper pair)들이 초전도 전류로 흐른다는 BCS 이론을 발표했다. 이들은 각각의 전자쌍이 매우 강하게 연관되어 있으며, 이것이 수많은 전자들로 이루어진 거대한 결맞음 상태를 만든다는 것을 보여주었다. 어떻게 이런 일이 가능할까? 파울리 배타 원리에 의하면 서로 쌍을 이루는 전자들이 필연적으로 반대의 회전 운동량spin을 가져야 한다. 이처럼 반대 회전 운동량을 갖는 두 전자가 초전도체 금속 격자 진동 매개에 의해 쿠퍼쌍을 이루면 전체 회전 운동량이 0으로 상쇄되어 보손의 성향을 띠는 준입자인 콴톤quanton이 되며, 그럼으로써 이런 많은 전자쌍들이 동일한 에너지 준위에 놓일 수 있어 양자 결맞음quantum coherence에 동참할 수 있는 것이다.[285]

존 바딘이 이처럼 당시 고체물리학에서 가장 난제였던 초전도 문제를 해결함으로써 또 하나의 노벨상을 수상하는 것이 시간문제임을 관련 학계 사람들을 모두 알고 있었다(존 바딘은 BCS

이론으로 쿠퍼, 슈리퍼와 함께 1972년에 두 번째 노벨 물리학상을 받는다).

조지프슨과 바딘은
왜 논쟁을 벌였는가?

조지프슨은 물리학계에서 타의 추종을 불허하는 위대한 업적을 쌓고 있던 천재 물리학자의 심기를 건드리는 논문을 학회가 있기 두 달 전에 발표한 바 있었다. 도대체 조지프슨이 쓴 논문에 어떤 내용이 담겨 있었기에 대가의 마음을 불편하게 한 것일까? 조지프슨은 1962년 7월 〈피직스 레터Physics Letters〉라는 신생 저널에 발표한 논문에서 초전도체들에 사이에 얇은 절연체를 끼워 넣으면, 적절한 조건에서 초전류가 양자 관통quantum tunneling을 할 수 있음을 이론적으로 보여주었다. 이는 양단에 전압 인가를 하지 않은 상태에서 마치 절연체가 없는 듯 많은 전류가 자유롭게 흐른다는 이야기다.[286]

반도체 사이에 끼워진 얇은 절연체를 전자가 양자 관통한다는 사실은 1957년 일본 소니연구소에 근무하던 일본인 에사키 레오나江崎玲於奈에 의해 처음 발견되었다. 하지만 이 경우 10^{-10} 정도밖에 되지 않는 양자 확률에 의해 극미량의 전자만 절연체 장벽을 통과할 수 있기 때문에 흐르는 전류량은 극히 적을 수밖에 없다. 조지프슨의 지도 교수였던 브라이언 피파드Brian Pipard는 쿠퍼쌍을 이루는 전자들이 이보다 훨씬 적은 10^{-20} 정도의 양자 확률로 절연체 장벽을 통과할 수 있을 것으로 어림 계산한 후, 사실상 초전류 양자 관통 효과를 측정할 수 없을 것이라는 비관적인 조언을 했다. 하지만 조지프슨은 이론적 계산에 의해 이와는 정반대로 많은 전류가 한꺼번에 흐를 수 있다는 확신에 도달했다.[287] 양자 현상은 미시계에서만 관찰할 수 있다고 생각하던 당시 사람들에게 이는 마치 사람이 벽을 뚫고 지나갈 수 있다는 말처럼 황당한 것이었다(아직도 대부분의 양자 현상은 미시계에서만 관찰된다). 초전도체들에 사이에 얇은 절연체를 끼워 넣은 소자 실험은 1960년 이바르 예베르Ivar Giaever에 의해 최초로 이루어졌는데, 그때 그는 양단에 전압을 가했고 이를 통해 에너지 갭이 존재함을 발견했다.[288] 이는 1957년에 발표된 BCS 이론에서 예견되었던 사실이었다. 그러나 그는 전압이 걸리지 않은 상태에서 전류가 흐르는 소자가 가능할 것이라고는 꿈에도 생각지 못했고 따라서 그런 실험은 시도조차 하지 않았다.

이바르 예베르가 BCS 이론에서 예측한 내용을 실험으로 확인해주었기에 존 바딘도 그의 실험에 대해서 잘 알고 있었다. 그런데 존 바딘은 1961년에 쓴 논문에서 초전류가 절연체를 양자 관통할 가능성을 전면 부정했다. 그에 의하면 쿠퍼쌍을 이룬 전자들의 확률 밀도가 절연체 장벽 앞에서 급속하게 0으로 줄어든다는 것이다. 이때 '사실상 절연체 장벽 근처의 전자들은 더 이상 쌍을 이루지 못하고 보통 때와 마찬가지 상태의 전자가 된다(In effect, electrons in this region are not paired and the wavefunction is essentially the same as in the normal state)'고 그는 생각했다. 따라서 절연체 내부에 존재할 수 있는 전자들은 쿠퍼 쌍을 이룬 전자들이 아닌 보통의 전자들로 절연체를 양자 관통하는 전류는 초전류가 아니라 극미량의 상전류일 수밖에 없다는 것이었다.[289]

조지프슨의 논문이 발표된 후 1개월 보름 후, 존 바딘이 〈피지컬 리뷰 레터〉에 실은 논문에 특별히 '교정쇄로 첨가된 주석 note added in proof(논문의 교정 단계에서 급하게 첨가할 내용이 있을 경우 특별히 다는 주석)'이 달렸다. 여기서 바딘은 조지프슨의 논문 내용을 언급하면서 자신이 이미 출간한 논문에서 지적한 대로 초전류가 절연체를 양자 관통할 가능성은 없다고 못을 박고 있다. BCS 이론에 의하면 그런 현상은 절대로 발생할 수 없다는 것이다.[290]

BCS 이론으로 학계로부터 주목과 열렬한 찬사를 받고 있던 당시에 바딘은 자신이 관련 분야의 최고 대가라고 자부하고 있었으며, 자신의 이론에 반하는 그 어떤 이론도 용납할 수 없었다. 이것이 강연장에서 애써 감정을 가라앉히고 있었지만 노기 띤 표정을 미처 숨기지 못하고 애송이 과학도와 설전을 벌이게 된 이유였다. 위대한 BCS 이론은 바딘이 만들었다. 하지만 이

애송이 과학도는 자신이 BCS 이론의 창시자보다 이 이론을 더 잘 이해하고 있다는 시위를 하고 있었던 것이다.[291]

조지프슨의 주장을 지지하는 논문들

조지프슨이 문제의 논문을 쓰기 직전에 벨연구소의 이론 물리학자 필립 앤더슨Philip W. Anderson은 브라이언 피파드 교수의 초청으로 케임브리지 대학 캐번디시연구소에 방문 연구원 자격으로 머물고 있었다. 그는 초전도와 관련된 연구를 하고 있었고 캐번디시연구소 연구자들에게 자신의 연구 내용에 대해 몇 차례에 걸쳐 콜로키엄을 했다. 이 자리에 참석했던 조지프슨은 그의 강연들로부터 많은 영감을 얻었고 어느 날 완성된 논문을 그에게 보여주었다. 그 논문은 나중에 '조지프슨 효과'로 알려지게 되는 모든 내용들에 관한 매우 상세한 예측과 실험 방법들에 대한 제안들이 담겨 있어 더 이상 보탤 것이 없었다고 앤더슨은 나중에 회고했다.

방문 기간이 종료되어 다시 벨연구소로 돌아간 앤더슨은 그의 동료 존 로웰John Rowell과 상의한 후 초전류 양자 관통과 관련해 조지프슨이 제안한 실험 방법들 중 한 가지에 초점을 맞춰 검증해보기로 했다. 조지프슨은 그 스스로 자신이 생각한 이론적 예측을 확인하기 위해 소자를 직접 제작하였으나 기술

적인 문제로 만족할 만한 소자 제작에 실패했었다. 하지만 로웰은 이런 양자 관통 소자 실험의 귀재였기에 조지프슨이 제시한 바를 정확히 구현한 소자 제작에 성공했다.[292]

이 결과는 1963년 3월 〈피지컬 리뷰 레터〉에 발표되었다. 앤더슨과 로웰은 그 논문에서 초전도체 사이에 끼인 산화주석 절연체를 통과하여 다량의 전류가 흐르는 것을 확인했다고 보고했다. 그들은 자기장 효과 등 여러 가지 논증을 통해 관찰된 전류가 누설 전류가 아닌 양자적 관통 효과에 의한 초전류일 가능성이 매우 농후하다고 결론 지었다.[293]

사실 다소 미약한 조지프슨 효과를 1961년 6월 IBM의 정기 세미나에서 시드니 세이피로Sydney Shapiro라는 연구자가 보고한 바 있었다. 바딘과 앤더슨 둘 다 세미나에 참석했었는데 그들을 비롯해 그 자리에 있던 어느 누구도 그 실험 결과가 무엇을 의미하는지 알아채지 못했다. 단지 어떤 실험 오류이거나 과다한 누설 전류일 것으로 추정되었다.[294]

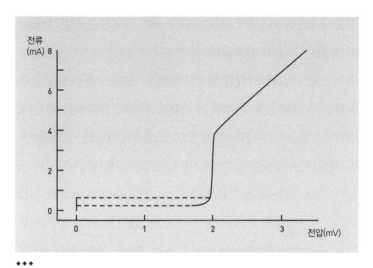

◆◆◆
존 로웰이 실험을 통해 얻은 초전도 데이터. 2mV 정도의 전압에서 초전류의 양자 관통 효과가 관찰되었다.

1963년 7월 세이피로는 바딘에게 결정타가 될 수 있는 논문을 〈피지컬 리뷰 레터〉에 실었다. 앤더슨과 로웰의 논문이 "조지프슨 초전도 양자 관통 효과의 가능성을 보여주는 관찰Probable Observation of the Josephson Superconducting Tunneling Effect"이라는 조심스러운 제목을 달았던 것에 비해, 이 논문은 아예 "초전도체 양자 관통의 조지프슨 전류Josephson Currents in Superconducting Tunneling"라는 단정적인 제목을 달고 등장했다. 조지프슨이 급속도로 주류 학계의 인정을 받아가고 있다는 징조였다.

조지프슨이 1962년 〈피직스 레터〉에 게재한 논문은 앤더슨이 보았던 논문의 일부였다. 다른 부분은 1962년 8월에 케임브리지 트리니티 칼리지의 펠로우쉽을 얻기 위해 제출한 논문에 포함되어 있었는데, 여기에는 직류뿐 아니라 교류에 관한 상세한 이론적 고찰이 담겨 있었고 또 그 밖의 여러 가지 조건에서의 예상되는 결과들이 논의되어 있었다.[295] 앤더슨과 로웰의 논문은 직류 전류에 대한 실험을 다루었던 데 반해, 세이피로의 논문은 교류 전류에 대한 양자 관통 효과를 실험적으로 보여준 것이었다. 이 논문 결과는 조지프슨이 교류에 대해 예측한 것에 정확히 들어맞았다.[296] 1963년이 채 지나기 전에 다른 학자들에 의해서도 유사한 실험 결과들이 보고되면서 결국 조지프슨의 이론적 예측이 옳았음이 증명되었다.

양자 중첩, 양자 얽힘, 그리고 양자 결맞음

조지프슨이 발견한 초전도체의 양자 관통 초전류 현상은 조지프슨 효과로 불리며 '거대 규모 양자 현상macroscopic quantum phenomena'의 대표적인 사례로 꼽히게 된다. 대부분의 양자 현상은 주로 아원자亞原子 단계의 미시계에서 관찰된다. 하지만 양자 결맞음quantum coherence이 극단적으로 이루어지면 수천 개의 원자들로 구성된 거시계에서도 양자 현상이 관찰된다.[297] 그렇다면 도대체 양자 결맞음이란 무엇일까?

양자 결맞음 현상을 이해하려면 먼저 모든 물질이 나타내는 입자와 파동의 이중적 성질 그리고 이에 따른 양자 중첩quantum superposition, 양자 얽힘quantum entanglement이라는 현상을 이해해야 한다. 고전역학에서는 모든 자연현상의 기저에 딱딱한 입자와 물결치는 파동이라는 두 가지 토대가 있음을 전제로 한다. 하지만 빛은 고전역학 태동기 때부터 어떨 때는 입자로, 어떨 때는 파동이라고 해석하는 것이 보다 합리적일 수 있다는 사실이 알려졌다.[298] 결국 20세기 접어들면서 빛을 비롯한 자연계를 이루는 물질이 입자와 파동의 이중적 특성을 띤다는 사실이 드러났다. 최근에는 파동적 성질이 소립자뿐 아니라 분자 규모에서까지 확인되기도 했다.[299]

이런 만물의 파동-입자 이중성은 물질에 대한 새로운 이해가 필요함을 시사했고, 양자역학의 창시자들은 이런 현상을 설명하기 위해 양자 중첩이란 개념을 제안했다. 이 이론에 의하면, 입자는 동시에 파동이기도 하므로 한 입자의 위치나 속도, 각운동량 등을 고전역학에서처럼 정확하게 지정할 수 없다. 단지 확률적으로만 이야기할 수 있다고 보는 것이다. 그런데 측정을 하면 우리는 그 입자의 위치나 속도, 각운동량 등을 상당히 정확히 알 수 있다. 이런 사실은 어떻게 설명할 수 있을까? 그들에 의하면, 측정이 이루어지기 전까지는 양자 중첩 상태에 놓여 있던 계system가 측정과 동시에 중첩이 깨어지면서 즉시 일정 물리량으로 수렴된다는 것이다.

양자 얽힘은 서로 다른 입자들의 중첩이 공유되는 상태를 말한다. 앞에서 언급한 쿠퍼쌍들이 바로 이런 상태에 놓여 있다고 볼 수 있다. 이런 상태 역시 중첩 상태이므로 고전역학에서는 상상할 수 없는 일이 발생한다. 측정하기 전까지 쿠퍼쌍을 이룬 두 전자 중 어느 전자의 각운동량이 위쪽up이고 아래쪽down인지 알 수 없다! 두 입자의 구분이 불가능하다는 것이다. 오직 측정을 통한 중첩의 깨어짐으로써 그것을 알 수 있다. 그렇다면 쿠퍼쌍을 이루는 전자들이 여럿 무리 지어 조지프슨 효과를 보일 때 이들은 어떤 상태에 있다고 볼 수 있을까? 이들은 양자 중첩 상태가 확대된 상태에 놓여 있으며 이를 '거시적 양자 결맞음'이라고 한다.

발레를 하듯
절연막을 뚫고 나가는 전자들

거시적 양자 결맞음은 동일한 양자 포텐셜에 놓인 입자들이 상호 구분되지 않는 양자적 조건이 구비될 때 마치 하나의 파동처럼 움직이는 현상이다. 양자적인 상호 얽힘에 의해 이 입자들은 마치 손오공의 분신들처럼 일사분란하게 움직인다. 이를 달리 표현하면 사실상 한 입자가 양자적 효과에 의해 여러 곳에 동시에 존재하는 것처럼 되는 상태라고도 말할 수 있다. 왜냐하면 이들 입자들은 사실상 구분이 불가능하기 때문이다. '양자적 비국소성의 거시계 발현'이라 할 수 있는 이 현상은 고전 물리 세계에서는 상상조차 할 수 없었던 마술적인 세계가 존재함을 의미한다. 이런 상태에서 여기에 참여하는 모든 입자들이 함께 파동을 형성함으로써 입자적 특성이 사라지면서 국소적 존재 의미 자체가 없어진다.

양자 결맞음은 물리적으로 완벽하게 차폐되는 아원자 수준의 공간에서는 잘 일어나지만, 이보다 거시적인 원자 몇 개 이상 수준의 공간에서는 잘 일어나지 않는다. 원자들의 격자 진동으로 대표되는 거친 환경들이 이런 조화로운 상태를 깨트리기 때문이다. 이를 결어긋남decoherence이라고 부른다. 이것이 거시계에서 양자적 결맞음을 보기 힘든 이유다. 격자 진동 효과를 줄이기 위해 온도를 극도로 낮추면 물리적 차폐가 쉽게 이루어지며 오히려 낮은 격자 진동의 도움을 받아 양자 결맞음이 일어나는데, 초전도체는 초유체와 함께 이런 현상이 일어나는 대표적 물질이다. 이런 상태에서 전자들은 개개의 입자적인 성질을 잃고 하나의 파동처럼 고체 속을 자유롭게 움직인다. 전자들이 이렇게 개별성을 상실할 수 있는 것은 쿠퍼쌍을 이루어 보손의 성질을 띠게 되기 때문이다. 비교적 먼 거리까지 영향을 끼치는 양자 포텐셜에 의해 움직임이 조정되어 이들은 매우 안정적이고 조직적인 움직임을 보인다.[300] 이 때문에 쿠퍼쌍 전자들은 집단적 움직임 속에서 어떤 장애물이 나타나도 흩어지지 않게 되어 조지프슨이 예측한 것과 같은 절연막 통과가 가능해지는 것이다.

1960년대에 피파드나 바딘은 양자역학의 핵심적인 현상인 얽힘이나 결맞음 같은 비국소성의 특성을 제대로 이해하고 있지 못했다. 이 때문에 전자 두 개가 합쳐져서 쿠퍼쌍을 이루면 그 질량이나 체적이 늘어나고 그 결과 절연막을 통과할 확률이 줄어든다거나 아예 절연막 앞에서 쿠퍼쌍에 깨어질 것이라고 생각했다. 하지만 양자역학이 제기하는 핵심적인 메시지를 꿰뚫고 있던 조지프슨은 오히려 양자 결맞음 효과가 정반대의 과정이 가능하게 한다는 사실을 알았다. 이런 이유로 전류가 다량으로 흐르게 되는데, 거리가 수백에서 수천 원자 간격 이상 떨어진 많은 쿠퍼쌍 전자들이 극도의 양자 결맞음 상태를 유지할 수 있는 조건에서 마치 발레를 하듯 상호 긴밀히 얽혀 순식간에 최단 경로를 찾아 단체로 절연막 장벽을 뚫고 이동할 수 있는 것이다. 이처럼 거시계에서 구현된 양자 현상은 1900년대 초중반 물리학계에서 핫이슈였던 양자 비국소성 논란과 긴밀히 연관된다.

조지프슨의 전성시대
그리고 운명적 변화

조지프슨은 1962년 케임브리지 트리니티 칼리지 펠로우가 되었다. 1964년에 박사 과정을 마친 후 그는 1965년부터 2년 동안 미국 일리노이 주립 대학에서 연구 교수로서 박사 후 과정을 보냈다. 다시 케임브리지로 돌아와 캐번디시연구소의 고체 이론 물리 그룹에서 부그룹장을 역임한 그는 1970년에 영국 로열 소사이어티 회원에 선출되었다.[301] 같은 해 그는 미국 국립과학재단 장학금을 받아 코넬 대학에서 1년간 체류하게 된다. 그리고 1972년에는 케임브리지 대학의 부교수가 되었다.

조지프슨은 1960년대 말부터 빛나는 업적으로 많은 상들을 받게 된다. 1969년에 그는 매우 의미가 있는 상을 받았다. '뛰어난 과학적 기여에 대한 연구 법인 상'이 바로 그것이었다. 1912년 미국 캘리포니아에 설립된 '연구 법인'이 수여하는 이 상은 그 전까지 총 38명에게 수여되었는데 이 중 절반에 가까운 15명이 노벨상을 받았다.[302] 말하자면 조지프슨이 노벨상을 받을 확률이 절반 가까이에 이르게 된 것이었다. 다음 해인 1970년에는 저온 물리에 뛰어난 업적을 낸 물리학자에게 수여하는 '프리츠 론돈 기념상'을 받았다. 일찍이 1962년에 존 바딘이 이 상을 받은 바 있었다.

1972년에 조지프슨은 무려 5개나 되는 상을 받는데 이 중에는 물리학회에서 수여하는 '거스리 메달'과 프랭클린재단에서 수여하는 '엘리엇 크레슨 메달', 그리고 런던 로열 소사이어티에서 수여하는 '휴즈 메달' 등이 포함되어 있었다. 특히 휴즈 메달은 물리학계에서 높은 권위를 자랑하는 상으로 전자를 발견한 조지프 톰슨Joseph J. Thompson, 전화를 발명한 알렉산더 그레이엄 벨Alexander Graham Bell, 양자역학의 아버지 닐스 보어, 물질파를 예언한 드 브로이L. de Broglie 등이 수상했다.[303] 이 수상자들의 면면을 보면 모두 과학사에 있어 위인 반열에 오른 사람들이다. 조지프슨도 과학사에 한 획을 그었음을 인정받은 것이다.

1973년 조지프슨은 자신의 이름을 딴 효과로 널리 알려진 초전도체의 양자 관통에 관한 이론으로 에사키 레오나, 이바르 예베르와 함께 노벨 물리학상을 받는다. 그의 나이 33세였다. 노벨상을 수상한 조지프슨은 다음 해인 1974년에는 케임브리지 대학의 정교수가 된다. 뉴턴보다 5년 일찍 트리니티 칼리지 펠로우에 선출되었고, 같은 나이에 로열 소사이어티 회원에 선출된 그는 역대 열 번째로 젊은 나이에 노벨상을 받았으며, 누구보다 젊은 나이에 케임브리지 대학 물리학과 정교수가 되었다. 그 나이에 이처럼 영예로운 위치에 올랐던 물리학자는 손에 꼽을 정도다.[304] 이처럼 승승장구하고 있는 것처럼 보였던 이즈음 그에게 운명적인 변화가 찾아왔고 인생의 대전환을 맞게 된다.

도대체 그에게 어떤 일이 일어났던 것일까?

초월 명상에 빠져버린
조지프슨

1974년 초 프랑스 베르사유에서 분자생물학자, 세포생물학자, 면역학자, 신경생리학자들이 물리학자와 수학자들을 초청하여 '세포 간 교신intercellular communication'에 관한 국제 콜로키엄을 열고 있었다. 이 자리에 조지프슨도 초청되었는데 그는 엉뚱하게도 '초월 명상transcendental meditation'에 대한 이야기를 꺼냈다. 그는 명상을 할 때 뇌의 상태를 고체물리학에서 초전도가 일어나는 절대온도 0도 근처인 상태와 비교하면서, 명상이 마치 뇌에 초전도와 유사한 거시적 양자 결맞음 현상을 일으킨다고 설명했다. 청중들은 너무나 의외의 주제를 거론하는 그에게 경악했는데, 특히 한 분자생물학자가 그런 섣부른 추측을 강요하지 말라고 소리치는 바람에 세미나는 소란 속에서 끝나버렸다.[305]

이런 소동은 조지프슨이 1971년부터 초월 명상에 푹 빠지게 되면서 발생한 것이었다. 사실 콜로키엄에서 조지프슨이 한 이야기는 초월 명상의 창시자인 마하리시 마헤시 요기Maharish Mahesh Yogi와 그의 주장을 이론적으로 뒷받침하던 리엔 도매시Leanne Domash가 1972년 미국 매사추세츠 공대에서 있었던 한 심포지엄에서 주장한 내용이었다. 그 학술회의에서 그들은 조지프슨 효과를 예로 들면서 초월 명상을 설명했었다.[306] 그런데 왜 조지프슨이 초월 명상에 관심을 갖게 되었던 것일까?

조지프슨이 노벨상을 받기 전후의 학문적 업적에 대한 기록을 살펴보면 뭔가 심상치 않다는 느낌을 받게 된다. 1969년에 몇 편의 논문을 쓴 이후 노벨상을 수상할 때까지 논문 실적이 전무하다시피하다. 더욱 이상한 것은 노벨상 수상 다음에 나온 그의 논문이다. 모처럼 나온 그의 논문은 1974년 〈저널 오브 피직스 F(Journal of Physics F)〉라는 평범한 저널에 실렸다. 물론 이미 노벨상급 논문을 신생 저널에 실은 전력이 있는 그에게 이런 일은 별 문제가 아닐 수 있다. 문제는 그 논문이 조지프슨의 명성에 비해 학문적으로 높은 평가를 받을 만한 수준이 아니었다는 것이다. 더욱 이상한 징후는 같은 해에 출간된 책의 챕터로 실린 글의 제목에서 찾아볼 수 있다. 《신경 계통의 물리와 수학Physics and Mathematics of the Nervous System》이라는 책에 실린 조지프슨의 글에는 "인공지능/뇌와 신경계 연구의 심리학적 접근The Artificial Intelligence/Psychology Approach to the Study of the Brain and Nervous System"이라는 제목이 붙여져 있었다.[307] 1974년 조지프슨이 생물학자들과 신경생리학자들의 모임에 등장하게 된 데는 이런 배경이 있었다.

존 바딘은 반도체로 첫 번째 노벨 물리학상을 받고, 그 다음

해에 초전도체에 관한 BCS 이론을 발표했다. 앞에서도 언급했지만 BCS 이론으로 바딘은 또 다른 노벨 물리학상을 받게 된다. 그런데 반도체와 초전도체는 어느 정도 다르기는 하지만 모두 고체물리학의 범주에 포함된다. 그러나 조지프슨의 행보는 이보다 훨씬 파격적이다. 아무리 연관시켜보려 해도 범인의 시각에서 보면 초전도체와 뇌나 신경계는 너무 이질적이다. 게다가 물리학적 접근도 아닌 심리학적 접근이라니? 더 중요한 사실은 조지프슨이 선택한 새로운 분야가 그에게 또 다른 노벨상을 안겨주기는커녕 향후 주류 학계의 이단아로 몰리게 되는 단초가 되었다는 점이다. 조지프슨은 왜 그런 파격적이고 파괴적인 선택을 하게 된 것일까?

조지프슨은 1960년대 말부터 '마음-신체 문제the mind-body problem'에 관심을 갖게 되었다. 어느 날부터인가 자신이 해오던 연구가 재미없어지면서 뇌가 작동하는 방식을 계산하는 수학 분야에 관심이 쏠리더라는 것이다.[308]

게다가 그는 1970년대 접어들면서 예전처럼 연구에 집중할 수 없는 신경 증세를 겪게 되었고, 이를 치료하기 위해 초월 명상을 수련하게 되었다. 당시 영국을 비롯해 전 세계적으로 한창 초월 명상 붐이 일었는데 그 선봉에 비틀즈가 있었다. 1974년 5월 마하리시 마헤시 요기가 영국 케임브리지 대학을 방문해 초월 명상에 대한 국제 심포지엄을 열었을 때 조지프슨이 초청

강사로 등장했다. 그는 그 자리에서도 깊은 명상에 몰입할 때 뇌에서 일어나는 현상에 대한 관심을 표명하면서, 초월 명상뿐만 아니라 요가의 작용에 대한 연구도 병행되어야 한다고 제안했다.[309] 이처럼 1970년대에 초월 명상에 흠뻑 빠져 있었기에 조지프슨은 생물학자들과 신경생리학자들이 모인 자리에서조차 초월 명상 타령을 했던 것이다.

텔레파시를 설명해주는 물리학?

2001년 노벨상 창설 100주년을 기념하여 영국우정공사에서 물리, 화학, 의학, 평화, 문학, 경제 분야의 6종 특별 기념 우표를 발행하면서 영국 출신의 역대 노벨상 수상자들 중에서 각 분야별로 한 명씩 인터뷰를 실은 소책자를 발행했다. 그런데 이 책자가 일반에 공개되자 물리학자들 사이에 한바탕 난리가 났다. 조지프슨의 인터뷰 내용이 문제가 됐던 것이다. 도대체 어떤 내용이 담겨 있었기에 그런 소동이 일어났던 것일까?

인터뷰 서두에서 브라이언 조지프슨은 그때까지 양자역학이 이루어낸 성과를 기술했다. 그 다음 당시 추진되고 있던 '양자 이론과 정보/계산 이론과의 결합'이 훌륭한 성과들을 내고 있음을 지적했다. 문제가 된 것은 그 다음 구절이었다. 그는 이런 성과가 축적되면 언젠가는 텔레파시처럼 기존의 과학에서 설명하지 못하는 현상들도 설명해낼 수 있을 것이라고 예측했던 것이다.

소책자의 내용에 대해 오래전부터 조지프슨의 행보에 딴지를 걸었던 옥스퍼드 대학의 양자역학 전문가 데이비드 도이치David Deutsch는 말도 되지 않는 헛소리라고 하면서, 텔레파시는 존재하지 않으며 영국우정공사가 얼토당토않은 주장을 선전하는 도구로 이용당했다고 비판했다. 2000년 노벨 물리학상을 수상한 미국 산타바버라 대학의 허버트 크뢰머Herbert Kroemer 역시 물리학자들 중에 텔레파시가 존재한다고 믿는 사람은 없으며, 물리학이 그것의 존재를 증명해줄 것이라고 생각하는 사람은 더더군다나 없다고 비판했다.[310]

이처럼 주류 물리학자들은 텔레파시 같은 문제에 대해 매우 부정적인 견해를 갖고 있다. 그렇다면 왜 조지프슨은 이처럼 무모한 일을 저지른 것일까? 조지프슨은 〈옵저버Observer〉와의 인터뷰에서 〈네이처Nature〉나 〈사이언스Science〉 같은 국제 최고 수준의 저널들이 초상현상超常現象에 대한 연구 논문들을 검열하고 있다고 의구심을 표명했다.[311] 텔레파시 같은 초상현상이 존재한다는 많은 증거들이 존재함에도 이를 다룬 논문들이 부당하게 퇴짜를 맞고 있다는 것이었다. 결국 그는 노벨상 탄생 100주년 기념우표 발행 행사를 통해 자신의 의지를 공표함으로써, 초상현상에 대한 연구가 다른 분야의 연구에 비해 상당한

차별을 받는 것을 바로잡아야겠다는 생각을 실천에 옮겼던 것이다.[312]

조지프슨,
유리겔라의 초능력을 믿다

시점을 다시 1974년으로 되돌려보자. 조지프슨이 세미나에서 주제에 다소 벗어난 듯 보이는 명상 이야기를 꺼내 청중들을 어리둥절하게 만들기는 했지만, 그래도 주변 동료들로부터 크게 비난을 받을 정도는 아니었다. 하지만 그가 초심리학에 관심을 가지고 옹호하기 시작하면서 동료들은 심각한 우려의 눈으로 그를 바라보기 시작했다.

케임브리지 대학에서 초월 명상 심포지엄이 열린 다음 달 캐나다 토론토에서 제1회 '캐나다 염력 및 관련 현상에 대한 컨퍼런스'가 개최되었다. 조지프슨은 이 컨퍼런스에도 초대되어 "초심리장과 기존 물리학 간의 가능한 관련성Possible Relationship between Psychic fields and Conventional Physics"이라는 제목의 강연을 했다. 이 강연에서 그는 이른바 초심리장이라는 것이 물리학과 모순되는 존재인지 자문하고는 자신은 그렇게 생각하지 않는다고 답한다. 그 다음 초심리학자들이 초심리장을 인지하는 데 반해 물리학자들은 이를 외면하는 이유에 대해 초심리장이 물리적 장들과 일반적으로 상호작용을 하지 않기 때문이라고 지적했다. 하지만 매우 특별한 경우 이들이 상호작용하여 물리적 현상으로 발현되는 것처럼 보인다고 주장했다.[313]

초심리장의 개념은 일찍이 러시아 학자들에 의해 제안되었으며 바이오중력장biogravitation field이라고도 불린다. 이 장은 오직 생명체에서만 관측되는 것으로 부負의 엔트로피negentrophy를 만들어내고, 전자기파를 이용하지 않는 정보 전달을 가능하게 하며, 시간의 단절이나 역전, 생명체의 내적 변화를 이끌어낸다고 한다.[314] 조지프슨은 아마도 이런 개념을 설명하려 한 듯하다.

그런데 이처럼 조지프슨이 초심리학에 적극적인 옹호자가 된 이유는 무엇일까? 초월 명상 중에는 사람들이 종종 초심리 체험을 한다고 알려졌으며 여기에는 텔레파시, 투시, 그리고 공중 부양 같은 염력이 포함된다.[315] 그가 초월 명상에 관심을 갖게 됨으로써 자연스럽게 초심리 현상에도 관심을 갖게 된 것일까?

조지프슨이 1970년대에 초심리학, 특히 염력에 관심을 갖게 된 데는 유리겔라Uri Geller라는 이스라엘 초능력자의 출현도 큰 영향을 미쳤다. 1970년대 중반 유리겔라는 매스컴에 등장하여 전 세계 사람들이 TV로 지켜보는 가운데 수저나 열쇠를 휘는 시범을 모이면서 염력 신드롬을 일으켰다. 이때 SF 작가 아서 클라크Arthur C. Clarke, 런던 대학 버벡 칼리지 물리학과의 데이비드 봄David Bohm과 함께 조지프슨도 유리겔라에 대한

지지를 표명했다.[316]

케임브리지 트리니티 칼리지의
초심리 연구 전통

조지프슨이 초심리학에 관심을 갖게 된 것은 그가 몸담고 있는 케임브리지 대학 트리니티 칼리지의 전통과도 관련이 있었다. 세계 최초의 공식적인 초심리학 연구는 1882년 영국에서 심령연구학회(SPR, Society for Psychical Research)가 발족되면서부터 시작되었다. 1850년대부터 케임브리지 대학의 트리니티 칼리지 학자들을 중심으로 한 유령 연구 클럽이 활동하고 있었으며 바로 이들이 주축이 되어 심령연구학회가 창설됐다. 그런데 그들은 트리니티 칼리지 내에서 비주류가 아닌 주류 중의 주류였으며, 대학교의 주요 요직을 지내거나 영국 총리가 되기도 했다.[317] 그 후로 트리니티 칼리지의 핵심 인물들 여러 명이 심령연구학회 회장을 맡는 등 초심리 연구 전통이 이어졌다.

조지프슨은 트리니티 칼리지의 대표적인 학자들 중 한 명인 자신이 초심리 연구에 적극적으로 나서는 것이 전통상 전혀 이상한 일이 아니라고 항변했다.[318] 하지만 이런 전통만으로 초심리 현상에 대한 조지프슨의 깊은 관심과 행동을 설명할 수는 없다. 트리니티 칼리지 출신인 존 레일리John William Strutt Rayleigh나 조지프슨 톰슨Josephson J. Thomson은 모두 당시 물리학계 최고 영예인 캐번디시 교수Cavendish Professor of Experimental Physics at Cambridge를 역임하고 노벨 물리학상을 수상한 물리학계의 전설적인 인물들이다. 그들도 심령연구학회의 회원이었고 어느 정도 활동에 관여했다. 하지만 결코 조지프슨처럼 초심리학을 자신의 연구 분야에 깊숙이 끌어들이지는 않았다.[319] 그들이 정통 물리학계에서 오랫동안 존경받는 지위를 누린 데는 이런 신중한 처신이 중요한 역할을 했다.

조지프슨은 이런 전설적인 학자들과 같은 반열에 오를 수 있을 정도로 물리학계에 중요한 기여를 했고, 노벨 물리학상을 받은 시점에는 주류 물리학에 기여할 수 있는 많은 일들이 있었다. 당시 그의 나이를 생각하면 바딘처럼 노벨상을 하나 더 받는 것이 어렵지 않아 보였다. 그런 그가 정통 물리학계에서 완전히 이탈해버린 것은 트리니티 칼리지 출신 물리학자들의 전통으로 보아도 매우 특별한 경우에 해당한다.

도대체 왜 조지프슨은 자신의 모든 영광을 뒤로하고 초심리학에 빠져버린 것일까? 그런데 어쩌면 이런 식의 문제 제기가 적절치 않을지도 모른다. 그가 초심리학을 옹호했던 것이 사실이고 지금의 과학 패러다임에서는 수용되기 어려운 이단적인 행위이기는 하다. 하지만 조지프슨이 뛰어난 통찰력으로 우리가 미처 보지 못한 현재 패러다임을 넘어선 무엇인가를 직관하고 있는 것일 수도 있기 때문이다.

양자역학의 프리즘으로 본
초심리 현상

　1974년 캐나다 토론토 강연에서 조지프슨은 "초심리 현상과 양자역학 간의 가능한 연관성Possible Connections between Psychic Phenomena and Quantum Physics"이라는 제목의 강연도 했다. 이 강연에서 그는 양자역학에서 계系의 상태는 확률적으로만 존재하며, 관찰자가 관찰을 하는 순간 그중 특정 상태가 현실로 결정되어 나타나 보인다는 점을 지적했다. 그러면서 관찰자의 의지가 어떤 계를 보기를 강제할 경우, 그 계가 나타날 확률이 매우 높아질 수 있을 가능성을 제기했다. 그는 중요한 물리량이 종종 잘못 측정되는 경우가 보고되는데, 이는 단순한 실험 착오가 아니라 실험자나 그 주변 사람들이 일종의 염력으로 자연의 법칙을 조종하기 때문은 아닐지 고려해봐야 한다고 제안한다.[320] 조지프슨이 언급하고 있는 내용은 양자역학에서 관측의 문제라고 불린다. 앞에서 언급한 것처럼, 양자역학 법칙이 성립하는 미시계에서 관측이 이루어지기 전까지 그 계는 양자 중첩 상태에 놓여 있게 된다. 어떤 입자의 위치나 속도, 또는 각운동량 등의 물리량이 모두 정해지지 않은 상태로 여러 가능성이 중첩되어 있다는 것이다. 관측이라는 단계를 거쳐야 비로소 그것이 현실로 확정되어 나타난다는 것이 바로 관측의 문제다. 그런데 아직까지는 관측을 하는 주체와 그 강도에 대한 논란이 있다. 자연계에서 흔히 쉽게 양자 중첩을 깨뜨리는 것은 격자 진동이다. 그런데 충분히 약한 격자 진동은 앞에서 살펴본 초전도 현상에서처럼, 오히려 개별 입자의 양자 중첩을 넘어 여러 입자들의 양자 얽힘과 결맞음이라는 보다 강한 중첩 상태로 이끈다. 즉, 그 강약에 의해 양자 중첩이 깨질 수도 있고 보강될 수도 있는 것이다.[321]

앞에서 조지프슨은 초심리 현상을 야기하는 장이 양자 중첩 상태를 의도하는 방향으로 깨뜨리는 역할을 할 수 있다고 말했다. 그렇다면 반대로 적절한 조건에서 양자 중첩을 강화시킬 수도 있을 것이다. 정말로 그런 일이 일어날 수 있다면 초심리 현상과 양자역학과의 가능한 관련성을 살펴볼 필요가 있다.

아인슈타인의 EPR 패러독스가
무너지다

앞에서 조지프슨이 양자역학의 성과가 축적되면 텔레파시 같은 초심리 현상도 설명해낼 수 있을 것이라고 말했다는 사실을 언급한 바 있다. 그렇다면 조지프슨은 이런 자신의 소신을 더욱 체계화시키는 작업을 한 끝에 확신을 갖게 된 것일까? 조지프슨은 2000년대 초 한 인터뷰에서 양자역학이 그 자체로 완결된 학문이라기보다 이를 포함한 더 통합적인 체계에 속한 것일 수 있다는 견해를 피력했다. 그는 양자 현상들은 그런 체

계가 발현되는 한 측면이며 또 다른 측면이 초심리 현상일 수 있다고 말했다.[322]

양자역학은 사실 실용적 측면에서는 매우 놀라운 성과를 내고 있지만 그 근본적인 작동 방식에 대해서는 논란이 분분하다. 이른바 코펜하겐 해석이라고 불리는 양자역학의 주류 관점은 양자 중첩과 양자 얽힘에 그 기반을 두고 있다. 앞에서 언급한 것처럼 양자 얽힘은 입자와 입자가 중첩 상태를 공유하는 것을 말한다. 그런데 미시계에서 실험적으로 확인된 이런 상태는 거시계와 연결될 때 상상치 못했던 희한한 문제를 야기한다.

1930년대에 알베르트 아인슈타인은 닐스 보어와 양자역학의 확률론적 해석을 두고 긴 논쟁을 벌였다. 보어가 주도했던 코펜하겐 해석에 의하면 양자 중첩은 실재해야 한다. 하지만 아주 아주 좁은 미시계라 하더라도 한 입자가 여러 곳에 확률적으로 존재한다는 주장을 도대체 어떻게 받아들일 수 있단 말인가? 게다가 양자 얽힘과 결합해 거시계로까지 확장해 살펴보면 당시 널리 받아들여지던 표준 물리학의 '국소성 원칙'에 위배되는 듯 보였다. 이 때문에 아인슈타인을 중심으로 여러 저명한 과학자들은 이를 인정하기 어려웠다.

아인슈타인은 양자 중첩과 양자 얽힘을 교묘히 결합시킨 사고실험을 제안하여 코펜하겐 해석을 그대로 받아들이면 거시계에서 이상한 일이 발생한다는 것을 보여주었다.

아인슈타인이 그의 동료들인 보리스 포돌스키Boris Podolsky, 네이선 로젠Nathan Rosen과 함께 고안한 이 가상 실험은 세 사람의 이름 머리글자를 따서 EPR 실험이라고 불린다. 이 실험은 양자역학이 성립할 경우 두 입자들을 상호 작용시켜 얽힘 상태로 있게 한 후, 엄청난 거리로 분리시켰을 때 한쪽 입자의 아원자 상태를 측정하면 순간적으로 다른 입자의 상태에 대한 아원자 수준의 정보도 알아낼 수 있도록 고안되었다.

그런데 이 경우 양자역학의 확률론적 해석은 두 입자의 상태를 확인하기 전에는 아무것도 정해진 것이 없는데, 한쪽의 정보가 확인되는 순간 동시에 다른 쪽에 정보가 전달되어 그 입자의 상태가 결정됨을 가리킨다. 아인슈타인은 이런 순간적인 정보 교환을 "유령 같은 원격 작용spooky action at a distance"이라고 명명했다. 아인슈타인의 상대성이론에서는 어느 공간 영역에서 일어나는 사건이 빛보다 빠르게 다른 곳에서 일어나는 사건에 영향을 미쳐서는 안 된다. 이를 '국소성 가정'이라고 하는데, 아인슈타인은 양자역학의 확률론적 해석이 이런 중요한 가정에 위배된다고 보고 이를 EPR 패러독스라고 이름 붙였다.[323]

아인슈타인과 그의 동료들이 제시한 사고실험은 앞에서 언급된 쿠퍼쌍을 가지고 설명할 수 있다. 쿠퍼쌍을 이루는 전자들은 각각 위쪽up과 아래쪽down의 각운동량을 갖고 있어 그 합이 0이다. 고전역학적인 모델에서는 두 전자 중 하나는 원래부터 위쪽up이고 다른 하나는 아래쪽down이어야 한다. 하지만 보어 등이 제시한 양자역학에서는 이런 구분이 불가능하다. 어느 쪽이 위쪽이고 아래쪽인지는 측정하는 그 순간에 결정된다. 그 이전에는 이 두 전자가 양자 중첩과 얽힘이라는 상태에 놓여 있어 구분 자체가 불가능한 것이다. 그렇다면 이제 쿠퍼쌍을 교란 없이 잘 분리해 하나는 왼쪽으로 보내고 다른 하나는 오른쪽으로 보내보자.[324] 양자역학 모델에서는 이 둘이 아무리 멀리 떨어져 있어도 한쪽을 측정하여 각운동량을 확인하는 순간 동시에 다른 쪽 전자의 각운동량도 결정된다고 말하고 있다.

EPR 패러독스를 시험하기 위한 최초의 디자인은 1951년 데이비드 봄에 의해 나왔으나 실험상 문제 등으로 인하여 검증되지 못했다. 1964년 존 스튜어트 벨John Stewart Bell은 봄의 실험 디자인을 검토한 후 EPR 패러독스를 검증할 수 있는 실험적 방법의 근거를 제시했다.[325] '벨의 정리Bell's Theorem'라 불리는 이 지침에 따라 지금까지 많은 실험이 이루어졌는데 최근 매우 정교한 실험들을 통해 양자역학적 비국소성quantum non-locality이 옳다는 결정적 증거들이 확인되었고, 결국 대다수의 관련 주류 물리학자들이 이를 받아들이게 되었다.[326] 양자 결맞음 또는 양자 얽힘 등으로 거시적 세계에 모습을 드러낸 양자역학적 비국소성은 그동안 세상을 해석해오던 방법론을 송두리째 뒤집어엎었고 철학적 무정부 상태로 이끌었다. 이 세계가 어떻게 돌아가는지에 대해 근본적인 인식의 전환이 요구되었고 이는 아직도 진행형이다. 그런데 이런 양자적 비국소성이 초심리 현상과도 깊이 관련되어 있다는 것이 조지프슨의 입장이다.[327]

양자역학,
새로운 차원의 생명현상을 보여주다

앞에서 조지프슨이 초심리장이라는 것이 존재해서 양자 중첩 상태에서 현실로의 이행을 의도적으로 조정할 수 있지 않을까 하는 문제를 제기했다고 말했다. 러시아 학자들이 명명했듯이 초심리장이라는 것이 존재한다면 그것은 지극히 생물과 관련된 현상이다. 따라서 생명현상이 양자적 과정과 연관되어 있을 가능성을 검토해볼 필요가 있다.

양자 얽힘이란 용어를 처음 사용한 에르빈 슈뢰딩거는 생명현상을 고전적인 방법으로 완벽하게 설명하는 것은 불가능하며 이를 설명하려면 새로운 법칙이 필요하다고 지적한 바 있다. 그리고 이런 법칙을 비물리적이거나 초물리적인 것이 아니라 아직 제대로 규명되지 않은 양자역학에서 찾아볼 수 있을 것이라고 예견했다.[328] 이론물리학자 폴 데이비스Paul Davies는 얼핏 보기에 살아 있는 생명체들이 거시적 대상들이기 때문에 양자역학이 생물학에 맞지 않는 것처럼 생각될 수 있으나, 분자생물학의 중요한 과정은 모두 본질적으로 양자적이라고 지적한다. 그리고 특히 양자역학의 비국소적 관점이 생명현상에 나타난다는 점을 심각하게 고려해야 한다고 주장한다. 그에 의하면 분자 수준의 거시적 영역에서 동시다발적으로 일사분란하게 이루어지는 대부분의 생명현상은 양자 결맞음적인 차원에서 설명되어질 수밖에 없으며, 이는 생명체가 양자적 비국소성을 이용한다는 중요한 증거라고 지적한다.[329] 조지프슨의 주된 관심사는 바로 이 지점에 있다. 그는 생명체가 양자적 비국소성 이용하는 중요한 사례로 생명의 탄생이나 진화를 들고 있다.[330] 생명 진화가 양자역학과 긴밀한 관련이 있을 것이라는 예측은 이미 5장에서 제기한 바 있다. 나는 조지프슨의 지적대로 생명 진화의 핵심 부분이 양자 결맞음에 깊이 의존하고 있을 것이라고 확신한다.

실제로 최근 연구에서 겉으로는 매우 열악해 보이는 생명체 내부 환경에서 양자 중첩 상태와 결맞음, 그리고 얽힘이 상당히 잘 유지되고 있다는 증거들이 나타났다. 액상이면서 따뜻한 환경인 대부분의 생물학적 조건들에서, 무거운 입자들의 양자 중첩은 전자들이나 원자들, 광자들 또는 격자 진동들과의 몇 차례 충돌만으로도 더 이상 유지되지 못한다. 아주 강한 상호작용일 경우에는 한 차례의 충돌만으로도 양자 결맞음은 깨져버린다. 아주 약한 교란에서도 양자 현상의 발현이 그 중첩 상태들의 격리 거리에 지수함수적으로 사라져버린다. 따라서 열악한 환경인 생명 물질 속에서 대체로 양자적 비국소성은 수 나노미터의 거리와 수 나노초nano second의 시간으로 국한되기 마련이다. 하지만 최근 몇몇 생물학적 기능에서 양자적 결맞음과 얽힘이 이보다 긴 거리와 시간에서 지속되는 상황이 보고되었다.[331] 대표적인 예로 식물의 광합성과 동물의 뇌 활동 등을 들 수 있는데, 둘 다 각각 식물과 동물에게 있어 생존에 매우 중요한 핵심 메커니즘들이다.

광합성과 인간 뇌 속의 양자역학

최근까지 대부분의 과학자들은 식물의 엽록소에서 한 색소가 빛 에너지를 흡수하면 릴레이를 하듯 차례대로 옆에 있는 색소들을 거쳐 에너지를 전달한다고 생각했다. 그런데 이런 방식은 시간이 많이 걸릴 뿐 아니라 중간 단계에서 빠른 속도로 에너지 손실이 일어난다. 기존의 분자생물학적인 설명에 만족할 수 없었던 몇몇 과학자들은 양자역학의 관점에서 이 과정을 들여다보기 시작했고 마침내 이를 뒷받침하는 증거를 발견했다.[332] 2007년 UC 버클리 주립 대학의 그레이엄 플레밍Graham R. Fleming 교수팀은 클로로비움 테피둠Chlorobium Tepidum이라는 학명을 가진 광합성 박테리아에서 광합성계 분자 복합체를 분리해 영하 196도에서 양자 결맞음 현상을 관찰했고,[333] 몇 달

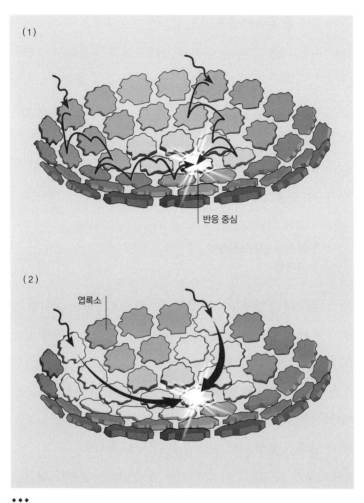

◆◆◆

엽록소가 빛 에너지를 모으는 메커니즘에 대한 도식적 설명. 엽록체 막에는 엽록소가 깔때기처럼 배열돼 있어 흡수한 빛 에너지를 가운데 반응 중심으로 모아 다음 광합성 단계를 진행한다. 지금까지는 한 엽록소에서 빛 에너지를 흡수한 전자가 단계적으로 옆에 있는 엽록소로 이동해 반응 중심에 도달한다고 생각했다(1). 그러나 최근 빛 에너지를 흡수한 전자가 양자 결맞음에 따라 파동처럼 전체 깔때기에 퍼져 순식간에 반응 중심으로 흘러감을 시사하는 실험 결과가 발표됐다(2).

후 다른 박테리아에서 추출한 분자 복합체에서는 영하 93도에서의 양자 결맞음 현상을 관찰했으며, 2010년에는 상온에서도 이런 현상이 일어날 수 있음을 확인했다.[334]

광합성에서 중요한 역할을 하는 것은 전자와 정공electron hole이 결합된 상태인 들뜬 전자 또는 엑시톤exciton이라는 준입자다. 엑시톤은 초저온 상태의 반도체에서도 발견되는데, 고온에서 전자와 정공이 결합하면서 빛을 내놓는 것과는 달리 초저온에서는 반도체가 다른 입자와 작용하여 엑시톤 상태로 빛을 주고받는다. 만일 엑시톤이 고전적 입자처럼 움직인다면, 여기저기 마구잡이로 부딪히며 이동하면서 매우 빠른 속도로 빛을 방출하면서 에너지를 잃게 될 것이다. 이렇게 되면 에너지를 전달하는 역할을 제대로 할 수 없다. 하지만 자연계의 식물에서 광합성에 의한 에너지 전달은 매우 효율적으로 이루어진다. 그 이유는 엑시톤들이 양자적 결맞음 상태에서 파동처럼 모든 경로를 동시에 훑어보고 최단 경로를 찾아 고속도로를 탄 것처럼 이동하기 때문이다. 엑시톤은 페르미온인 전자와는 달리 보손적인 성향을 띰으로써 양자 결맞음이 가능해진다. 이런 양자 결맞음 상태가 유지되면서 에너지의 전달 과정이 매우 효율적으로 이루어진다.

영국의 수학자이자 물리학자인 로저 펜로즈Roger Penrose는 인간의 뇌가 양자역학적 비국소성을 활용하는 일종의 양자 컴퓨터라고 주장한다. 그에 의하면 뇌에 관한 일반 컴퓨터 모델로는 경이로운 수준인 인간의 정신 통일성을 제대로 설명할 수 없지만, 양자 컴퓨터 모델로는 가능하다는 것이다. 그의 계산에 따르면 뇌의 상당한 부분에 분포한 수십만 개의 뉴런들 사이에 최소한 1/40초 정도의 거시적 양자 결맞음이 존재할 경우 의식에 대한 설명이 가능하다. 그리고 그는 실제로 상온에서 뇌 속의 미세소관microtubule에 양자 결맞음 현상이 존재함을 시사하는 증거를 찾았다.[335] 미세소관은 세포 골격을 이루는 구성 성분으로 뇌 속에만 존재하는 것이 아니라 모든 세포 속에 존재한다. 펜로즈와 함께 생명체에서의 양자 현상을 연구하는 스튜어트 해머로프Stuart Hameroff와 그의 동료들은 최신 양자 정보 기술로 해석해볼 때, 40억년 동안의 진화 과정에서 미세소관에 우리가 아직 이해할 수 없을 정도의 놀라운 양자역학적 능력이 부여되었을 수 있다고 본다. 그리고 만일 이런 가정이 옳다면, 생명체의 세포 속은 중시계적 또는 거시계적인 양자 상태들이 유지되고 작동되는 장場이며, 결국 이런 양자 상태들이 생명현상의 중요하거나 어쩌면 필수적인 형상일 수 있다고 지적한다.[336]

지금까지 생명체 내에서의 핵심 메커니즘들이 양자 결맞음과 관련 있다는 정황을 살펴보았는데 도대체 이런 상태가 어떻게 가능한 것일까? 특히 주변 환경으로부터의 격자 진동 방해가 매우 클 것으로 예상되는 상온에서도 지극히 효율적으로 메커니즘이 작동하는 것은 설명하기 어렵다. 관련 연구자들은 높은 온도를 유지하는 생명체 내에서 양자 결맞음이 비교적 오랜 시간 동안 유지될 수 있는 이유 중 하나로, 생명현상의 주요 프로세스들이 열평형 상태가 아닌 상황에서 이루어지는 점을 꼽는다. 이 경우 주변 환경과의 상호작용에서 실제보다 훨씬 작은 유효 온도effective temperature가 적용된다고 한다. 생명체는 평형 상태에서 멀어지려 하는 부負의 엔트로피negentrophy를 유지하려는 성향을 보이는데, 이런 특성이 한편으로 양자 결맞음 유지에 크게 기여한다는 것이다.[337] 이처럼 생명현상이 결어긋남을 극복하는 초보적인 조건은 유추되고 있지만 그 밖의 결어긋남 요인들이 득실거리는 환경에서 생명체가 어떻게 양자 결맞음을 유지하는지는 여전히 미스터리다.

폴 데이비스의
형태 형성장 이론

생명체가 초기 배아 상태에서 분화되어 생체 기관을 형성하는 과정은 아직까지도 그 메커니즘이 제대로 규명되지 않고 있다. 분자생물학자들은 유전자에 담긴 정보가 3차원적으로 구현된다고 단순하게 설명하고 있으나, 매우 복잡다단한 메커니즘이 아주 효율적으로 시행착오 없이 정확히 이루어진다는 점 때문에 의문을 제기하는 학자들이 있다. 그 대표적인 이가 폴 데이비스인데 그는 생명체의 양자적 비국소성 활용에 의한 결맞음 현상이 생체 기관 형성에 핵심적 역할을 한다고 생각한다.[338] 데이비스는 유전자에 생명체의 모든 중요한 정보가 담겨 있다는 슈뢰딩거와 오늘날 주류 분자생물학자들의 주장에 반대한다. 단지 분자들의 집합인 유전자 속에 놀라울 정도로 엄청난 양의 정보가 담겨 있다고 볼 수 없다는 것이다. 특히 데이비스는 생명체가 초기 배아 상태에서 단백질이 3차원으로 접히면서 기관을 형성하는 과정에 대한 구체적 정보가 유전체에 담겨 있다고 볼 수 없으며, 이 과정과 관련된 생명체 특유의 정보를 담고 있는 형태 형성장morphogenetic field이 작용한다고 주장한다.[339] 데이비스에 의하면, 이런 장들은 생명체의 형태 형성에 있어 시행착오 없이 동시다발적인 과정을 유도한다. 여기에 참여하는 폭넓게 떨어져 있는 각각의 분자들이 적절한 전체 계획 master plan에 따라 일사분란하게 움직인다는 것이다. 그는 형태 형성장들이 양자역학의 비국소성을 활용한 거시적 결맞음 현상을 일으켜 이를 주도한다고 설명한다.[340]

앞에서 우리는 초심리장이 양자 중첩을 깨어 적극적으로 의도하는 현실을 유도할 수도 있지 않을까 하는 조지프슨의 추정을 접한 바 있다. 만일 그럴 수 있다면 초심리장이라는 것이 양자 결맞음을 거시계에서 유지할 수 있도록 해줄 수도 있지 않을까? 그렇다면 초심리장이란 것도 형태 형성장과 유사한 메커니즘으로 작동되는 것이라고 볼 수 있을지도 모른다. 어쩌면 폴 데이비스의 주장의 연장선상에서 조지프슨의 텔레파시나 염력에 대한 설명도 가능하지 않을까?

텔레파시와 염력을 양자 결맞음으로 설명하다

1991년 폰티니 팔리카라-비라스Fotini Pallikara-Viras와 함께 쓴 논문에서 조지프슨은 염력이나 텔레파시 같이 마음의 매개에 의해 일어나는 사건들이 양자적 비국소성의 생물학적 이용의 한 형태를 나타내며, 그런 아원자 수준에서 관찰되는 비국소성이 궁극적으로 보다 큰 생명의 분자 수준에서 나타나는 양자 결맞음 사건들을 설명해준다고 주장했다. 하지만 기존 양자역학적 해석에서는 비국소성 발현이 무작위적으로만 일어나는 것을 전제로 하고 있어서, 작위적으로 발현되는 초심리 현상을 설명할 수 없다는 점 또한 분명히 한다. 이는 종래의 양자역학적 해석에서 모든 취득 가능한 정보는 오직 양자역학적 지식으로 환원된다고 가정하기 때문인데, 조지프슨은 생명체가 단지 양자적 측정 이외에 자연에 대한 보다 높은 수준의 식별 능력을 갖고 있으며, 따라서 생명체에 의해 발현되는 초심리 현상이 양자역학적 기구에 작위적으로 기능하는 것이 가능하다고 본다. 조지프슨은 생명체의 현실 지각은 우리가 과학적으로 행하는 방법과는 근본적으로 다른, 어떤 면에서 매우 효율적인 원리를 따르고 있으며, 이 때문에 통상의 과학적인 수단으로 검지할 때 보이는 불규칙한 패턴에서도 생명체는 의미가 있는 정보를 읽어낼 수 있다고 주장한다. 이런 상보적 지각력이 '벨의 정리'가 보여주는 것처럼 생명체가 공간적으로 떨어져 있는 물체들 간에 존재하는 연결 고리를 직접 활용할 수 있는 이론적 바탕을 만들어준다는 것이다. 결론적으로 생명체가 양자역학적 비국소성을 적절히 활용해 거시적 양자 결맞음을 이끌어낼 수 있으며, 이것이 바로 텔레파시나 염력 같은 초능력이라고 조지프슨은 주장한다.[341]

조지프슨은 시대를 앞서 가버린 천재일까?

현대물리학자들이 버린 결정론을 부둥켜안고 생명현상을 고전적인 기계론으로 바라보는 리처드 도킨스 같은 극단주의자[342]가 아직도 활개를 치고 있다는 사실도 비극이지만, 조지프슨처럼 직관력이 뛰어난 학자가 자신의 주장을 좀 더 세련되게 포장하지 못해 대중적 공감을 얻는 데 실패하고 있다는 사실 또한 비극이다.

조지프슨과 비슷한 견해를 피력하는 이들 중에는 상당한 지명도나 대중성을 확보한 이들이 있다. 정신분석학의 대가인 칼 융과 손잡고 '정신-물질적 실체psycho-physical entitiy'라는 개념을 도입한 노벨 물리학상 수상자 볼프강 파울리[343], 동양 사상과 양자역학의 유사성을 비교한 세계적 베스트셀러《물리학의 도Tao of Physics》(한국에서는 '현대물리학과 동양사상'이라는 제목으로 출판되었다)로 신과학 운동의 시조가 된 프리초프 카프라Fritjof Capra[344], 현대물리학에 대한 대중적 글쓰기로 전 세계에 많은 독자를 확보하고 있으며 유려한 필체로 목적론적 우주론을 옹호해 템플턴상까지 받은 폴 데이비스[345], 그리고 양자역학을 독창적으로 해석한 전체론적 우주론을 통해 사상가로 대중적 자리매김을 한 데이비드 봄[346] 등이 그들이다. 본질적으로 조지프슨이 말하는 것과 거의 유사한 주장을 하지만 이들은 순진하게 텔레파시나 염력을 함부로 거론하지는 않는다.

조지프슨은 학부생이던 20세에 이미 천재적인 통찰력으로 당대 최고 수준의 물리학자들과 어깨를 나란히 했으며 물리학사에 뚜렷한 족적을 남길 만한 업적을 쌓았다. 그리고 33세 때는 천재적인 직관으로 당대 최고의 대가가 상상조차 할 수 없었던 예측을 해내 노벨 물리학상을 받았다. 이제 조지프슨이 세 번째로 뛰어든 분야에서 그의 통찰력에 대해 판단을 내릴 차례다. 조지프슨은 이 분야가 자신이 노벨상을 받은 분야보다 더 중요하다고 확신하고 있다.[347] 하지만 이런 확신이 아직 제대로 검증받을 수 있는 단계가 아니라는 데 문제가 있다.

조지프슨이 30세 전후로 신경증을 앓으면서 젊은 시절 갖고 있던 천재성을 잃고 미망에 빠진 것일까? 아니면 여전히 번득이는 천재성을 발휘하여 놀라운 예측을 했으나 너무 앞서가는 바람에 주류 학계의 공격을 받게 된 것일까? 내기를 걸라면 당신은 어느 쪽에 걸겠는가? 필자에게 이런 질문을 한다면 망설임 없이 후자에 걸겠다.

1   Buckland. P. C. & Panagiotakopu, E. 2001. Rarmeses I1 and the To-
     bacco Beetle. Antiquity. Vol.75. pp.549-556.

2   "Curse of the Cocaine Mummies" written and directed by Sarah
     Marris(Producers: Hilary Lawson, Maureen Lemire and narrated by
     Hilary Kilber). A TVF Production for Channel Four in Association
     with the Discovery Channel. 1997.; Flem-Ath, Rand & Rose. 1998.
     Contact: The Curse of the Cocaine Mummies. New Dawn Maga-
     zine. no.47(March-April 1998). http://www.newdawnmagazine.
     com/Articles/Curse%20of%20the%20Cocaine%20Mummies.html

3   Balabanova, S. & Parsche, F. & Pirsig, W. 1992. First Identification of
     Drugs in Egyptian Mummies. Naturwissenschaften. Vol.79. issue 8.
     p.358.

4   Hertting, G. & McIntosh, N. D. P. & Parsche, F. 1993. Responding to
     'First Identification of Drugs in Egyptian Mummies.' Naturwissen-
     schaften. Vol.80. issue 6. pp.243-246.; Jeremiah, Ken. 2014. *Eternal
     Remains: World Mummification and the Beliefs that Make It Neces-
     sary.* First Edition Design Pub. p.125.

5   Wells, S. A. American Drugs in Egyptian Mummies. http://www.fac-
     ulty.ucr.edu/~legneref/ethnic/mummy.htm

6   Scott, E Marian et al. 2007. Error and Uncertainty in Radiocarbon
     Measurements. Radiocarbon. Vol.49. no.2. pp.427-440. https://
     journals.uair.arizona.edu/index.php/radiocarbon/article/view-

File/2942/2701

7   The Mystery of the Cocaine Mummies(Transcript of the Video). http://www.druglibrary.org/schaffer/misc/mummies.htm

8   Parsche, F. & Balabanova, S. & Pirsig, W. 1993. Drugs in Ancient Populations. The Lancet. Vol.341. p.503.; Combing, Beach. 2011. Cocaine, Nicotine and Ancient Egypt(October 24, 2011). http://www.strangehistory.net/2011/10/24/cocaine-nicotine-and-ancient-egypt

9   Parsche, Franz & Nerlich, Andreas. 1995. Presence of Drugs in Different Tissues of an Egyptian Mummy. Fresenius' Journal of Analytical Chemistry. June I-II. Vol.352. no.3-4. pp.380-384.

10   Balabanova S. et als., 2001. Nicotine Use in Early Mediaeval Kirchheim/Teck, Germany. Journal of Comparative Human Biology. Vol.52. pp.72-76. http://www.strangehistory.net/2011/10/24/cocaine-nicotine-and-ancient-egypt/

11   Edlin, Duncan. The Stoned Age? A Look at the Evidence for Cocaine in Mummies. In the Hall of Maat: Weighting the Evidence for the Alternative History. http://www.hallofmaat.com/modules.php?name=Articles&file=article&sid=45#12 코카인은 함량이 평균 0.8퍼센트 정도 되는 남미의 *Erythroxylum*종에서 주로 추출한다(http://en.wikipedia.org/wiki/Coca 참조). *Erythroxylon*속에 속한 것들이 200여 종이나 되며, 남미뿐 아니라 아시아, 남아프리카, 오스트레일리아 등지에 자생한다. 남아프리카 자생종은 *E. brownianum*인데 코카인 함유량이 잎에 0.04퍼센트 정도 된다. 인도에 자생하는 *E. monogynum*종은 뿌리에 0.04퍼센트 정도의 코카인 성분이 함유되어 있다.

12   남미에서 야생 상태인 코카 식물은 코카인 성분이 거의 없다. 남미인들은 코카인 성분이 많은 에리토록실룸 코카 람*Erythroxylum coca Lam*, 에리토록실룸 노보그라나텐세 히에론*Erythroxylum novogranatense(D. Morris) Hieron*, 그리고 에렉토록실룸 우레이 O. E. 슐츠*Erythroxylum ulei O. E. Schulz*만을 재배한다. 만일 아프리카에 서식하는 코카 식물에 코카인 성분이 많았다면 재배됐을 것이다. 하지만 그런 흔적이나 기록이 없다. Görlitz, Dominique. 2016. The Occurrence of Cocaine in Egyptian

Mummies-New Research Provides Strong Evidence for a Trans-Atlantic Dispersal by Humans. The Open-Access Journal for the Basic Principles of Diffusion Theory, Experiment and Application. p.6. https://www.uni-leipzig.de/~diff/pdf/volume26/diff_fund_26(2016)2.pdf

13 코카 잎에 마약 성분이 존재함이 알려진 것은 안데스 산지인들이 코카 잎을 씹음으로써 피곤함을 잊을 수 있다는 사실을 자각할 정도로 코카 잎에 유의할 만큼의 코카인 성분이 존재하기 때문이다. 그런데 그 양의 1/20 정도밖에 안 되는 식물종에 코카인이 함유되어 있다는 사실을 알아채기는 쉽지 않을 것이므로 이런 식물들이 구대륙에서 마약류로 채택됐을 가능성은 거의 없다.

14 Goldber, Raymond. 2013. *Drugs Across the Spectrum, Cengage Learning.* p.283.; Nymphaea Caerulea. Wikidepia. http://en.wikipedia.org/wiki/Nymphaea_caerulea

15 Opium. Wikidepia. http://en.wikipedia.org/wiki/Opium

16 Guide to Cannabis Religion. http://www.prntrkmt.org/herbs/cannabis.html

17 For Hathor, Opium and the Ancient Egyptians(May 27, 2002). http://www.ancientworlds.net/aw/Post/18580; Toke Like an Egyptian: Commentary on the Cocaine Mummies. http://www.druglibrary.org/schaffer/history/toke_like_egyptian.htm

18 Duncan Edlin. The Stoned Age? In the Hall of Ma'at: Weighing the Evidence of the Alternative Archaeology. http://www.hallofmaat.com/modules.php?name=Articles&file=article&sid=45#12

19 Coles, John. 1979. *Experimental Araeology.* pp.50-51.; Herodotus. The Circumnavigation of Africa. The Histories 4.42. http://www.livius.org/he-hg/herodotus/hist01.htm

20 McKenzie, Sheena. 2013. Transatlantic Crossing: Did Phoenicians Beat Columbus by 2000 Years? CNN(March 5, 2013). http://edition.cnn.com/2013/02/28/world/americas/phoenician-christopher-columbus-america-sailboat/

21 Fritze, Ronald H. 2009. *Invented Knowledge: False History, Fake Science and Pseudo-Religions*. Reaktion Books. pp.84-88.

22 Wells, S. A. American Drugs in Egyptian Mummies. http://www.faculty.ucr.edu/~legneref/ethnic/mummy.htm

23 Edlin, Duncan. The Stoned Age? A Look at the Evidence for Cocaine in Mummies. http://www.hallofmaat.com/modules.php?name=Articles&file=article&sid=45#12 콜럼버스에 의해 미 대륙의 존재가 알려진 후 많은 식물종과 동물종들이 교역에 의해 신대륙과 구대륙에 교차하여 널리 퍼졌다. 또 전염병을 옮겨 많은 아메리카 인디언들이 죽었다. 정말로 오래전부터 양 대륙 간에 교역이 있었다면 이런 일이 콜럼버스 이전에 일어났어야 한다는 것이 이런 주장을 하는 이들의 논리다(Crosby, A. W. 2003. *The Columbian Exchange: Plants, Animals, and Disease between the Old and New Worlds*. Greenwood Publishing Group 참조).

24 Borrell, Brendan. 2007. DNA Reveals How the Chicken Crossed the Sea. Nature. Vol.447. no.7145. pp.620-621.

25 Roulliera, Caroline & Benoitb, Laure & McKey, Doyle B. & Lebota, Vincent. 2013. Historical Collections Reveal Patterns of Diffusion of Sweet Potato in Oceania Obscured by Modern Plant Movements and Recombination. PNAS. Vol.110. no.6. pp.2205 - 2210.

26 Uchibayashi, Masao. 2005. Maize in Pre-Columbian China. Yakugaku Zasshi(Journal of the Pharmaceutical Society of Japan). Vol.125. no.7. pp.583-586.

27 Johannessen, Carl L. & Parker, Anne Z. 1989. Maize Ears Sculptured in 12th and 13th Century A.D. India as Indicators of Pre-Columbian Diffusion. Economic Botany. Vol.43. pp.164-180.; Johannessen, Carl L. Maize Diffused to India before Columbus Came to America, in Gilmore, Donald Y. & McElroy, Linda S.(eds.) 1998. *Across Before Columbus: Evidence for Transocanic Contact With the Americas Prior to 1492*. New England Antiquities Research Assocaition; First Edition edition. pp.111-124. http://geog.uoregon.edu/carljohannes-

sen/articles/across_before_columbus.pdf

28 McCulloch, J. Huston. 1998-1999. Indologist Confirms Maize in Ancient Sculptures. Midwest Epigraphic Journal. Vol.12/13. pp.43-44.; Maize in Pre-Columbian India. http://www.econ.ohio-state.edu/jhm/arch/maize.html

29 "We're getting more and more evidence of world trade at an earlier stage. You have the Chinese silk definitely arriving in Egypt by 1000BC. I think modern scholars have a tendency to believe rigidly in progress and the idea that you could only have a worldwide trading network from the 18th century onwards, is our temporal arrogance-that it's only modern people that can do these things." The Mystery of the Cocaine Mummies. http://www.druglibrary.org/schaffer/misc/mummies.htm

30 Meggers, Betty J. 1975. The Transpacific Origin of Mesoamerican Civilization: A Preliminary Review of the Evidence and Its Theoretical Implications. American Anthropologist. Vol.77. no.1. pp.1-27. http://onlinelibrary.wiley.com/doi/10.1525/aa.1975.77.1.02a00020/pdf

31 Meggers, Betty Jane. 2010(originally 1976). *Prehistoric America: An Ecological Perspective*. Transaction Publishers; Third Expanded Edition. p.xxviii. https://books.google.co.kr/books?id=HLtxofAgmrQC&pg=PR28&lpg=PR28&dq=china+olmec&source=bl&ots=kEd3Nlp2jx&sig=DW_M5dTCEPq_eByIeIYSiCGYUaY&hl=ko&sa=X&ved=0ahUKEwiYpYqel9fRAhXLJpQKHcpwCj44FBDoAQgXMAA#v=onepage&q=china%20olmec&f=false

32 Bellwood, Peter & Hiscock, Peter. Australia and the Pacific Basin during the Holocene, in Scarre, Chris. 2013(originally 2005). *The Human Past*. 3rd Edition. Thames & Hudson. p.297.

33 Kehoe, Alice B. 2003. The Fringe of American Archaeology: Transoceanic and Transcontinental Contacts in Prehistoric America. Journal of Scientific Exploration. Vol.17. no.1. p.28. http://citeseerx.ist.

psu.edu/viewdoc/download;jsessionid=81879DBF47BA3C3FAE7907
CF2BD4C42F?doi=10.1.1.115.147&rep=rep1&type=pdf

34 Chinese May Have Gone to Americas 3,000 Years Ago. The Japan
Times(August 27, 1999). http://www.trussel.com/prehist/news141.
htm; Xu, Mike. 2002. "New Evidence for Pre-columbian Transpa-
cific Contact between China and Mesoamerica." Journal of Wash-
ington Academy of Sciences. Vol.88. no.1. pp.1-11.

35 Meggers, Betty J. 1998. Archaeological Evidence for Transpacific
Voyages from Asia since 6000 BP. Estudios Atacameños N° 15.
pp.107-124. http://www.estudios-atacamenos.ucn.cl/revista/pdf/
numero15/15-art_13.pdf

36 Hung, Hsiao-Chun et al. 2007. Ancient Jades Map 3,000 Years
of Prehistoric Exchange in Southeast Asia. PNAS. Vol.104. no.50.
pp.19745-19750.

37 Gemstone Hardness, GemSelect. http://www.gemselect.com/gem-
info/gem-hardness-info.php

38 Barry, Carolyn. 2007. Jade Earrings Reveal Ancient S.E. Asian Trade
Route. National Geographic News(November 20, 2007).

39 Jennifer, Welsh. 2012. Origin of Ancient Jade Tool Baffles Scientists.
LiveScience(January 26, 2012).; Researchers Discover Rare Jade
Artifact in Southwest Pacific: 3,300-Year-Old Jadeitite Tool Leads
to New Potential Geological Source. American Museum of Natural
History. http://www.amnh.org/our-research/science-news/2012/
researchers-discover-rare-jade-artifact-in-southwest-pacific; Har-
low, G. E. et al. 2012. Archaeological Jade Mystery Solved Using a
119-year-old Rock Collection Specimen. Abstract #ED41E-0706.
American Geophysical Union Fall Meeting 2012.

40 Pearce, Charles E. M. et al. 2010. *Oceanic Migration: Paths, Se-
quence, Timing and Range of Prehistoric*. Springer. pp.135-136.

41 Sorenson, John L. & Johannessen, Carl L. 2004. Scientific Evidence
for Pre-Coulumbian Transoceanic Voyages to and from the Ameri-

cas. Sino-Platonic Papers. no.133(April 2004). http://www.sino-platonic.org/complete/spp133_precolumbian_voyages.pdf

42 Pearce, Charles E. M. et al. 2010. *Oceanic Migration: Paths, Sequence, Timing and Range of Prehistoric.* pp.131-132.

43 Stephen J. Oppenheimer & Richards, Martin. 2001. Polynesian Origins: Slow Boat to Melanesia? Nature. Vol.410. pp.166-167. http://www.nature.com/nature/journal/v410/n6825/full/410166b0.html

44 Pearce, Charles E. M. et al. 2010. *Oceanic Migration: Paths, Sequence, Timing and Range of Prehistoric.* p.124.

45 Denny, Michal & Matisoo-Smith, Lisa. 2010. Rethinking Polynesian Origins: Human Settlement of the Pacific. LENScience Senior Biology Seminar Series.

46 Pearce, Charles E. M. et al. 2010. *Oceanic Migration: Paths, Sequence, Timing and Range of Prehistoric.* Springer. pp.135-136.

47 맹성렬. 2011. 《UFO 신드롬》. 개정 증보 2판. (주)넥서스. pp.83-89.

48 Cameron, Grant. 2009. President Harry S. Truman: The Presidents UFO Website.

49 맹성렬. 2011. 《UFO 신드롬》. 개정 증보 2판. (주)넥서스. p.37

50 Swords, Michael D. Project Sign and the Estimate of the Situation. http://www.bibliotecapleyades.net/sociopolitica/sign/sign.htm

51 Swords, Michael D. "UFOs, the Military, and the Early Cold War", in Jacobs, David M.(ed.) 2000. *UFOs and Abductions: Challenging the Borders of Knowledge.* University Press of Kansas. pp.82–122.

52 Kelly, John. 2012. The Month that E.T. Came to D.C. The Washington Post(July 20, 2012).

53 Carlson, Peter. 2002. Something in the Air: 50 Years Ago, UFOs Streaked over D.C. The Seattle Times(July 27, 2002).

54 Jacobs, David M. 1975. *The UFO Controversy in America.* pp.61-88

55 이때 찍힌 사진들은 아직 미공개로 분류되어 있다. 미 해군 정보부에서 조사를 했다고 한다. Redfern, Nick. 2014. A Covert Agenda: The British Government's UFO Top Secrets Exposed. Cosimo, Inc. pp.27-

31.; Object Photographed During Operation Mainbrace September 20, 1952 in vicinity of Norway and Denmark. NICAP. http://www.nicap.org/520920norway-denmark_dir.htm

56   Camero, Grant. 2009. Eisenhower UFO Sighting: An Update. Hall, Richard. Operation Mainbrace. 1952. http://www.ufocasebook.com/operationmainbrace1952.html

57   "아이젠하워 대통령, 세 차례 외계인과 접촉". 나우뉴스(2012년 2월 15일).; Bond, Anthony. President Eisenhower Had Three Secret Meetings with Aliens, Former Pentagon Consultant Claims. The Daily Mail(February 15, 2012).; Carlson, Peter. 2004. Ike and the Alien Ambassadors. The Washington Post(February 19, 2004).; Peebles, Curtis. 2006. Ike and the Aliens: The Origins of Exopolitics. Magonia. Vol.93(September 2006).

58   KGB's secret UFO files finally made public. Pravda.ru(December 22, 2005). http://www.pravdareport.com/society/anomal/22-12-2005/9427-ufo-0/#sthash.WmWZlLPq.dpuf

59   Zigel, Felix. Unidentified Flying Objects: The Russian Point of View, in Huneeus, Antonio.(ed.) 1991. *A Study Guide to UFOs, Psychic, and Paranormal Phenomena in the USSR*. Abelard Productions, inc. pp.16-25.

60   Daily Mail Reporter. 2011. Was JFK killed Because of His Interest in Aliens? Secret Memo Shows President Demanded UFO Files 10 Days before Death. The Daily Mail(April 19, 2011).; Summers, Chris. 2016. JFK Was 'Assassinated by CIA after Asking for UFO Files: PRESIDENT John F Kennedy Was Assassinated after He Demanded the CIA Release Hundreds of Top-secret UFO Files, According to Shock New Claims. The Daily Star(January 4, 2016).; Haines, Gerald K. *CIA's Role in the Study of UFOs, 1947-90: A Die-Hard Issue*. Central Intelligence Agency.

61   Coogan, Seamus. JFK and the Majestic Papers: The History of a Hoax. Citizens for Truth about the Kennedy Assassination.; Marsh,

Roger. 2015. Watergate's Hunt Allegedly Believed Kennedy Assassination Tied to Tlien Revelations. OpenMinds: UFO News and Investigations(July 9, 2015).

62   Glenn, Alan. 2014. Ann Arbor vs. the Flying Saucers. Michigan Today(April 13, 2014). http://michigantoday.umich.edu/ann-arbor-vs-the-flying-saucers/

63   Hoyt, Diana Palmer. 2000. UFOCRITIQUE: UFOs, Social Intelligence, and the Condon Committee. Thesis Submitted to the Faculty of the Virginia Polytechnic Institute and State University for Master's Degree. https://theses.lib.vt.edu/theses/available/etd-05082000-09580026/unrestricted/UFOCRITIQUE.pdf

64   Cameron, Grant. 2009. The Ford UFO Letter. The Presidents UFO Website(August 1, 2009).

65   Man Says 1973 UFO Incident Turned Life Upside Down. New York Daily News(THE ASSOCIATED PRESS. October 11, 2013). http://www.nydailynews.com/news/national/man-1973-ufo-incident-turned-life-upside-article-1.1482818

66   이 사건 이후 그의 목격담과 외계인 사진이 언론에 보도되면서 그는 시장의 압박에 의해 경찰직을 잃었고 부인으로부터도 이혼당했다. Rux, Bruce. *Architects of the Underworld: Unriddling Atlantis, Anomalies of Mars, and Mystery of the Sphinx*. Frog Books. p.155 참조.

67   Speigel, Lee. Army Helicopter's UFO Scare Still A Mystery, 40 Years Later. The Huffington Post(October 18, 2013). http://www.huffingtonpost.com/2013/10/18/ufo-nearcollision-with-army-helicopter-40-years-ago_n_4119987.html

68   Szanto, George H. 1987. *Narrative Taste and Social Perspectives: The Matter of Quality*. Springer. p.45.

69   The Iranian History Article: UFO in Tehran Skies. http://www.fouman.com/Y/Get_Iranian_History_Today.php?artid=1344

70   NSA Affidavit on UFO Records(Redacted). http://fas.org/irp/nsa/yeates-ufo.pdf

71 ZNN. 2013. Former Jesuit Lawyer Says President Carter Was Denied UFO File by George Bush Sr. ZlandCommunications NewsNetwork(September 12, 2013).

72 Green, Joseph E. 2010. *Dissenting Views: Investigations in History, Culture, Cinema, & Conspiracy*. Xlybris Corporation. p.166.; Ronald Reagan's Speech About Aliens U.N. Subtitled https://www.youtube.com/watch?v=WjAxhNaI0jI

73 President's UFO Talk. http://www.checktheevidence.com/disclosure/web%20pages/www.presidentialufo.com/presiden.htm

74 Document 20: Geneva Summit Memorandum of Conversation. November 19, 1985 8-10:30 p.m. Dinner Hosted by the Gorbachevs, To the Geneva Summit Perestroika and the Transformation of U.S.-Soviet Relations. National Security Archive Electronic Briefing Book no.172. http://www2.gwu.edu/~nsarchiv/NSAEBB/NSAEBB172/; http://www2.gwu.edu/~nsarchiv/NSAEBB/NSAEBB172/Doc20.pdf

75 Current Soviet Politics IX. *The Documentary Record of the 27th Congress of the Communist Party of the Soviet Union*(Columbus: The Current Digest of the Soviet Press. 1986). p.16; Scalan, James P. 1989. Gorvachev's "New Political Thinking" and the Priority of Common Interest. Acta Slavica Iaponica. Vol.7. p.50.; Scantamburlo, Luca. 2006. Gorbachev and Reagan: A Military Alliance Against a Hypothetical Alien Attack. The Former Soviet Premier. Interviewed by an Italian Television Host, Provides Further Details on the 1985 Geneva Summit. UFO Digest(November 21, 2006).

76 Webre, Alfred Lambremont. 2009. Ronald Reagan and Russian leader Gorbachev promoted a Future "UFO Alien" False Flag Invasion. EXOPOLITICS: Politics, Government, and Law in the Universe(Febrary 17, 2009).

77 Steven Spielberg: Ronald Reagan Said 'E.T.' Was Real, Was Probably Joking. Huffington Post(June 6, 2011). http://www.huffingtonpost.com/2011/06/06/steven-spielberg-ronald-reagan-et_n_87210

3.html; Steven Spielberg and Quint have an epic chat all about JAWS as it approaches its 36th Anniversary! Ain't It Cool News(June 6, 2011). http://www.aintitcool.com/node/49921; Spielberg confirms Reagan extraterrestrial comment after screening of E.T. at the White House. http://www.youtube.com/watch?v=NcDAgZfZZJ8

78   Lee, Woo-young. Public Figures Who Believe in Aliens. The Korea Herald(February 23, 2011).

79   UFOs Over Kern. Bakersfield Magazine. December 2013. http://bakersfieldmagazine.net/arts/kern-history/878-ufos-over-kern

80   Daily Mail Reporter. 2012. Was an ALIEN Responsible for Reagan's Presidency? Screen Legend Shirley MacLaine Says the Actor Turned Politician Spotted a UFO in the 1950s······ and the Extraterrestrial Being Told Him to Switch Careers. Daily Mail(September 19, 2012).

81   Brochu, Jim. 1990. *Lucy in the Afternoon: An intimate Memoir of Lucille Ball*. William Morrow & Co. p.125

82   MacLaine, Shirley. 2007. *Sage-ing while Age-ing*. Atria Books. p.142

83   Bush, George H. W. 1988. Debate with Michael Dukakis(September 25, 1988). Miller Center.

84   President Bush UFO Story. http://www.bibliotecapleyades.net/sociopolitica/esp_sociopol_bush02.htm

85   Cameron, Grant. 2011. President's Talk UFOs. UFO Evidence. 1998년 조지타운 대학에서 한 연설에서 당시 대통령 빌 클린턴Bill Clinton은 이 대목을 그대로 다음과 같이 써먹는다. "You know, there was a recent poll which said that young people in the generation of the students here felt it was far more likely that they would see a UFO than that they would draw Social Security." William J. Clinton: Remarks at Georgetown University. February 9, 1998. Online by Gerhard Peters and John T. Woolley. The American Presidency Project. http://www.presidency.ucsb.edu/ws/?pid=55348 참조.

86   Bose, Niladri. 2015. "Americans Can't Handle The Truth", George Bush Senior On UFOs. PressExaminer(September 10, 2015).

87　정의길. 2016. "힐러리 클린턴은 외계인에 대해 알고 있다!" 한겨레신문 (2016년 5월 11일).

88　Holcombe, Larry. 2015. *The Presidents and UFOs: A Secret History from FDR to Obama*. St. Martin's Press. p.211.

89　Seemangal, Robin. 2016. Extraterrestrial Lobbyist Explains Hillary Clinton's Controversial UFO Statements. Observer(January 16, 2016). http://observer.com/2016/01/extraterrestrial-lobbyist-explains-hillary-clintons-controversial-ufo-statements/

90　Bump, Philip. 2016. The Long, Strange History of John Podesta's Space Alien Obsession. The Washington Post(April 8 2016).

91　클린턴은 1996년 7월 이 영화에 대한 평을 부탁받자 다음과 같이 말했다. "I loved it. I loved it and --Mr. Pullman came and showed it. I thought he made a good president. And we watched the movie together, and I told him after it was over he was a good president, and I was glad we won. And it made me wonder if I should take flying lessons." http://www.ufoevidence.org/documents/doc845.htm 참조.

92　Rubin, Merle. 2004. Freud, Einstein Have Genius in Common. Los Angeles Times(July 19, 2004) http://articles.latimes.com/2004/jul/19/entertainment/et-book19

93　Panek, Richard. 2010. *The Invisible Century: Einstein, Freud, and the Search for Hidden Universes*. Posted on January 14, 2010 at http://psyberspace.walterlogeman.com/2010/book-the-invisible-century-einstein-freud-and-the-search-for-hidden-universes-by-richard-panek/; The Einstein-Freud Correspondence(1931-1932). http://www.public.asu.edu/~jmlynch/273/documents/FreudEinstein.pdf

94　Aziz, Robert. 1990. *C. G. Jung's Psychology of Religion and Synchronicity*. SUNY Press. p.15.

95　Grohol, J. 2012. Review of Jung vs. Freud in *A Most Dangerous Method*. Psych Central. Retrieved on July 10, 2016 from http://

psychcentral.com/blog/archives/2011/12/18/review-of-jung-vs-freud-in-a-dangerous-method/

96   Jung, C. G. 1963. *Memories, Dreams, Reflections* recorded and edited by Aniela Jaffé. trans. Richard and Clara Winston. London: Collins and Routledge & Kegan Paul. p.152.; Oring, Elliott. 2007. *The Road to Unity in Psychoanalytic Theory.* Rowman & Littlefield. p.89.

97   Geister, S. *The Innermost Kernel.* pp.276-277.

98   Lachman, Gary. 2010. *Jung the Mystic: The Esoteric Dimensions of Carl Jung's Life and Teachings.* Penguin.

99   Jung, C. G. 1963. *Memories, Dreams, Reflections.* p.152. p.333

100   Erwi, Edward.(ed) 2002. *Freud Encyclopaedia: Theory, Therapy, and Culture.* Taylor & Francis. p.396.

101   Brabant, E. & Falzeder, E. & Giampieri-Deutsch, P. 1993. *The Correspondence of Sigmund Freud and Sándor Ferenczi, Volume 1, 1908-1914.* Cambridge: Harvard University Press. pp.523-524.

102   Rabeyron, Thomas & Evrard, Renaud. 2012. "Historical and Contemporary Perspectives on Occultism in the Freud-Ferenczi Correspondence". Recherches en psychanalyse. Vol.13. pp.98-111. www.cairn.info/revue-recherches-en-psychanalyse-2012-1-page-98.htm

103   Sidgwick, Eleanor. 1924. Report on Further Experiments in Thought-transference Carried Out by Professor Gilbert Murray. Proceedings 34, 1924. pp.212-274. https://archive.org/stream/NotesonSpiritualismandPsychicalResearch/FurtherExperimentsMurray-PsprVolume34_pg215to277_djvu.txt

104   Murray, Gilbert. 1916. Presidential Address. Proceedings of Society for Psychical Research. Vol.29. pp.46-63.

105   Lowe, N. J. Gilbert Murray and Psychic Research, in Stray, Christopher ed. 2007. *Gilbert Murray Reassessed: Hellenism, Theatre, and International Politics.* Oxford Scholarship Online. http://www.oxfordscholarship.com/view/10.1093/acprof:o

so/9780199208791.001.0001/acprof-9780199208791-chapter-18?rsk
ey=tQDRYq&result=1&q=perceptions

106   Freud, Sigmund. 1921. "Psychoanalysis and Telepathy." http://users.
       clas.ufl.edu/burt/telepathyFreudpsychoanalysis.pdf

107   Smith, David Livingston. Occult, and Freud in Erwin, Edward. 2002.
       The Freud Encyclopedia: Theory, Therapy, and Culture. Taylor &
       Francis. p.396.; Lachman, Gary. 2010. *Jung the Mystic: The Esoteric
       Dimensions of Carl Jung's Life and Teachings*. Penguin. https://
       books.google.co.kr/books?id=yd6IbOS_mNEC&pg=PT151&lpg=P
       T151&dq=Sigmund+Freud,+Anna+Freud,+telepathy+experiment&
       source=bl&ots=-_nu11POiz&sig=cvtv6sBfuZhPRsAR7pNk-CpJ0S
       o&hl=ko&sa=X&ved=0ahUKEwi68vqE1-zNAhUMopQKHYpxAz8
       Q6AEIOzAE#v=onepage&q= Sigmund%20Freud%2C%20Anna%20
       Freud%2C%20telepathy%20experiment&f=false

108   Gay, Peter. 1988. *Freud: A Life for Our Time*. J. M. Dent & Sons Ltd.
       p.445.; Hewitt, Marsha Aileen. 2014. Freud and the Psychoanalysis of
       Telepathy: Commentary on Claudie Massicotte's "Psychical Trans-
       missions". Psychoanalytic Dialogues. Vol.24. pp.106-107. http://
       www.tandfonline.com/doi/pdf/10.1080/10481885.2014.870841

109   Gresser, Moshe. 2012. *Dual Allegiance: Freud as a Modern Jew*.
       SUNY Press. p.146.

110   Jung, C. G. 1963. *Memories, Dreams, Reflections*. p.31.

111   Jung, C. G. 1963. op cit., pp.107-109.

112   Charet, F. X. 1993. *Spiritualism and the Foundations of C. G. Jung's
       Psychology*. SUNY Press. p.155.

113   Charet, F. X. 1993. *Spiritualism and the Foundations of C. G. Jung's
       Psychology*. Albany: State University of New York Press. p.235.

114   Jung, C. G. 1951/1969. On synchronicity, in R. F. C. Hull.(Trans) Col-
       lected works: Vol.8. *The Structure and Dynamics of the Psyche(2nd
       ed)*. Princeton, NJ: Princeton University Press. pp.520-531; Jung, C.
       G. 1952/1969. Synchronicity: An Acausal Connecting Principle, in

R. F. C. Hull.(Trans) Collected works: Vol.8. *The Structure and Dynamics of the Psyche(2nd ed)*. Princeton, NJ: Princeton University Press. pp.417-519; G Adle Jung C, C. G. Jung. 1960/2014. *The Structure and Dynamics of the Psyche*. Routledge; Palmer, John. 2004. Synchronicity and Psi: How Are They Related? Proceedings on The Parapsychological Association Convention 2004. pp.173-184. http://archived.parapsych.org/papers/15.pdf

115 Mansfield, Victor & Rhine-Feather, Sally & Hall, James. 1998. The Rhine-Jung Letters: Distinguishing Parapsychological From Synchronistic Events. The Journal of Parapsychology. Vol.62. no.1. https://www.questia.com/library/journal/1G1-21227885/the-rhine-jung-letters-distinguishing-parapsychological

116 Radin, Dean. *Entangled Minds: Extrasensory Experiences in a Quantum Reality*. Simon and Schuster. pp.86-88.

117 Sladek, John Thomas. 1974. *The New Apocrypha: A Guide to Strange Sciences and Occult Beliefs*. Panther. pp.169-172

118 Irwin, Harvey J. & Watt, Caroline A. 2007. *An Introduction to Parapsychology*. 5th ed. McFarland. p.88.; Pearce, Warren & Feather, Sally Rhine. 2013. Hubert Pearce. an Extraordinary Case of Psychic Ability. Rhine Magazine: Latest News on Psi Events and Research. Vol.4. issue 1. https://rhinemagazine.wordpress.com/2013/10/08/hubert-pearce-an-extraordinary-case-of-psychic-ability-by-warren-pearce-and-sally-rhine-feather-ph-d/

119 오늘날에는 이런 문제를 극복하기 위해 피험자를 감각상실의 상태로 유도한 후 실험을 한다.

120 Heath, Pamela Rae. 2003. *The PK Zone: A Cross-cultural Review of Psychokinesis(PK)*. iUniverse. p.130.

121 Rhine, L. E. & Rhine, J. B. 1943. The Psychokinetic Effect. Journal of Parapsychology. Vol.7. pp.20-43.

122 Psychokinesis. http://www.williamjames.com/Science/PK.htm; 그럼에도 주사위를 이용한 여러 가지 트릭 가능성이 지속적으로 제기됐는

데 결국 나중에는 주사위가 아닌 다른 도구들을 사용한 염력 실험이 진행됐으며, 특히 양자역학적 무작위성을 보장해주는 양자 난수 생성기(quantum random number generator, QRNG)가 사용되면서 염력에 대한 실험의 정확도는 매우 높아졌다. Schmidt, Helmut. Observation of a Psychokinetic Effect under Highly Controlled Conditions. https://www.fourmilab.ch/rpkp/observ.html 참조.

123 윌리엄 제임스William James는 1882년에 창립된 영국심령연구학회의 창립 멤버였다.

124 Sinclair, Upton. 1930. *Mental Radio*. Charles C Thomas Publisher. op. cit. p.vi.

125 Sinclair, Upton B. 1930. op. cit. p.viii. http://www.leevonk.com/information/Parapsychology/Mental%20Radio,%20Upton%20Sinclare.pdf; http://www.reformation.org/einstein-unmasked.html

126 Sinclair, Upton B. 1930. op cit., pp.5-15.

127 Files, Gemma. 2014. *We Will All Go Down Together*. ChiZine Publications.

128 Pratt, J. G. & Rhine, J. B. & Smith, Burke M. & Stuart, Charles E. & Greenwood, Joseph A. 1940. *Extra-Sensory Perception After Sixty Years: A Critical Appraisal of the Research in Extra-Sensory Perception*. Henry Holt and Company, inc. pp.304-305

129 Pendle, George. 2005. Einstein's Close Encounter: The Great Physicist Took His Own Peep at the Paranormal 74 Years Ago. George Pendle Tells of 'Spooky Action'. The Guardian(July 14, 2005). http://www.theguardian.com/science/2005/jul/14/3; Gardner, Martin. 1981. *Science: Good, Bad, and Bogus*. NY: Prometheus Books. p.153.

130 Pratt, J. G. et al. op. cit. p.305.

131 Tart, Charles T. 2009. *The End of Materialism*. New Harbinger Publications, inc. pp.108-112.

132 "아인슈타인 미공개 편지 총 4억 7천만 원에 낙찰". 연합뉴스(2015년 6월 16일). http://www.yonhapnews.co.kr/bulletin/2015/06/16/0200000000AKR20150616148500009.HTML?input=1195m

133 Redd, Nola Taylor. 2014. How Albert Einstein Helped Blackmail President Roosevelt Over Manhattan Project Funding. Space. com(April 30, 2014). http://www.space.com/25692-manhattan-project-einstein-szilard-blackmail.html

134 Easley, Matt. The Atomic Bomb that Never Was: Germany's Atomic Bomb Project. http://www.vanderbilt.edu/AnS/physics/brau/H182/Term%20papers%20'02/Matt%20E.htm

135 Powers, Thomas. 1993. *Heisenberg's War: The Secret History of the German Bomb*. New York: Alfred A. Knopf, Inc. pp.117-118.

136 Ford, Nancy Gentile. 2002. *Issues of War and Peace*. Westport: Greenwood Press. p.212.

137 German Atomic Bomb Project. Atomic Heritage Foundation. http://www.atomicheritage.org/history/german-atomic-bomb-project

138 Albert Einstein's Letters To President Franklin Delano Roosevelt. E-World: Articles, Essays, Ideas, Opinions, Unabridged. http://hyper-textbook.com/eworld/einstein/

139 Szilard, Leo. 947. My Trial as War Criminal. http://chicagounbound.uchicago.edu/cgi/viewcontent.cgi?article=2592&context=uclrev

140 볼프강 파울리Wolfgang Pauli의 배타 원리는 우주의 구조를 설명해주는 기본적인 원리다. 전자, 양성자, 그리고 그 밖에 페르미온Fermion이라 불리는 입자들은 이른바 비대칭의 원리에 의해 지배를 받는데 이 때문에 어떤 계에 존재하는 동일한 입자들은 동일한 양자 에너지 준위에 존재할 수 없다. 이런 제한이 우주에 존재하는 모든 화학원소들이 다른 특성의 물질로 나타나도록 해준다. 다른 한편 광자와 같은 보손Boson들은 대칭의 원리를 따르며, 따라서 레이저와 같이 단일한 결맞음 상태로 존재할 수 있다. Hawking, Stephen. *Dreams that Stuff Is Made Of: The Most Astounding Papers of Quantum Physics And How They Shook the Scientific World*. Running Press. pp.388-389 참조.

141 Pauli, Wolfgang & Enz, Charles P. & Meyenn, Karl v. 1994. *Writings on Physics and Philosophy*. Springer Science & Business Media. p.21

142 Atmanspacher, Harald. 1996. The Hidden Side of Wolfgang Pauli:

an Eminent Physicist's Extraordinary Encounter with Depth Psychology. Journal of Consciousness Studies. Vol.3. no.2. p.112. http://philsci-archive.pitt.edu/940/1/HiddenPauli.pdf; Burns, Carlene P. E. 2011. Wolfgang Pauli, Carl Jung, and the Acausal Connecting Principle: A Case Study in Transdisciplinarity. Metanexus(September 1, 2011). http://www.metanexus.net/essay/wolfgang-pauli-carl-jung-and-acausal-connecting-principle-case-study-transdisciplinarity

143 Pauli, Wolfgang & Enz, Charles P. & Meyenn, Karl V. 1994. op cit.

144 Geister, S. *The Innermost Kernel*. pp.19-21.

145 Geister, S. *The Innermost Kernel*. p.20.

146 1950년에 파울리가 프린스턴 대학에 있을 때 그곳의 원자핵 가속기에 사고가 일어났는데 파울리 스스로 그것이 자신 때문이라고 자책했다고 한다. Pauli, W. et al. 1996. Wissenschaftlicher Briefwechsel mit Bohr, Einstein, Heisenberg, u.a., Vol.4/I. ed. Karl von Meyenn. Berlin: Springer. p.37

147 Enz, Charles P. 2010. *No Time to be Brief: A Scientific Biography of Wolfgang Pauli*. OUP Oxford. p.150.

148 Gamow, George. 1988. *The Great Physicists from Galileo to Einstein*. Courier Corporation. p.247.

149 Miller, Arthur I. When Pauli Met Jung, in Atmanspacher, Harald & Primas, Hans.(eds.) 2008. *Recasting Reality: Wolfgang Pauli's Philosophical Ideas and Contemporary Science*. Springer Science & Business Media. pp.248-250

150 Burns, Carlene P. E. 2011. Wolfgang Pauli, Carl Jung, and the Acausal Connecting Principle: A Case Study in Transdisciplinarity. Metanexus(September 1, 2011). http://www.metanexus.net/essay/wolfgang-pauli-carl-jung-and-acausal-connecting-principle-case-study-transdisciplinarity

151 Pauli, W. & Jung, C. G. & Meier, C. A.(ed.) 2001. *Atom and Archetype. The Pauli/Jung letters, 1932-1958*. Princeton University Press. pp.179-196.; Peat, F. D. 2000/2012. Wolfgang Pauli: Resurrection

of Spirit in the World. http://www.paricenter.com/library/papers/
peat20.php; Atmanspcher, Harald & Primas, Hans. 2006. Pauli's
Ideas on Mind and Matter in the Context of Contemporary Science.
Journal of Consciousness Studies. Vol.13. no.3. pp.5-50. http://
www.igpp.de/english/tda/pdf/paulijcs8.pdf

152 Geiser, Suzanne. 2005. *The Innermost Kernel: Depth Psychology and
Quantum Physics. Wolfgang Pauli's Dialogue with C. G. Jung.* Ber-
lin Heidelberg: Springer-Verlag. pp.94-96. p.285.

153 Donati, M. 2004. Beyond Synchronicity: the Worldview of Carl
Gustav Jung and Wolfgang Pauli. The Journal of Analytical Psy-
chology. Vol.49. no.5. pp.707-728. https://www.ncbi.nlm.nih.gov/
pubmed/15533199

154 육체가 정신을 지배한다materialism거나 육체와 정신이 상호작용 한다du-
alism는 이론과는 달리 육체와 정신이 상호 인과관계 없이 별개로 작동한
다는 주의. Psychophysical Parallelism. Wikidepia 참조.

155 Williams, Gibbs A. 2010. *Demystifying Meaningful Coinciden
ces(Synchronicities): The Evolving Self, the Personal Unconscious,
and the Creative Process.* Jason Aronson. p.86.

156 Atmanspacher, Harald & Primas, Hans. 2006. Pauli's Ideas on Mind
and Matter in the Context of Contemporary Science. Journal of
Consciousness Studies. Vol.13. no.3. pp.5-50. http://citeseerx.ist.psu.
edu/viewdoc/download?doi=10.1.1.437.5253&rep=rep1&type=pdf

157 최초의 전지, 볼타전지. 살아 있는 과학 교과서. 네이버 지식백과. http://
terms.naver.com/entry.nhn?docId=1524139&cid=47341&category
Id=47341

158 이귀원. 2003. "'고대 전지', 이라크 전에 풍전등화". 연합뉴스(2003년 2월
28일).

159 Pilkington, Mark. 2004. Ancient Electricity. The Guardian(April 22.
2004).

160 전투적인 성향의 파르티안들이 활동하던 시기는 기원전 200년에서 기
원후 225년까지다. 대영박물관의 근동학자 세인트 존 심프슨St John

Simpson은 발견된 항아리가 사산기(225-640년)에 제작된 것이라고 지적한다. Frood, Arran. 2003. Riddle of 'Baghdad's Batteries. BBC News(February 27, 2003).

161 Ley, Willy. 1944. An electric battery of 2000 years ago! New York NY PM Daily(July 9, 1944).

162 이 사실은 2차 세계대전 후 분석에 의해 확인됐다. Pilkington, Mark. 2004. Ancient Electricity. The Guardian(April 22, 2004) 참조.

163 Ley, Willy. 1944. op cit.

164 König, W. 1938. Ein galvanishes Element aus der Partherzeit? Forschungen und Fortschritte. Vol.14. pp.8-9.

165 Ley, Willy. 1939. Electric batteries-2,000 years ago! So you thought our civilization first discovered electricity? Astounding Magazine(March 1939). pp.43-44.

166 Ley, Willy. 1944. op cit.

167 Noorbergen, Rene. 2001. *Secrets of the Lost Races: New Discoveries of Advanced Technology in Ancient*. TEACH Services, Inc. p.48; Thorpe, Nick & James, Peter. 1995. pp.148-150

168 Stone, Elizabeth. 2012. Archaeologists Revisit Iraq. Science Friday(March 23, 2012).

169 Keyser, Paul T. 1993. The Purpose of Partian Galvanic Cells: A First-Century A.D. Electric Battery Used for Analgesia. Journal of Near Eastern Studies. Vol.52. no.2. p.82.

170 Frood, Arran. 2003. Riddle of 'Baghdad's batteries'. BBC News(February 27, 2003).

171 Keyser, Paul T. 1993. The Purpose of Partian Galvanic Cells: A First-Century A.D. Electric Battery Used for Analgesia. Journal of Near Eastern Studies. Vol.52. no.2. pp.92-96.

172 Frood, Arran. 2003. Riddle of 'Baghdad's Batteries'. BBC News(February 27, 2003).

173 Pilkington, Mark. 2004. Ancient Electricity. The Guardian(April 22, 2004).; Welfare, S. and Fairley, J. 1980. *Arthur C. Clarke's Mysterious*

World. Collins. pp.62−64.

174 Pászthory, Emmerich. 1989. "Electricity: Generation or Magic? The Analysis of an Unusual Group of Finds from Mesopotamia" in Fleming, Stuart J. & Schenck, Helen R.(ed.) 1989. *Masca Research Papers in Science and Archaeology-History of Technology: The Role of Metals. Volume 6.* pp.31–38.; Schlesinger, Henry. 2011. Appendix: Those Troublesome Baghdad Batteries. *The Battery: How Portable Power Sparked a Technological Revolution.* Harper Perennial: Reprint edition. p.286.

175 Keyser, Paul T. 1993. The Purpose of Partian Galvanic Cells: A First-Century A.D. Electric Battery Used for Analgesia. Journal of Near Eastern Studies. Vol.52. no.2. pp.83–91.

176 Haughton, Brian. 2006. *Hidden History: Lost Civilizations, Secret Knowledge, and Ancient Mysteries.* Career Press. p.130.

177 Gray, Willard F. M. 1963. Editorial: A Shocking Discovery. Journal of the Electrochemical Society. Vol.110. no.9. p.210C.

178 Niece, Susan. L. 1995. Depletion Gilding from Third Millennium B.C. Ur. IRAQ. Vol.57. pp.41–48.

179 외부에서 별도로 전기를 가해주지 않고 전극 금속 간의 전위차에 의해 전류가 흐르도록 하여 도금을 할 수 있다.

180 Fink, Colin G. & Kopp, Arthur H. 1933. Ancient Egyptian Antimony Plating on Copper Object. Metropolitan Museum Studies. Vol.4. no.2. pp.163-167.

181 Lucas, A. & Harris, J. 2012. *Ancient Egyptian Materials and Industries.* Courier Corporation. 2012. p.199.; Gilberg, Mark. 1997. Alfred Lucas: Egypt's Sherlock Homes. Journal of the American Institute of Conservation. Vol.36. no.1. pp.31-48. http://cool.conservation-us.org/jaic/articles/jaic36-01-003_4.html

182 Fink, Colin G. & Kopp, Arthur H. 1933. op cit.. p.163.

183 Johnson, Diane. 2013. Analysis of a Prehistoric Egyptian Iron Bead with Implications for the Use and Perception of Meteorite Iron

in Ancient Egypt. Meteoritics & Planetary Science. Vol.48. no.6. pp.997-1006.

184   Petrie W. M. F. 1883. *The Pyramids and temples of Gizeh*. London: Field & Tuer. pp.212-213.; Orcutt. Larry. 2000. The Iron Plate in the Great Pyramid. Catchpenny Mysteries.

185   Gayar, El Sayed El & Jones, M. P. 1989. "Metallurgical Investigation of an Iron Plate Found in 1837 in the Great Pyramid at Gizeh, Egypt". Journal of the Historical Metallurgy Society. Vol.23. no.2. pp.75-83.

186   Penny, David. 2005. Biology and 'Physics Envy'. EMBO Rep. Vol.6. no.6. p.511.

187   최재천. 자연선택의 원리. 네이버캐스트. http://navercast.naver.com/ contents.nhn?rid=21&contents_id=76

188   1896년 곤충학자 터트J. W. Tutt는 "새들에 의한 포식과 그를 피하기 위한 나방의 위장이 선택압selection pressure으로 작용했을 것"이라는 가설을 내놓았다. 산업혁명이 일어나기 전 하얀 후추나방이 훨씬 훌륭한 위장 효과를 가졌기 때문에 새들의 포식을 피할 수 있었는데, 산업혁명이 진행되면서 나무껍질이 시커멓게 변하자 오히려 검은색의 나방들이 더 큰 위장 효과를 누리게 되어 개체군 빈도가 증가했다는 가설이다. 이에 케틀웰H. B. D. Kettlewell은 1953년 후추나방에 관한 계량적 실험을 실시했다. 케틀웰은 오염된 지역과 청정한 지역에서 새들이 나방을 잡아먹는 것을 관찰했다. 오염된 지역에서는 43마리의 하얀 나방과 15마리의 검은 나방이 잡혀 먹혔고, 청정한 지역에서는 164마리의 검은 나방과 26마리의 하얀 나방이 잡혀 먹혔다. 케틀웰의 실험 결과는 터트의 가설을 잘 지지해주는 듯 보였다. Rudge, D. W. 2010. Tut-tut Tutt, Not So Fast. Did Kettlewell Really Test Tutt's Explanation of Industrial Melanism? History of Philosophical Life Science. Vol.32. no.4. pp.493-519 참조.

189   보호색. 두산백과. http://terms.naver.com/entry.nhn?docId=1102933& cid=40942&categoryId=32318

190   이 실험에 사용된 난쟁이카멜레온*Bradypodion spp.*의 성적 이형성sexual dimorphism은 종종 다윈 자연선택설을 지지하는 유력한 증거로 소개되기도

한다. Stuart-Fox, D. & Mousalli, A. 2007. Sex-specific Ecomorphological Variation and the Evolution of Sexual Dimorphism in Dwarf Chameleons(*Bradypodion spp.*). Journal of Evolutionary Biology. Vol.20. issue 3. pp.1073 – 1081.

191 "카멜레온의 변색, 위장 목적 아니다". 사이언스타임즈(2008년 1월 30일). Stuart-Fox, D. & Mousalli, A. 2008. Selection for Social Signalling Drives the Evolution of Chameleon Colour Change. PLoS Biol. Vol.6. no.1. e25. http://www.ncbi.nlm.nih.gov/pmc/articles/PMC2214820/; Stuart-Fox, D. & Mousalli, A. 2009. Camouflage, Communication and Thermoregulation: Lessons from Colour Changing Organisms. Philos Trans R Soc Lond B Biol Sci. Vol.364. no.1516. pp.463 – 470. http://www.ncbi.nlm.nih.gov/pmc/articles/PMC2674084/

192 최재천. 라마르크의 부활. 네이버캐스트. http://navercast.naver.com/contents.nhn?rid=21&contents_id=3251

193 나뭇잎벌레. http://blog.naver.com/sunnysych/220121105834

194 Caillois, Roger. 1984. Mimicry and legendary psychasthenia. October 31, Winter. 17-32(First published in Minotaure in 1935). http://www.tc.umn.edu/~stou0046/caillois.pdf; Elias, Ann Dirouhi. 2011. *Camouflage Australia: Art, Nature, Science and War*. Sydney University Press. p.140.

195 최재천. 라마르크의 부활. 네이버캐스트. http://navercast.naver.com/contents.nhn?rid=21&contents_id=3251

196 Phasmatodea. Wikidepia. https://en.wikipedia.org/wiki/Phasmatodea

197 Wedmann, Sonja & Bradler, Sven & Rust, Jes. 2007. "The First Fossil Leaf Insect: 47 Million Years of Specialized Cryptic Morphology and Behavior". Proceedings of the National Academy of Sciences. Vol.104. no.2. pp.565 – 569. http://www.pnas.org/content/104/2/565.abstract

198 Wang, M. & Béthoux, O. & Bradler, S. & Jacques, F. M. B. & Cui, Y.

& Ren, D. 2014. Under Cover at Pre-Angiosperm Times: A Cloaked Phasmatodean Insect from the Early Cretaceous Jehol Biota. PLoS ONE. Vol.9. no.3. p.e91290. http://journals.plos.org/plosone/article?id10.1371/journal.pone.0091290

199 권오길. 2014. "에너지 아닌 질소 얻으려 곤충 잡아먹어: 권오길의 생물 읽기 세상읽기_ 107. 식충식물". 교수신문(2014년 06월 17일). http://www.kyosu.net/news/articleView.html?idxno=29079

200 Walker, Matt. 2010. Giant Meat-eating Plants Prefer to Eat Tree Shrew Poo. BBC News(March 10, 2010). http://news.bbc.co.uk/earth/hi/earth_news/newsid_8552000/8552157.stm

201 Clarke, Charles M. 2009. Tree Shrew Lavatories: A Novel Nitrogen Sequestration Strategy in a Tropical Pitcher Plant. Biol. Lett. Vol.5. pp.632 - 635.; http://www.kyosu.net/news/articleView.html?idxno=29079

202 Walker, Matt. 2010. Giant Meat-eating Plants Prefer to Eat Tree Shrew Poo. BBC News(March 10, 2010). http://news.bbc.co.uk/earth/hi/earth_news/newsid_8552000/8552157.stm

203 Prasad, V. et als., 2009. Evidence of Late Palaeocene-Early Eocene Equatorial Rain Forest Refugia in Southern Western Ghats, India. Journal of Biosciences. Vol.34. p.777.; Givnish, Thomas J. New Evidence on the Origin of Carnivorous Plants. PNAS. Vol.112. no.1. pp.10 - 11. http://www.botany.wisc.edu/givnish/Givnish/Welcome_files/Givnish%202015%20fossil%20Roridula.pdf

204 Tree shrew. Wikidepia. https://en.wikipedia.org/wiki/Treeshrew; Earliest-known Treeshrew Fossil Found in Yunnan, China. Physics.org(January 26, 2016). http://phys.org/news/2016-01-earliest-known-treeshrew-fossil-yunnan-china.html; Li, Qiang et al. 2016. An Early Oligocene Fossil Demonstrates Treeshrews Are Slowly Evolving "Living Fossils". Scientific Reports. Vol.6. p.18627.

205 Yirka, Bob. 2015. Fecal Mimicry Found in Seeds that Fool Dung Beetle. Pysic.Org(October 6, 2015). http://phys.org/news/2015-

10-fecal-mimicry-seeds-dung-beetles.html

206 분석 결과 씨앗에서 발산되는 휘발 성분에는 벤젠 복합체인 아세토페논acetophenone, 페놀phenol, p-크레솔p-cresol, 4-에틸페놀4-ethyl-phenol, 그리고 황화합물인 디메틸 설폰dimethyl sulphone 등이 함유되어 있음이 밝혀졌다. 이런 성분들은 주변 초식동물들인 일런드 영양eland이나 본테복bontebok의 배설물에서 발산되는 화학 성분들과 매우 유사하다. Midgley, J. J. & White, J. D. M. & Johnson, S. D. & Bronner, G. N. Bronner. 2015. Faecal Mimicry by Plants Found in Seeds that Fool Dung Beetles. Nature Plants. Vol.1. Article number: 15141. http://www.nature.com/articles/nplants2015141 참조.

207 조홍섭. 2015. "씨앗을 영양 똥처럼 위장… 쇠똥구리 속여 땅에 묻게". 한겨레신문(2015년 10월 13일). http://www.hani.co.kr/arti/society/environment/ecotopia/712709.html Midgley, Jeremy J. & White, Joseph D. M. 2016. Two Dung Beetle Species that Disperse Mimetic Seeds both Feed on Eland Dung. South Africa Journal of Science. Vol.112. No.7/8. Art. #2016-0114. http://dx.doi.org/10.17159/sajs.2016/20160114
http://sajs.co.za/system/tdf/publications/pdf/SAJS%20112_7-8_Midgley_Research%20Letter.pdf?file=1&type=node&id=35155&force=

208 자기 절단 능력을 갖고 있는 거의 유일한 포유류다. http://blog.naver.com/chkwkim/110148370638

209 Samuni-Blank, Michal et als., 2012. Intraspecific Directed Deterrence by the Mustard Oil Bomb in a Desert Plant. Current Biology. Vol.22. issue 13. p.1218 - 1220. http://www.cell.com/current-biology/abstract/S0960-9822(12)00471-X

210 Redovnikovic, Ivana Radojcic et als., 2008. Glucosinolates and Their Potential Role in Plant. Periodicum Biologorum. Vol.110. no.4. pp.297 - 309. file:///C:/Users/com/Downloads/radojcic_redovnikov_297_309.pdf

211 조홍섭. 2012. "'겨자 폭탄'으로 씨앗을 보호하라, 쥐로부터". 조홍섭기자

의 물바람숲(2012년 6월 29일). http://ecotopia.hani.co.kr/53503

212   Samuni-Blank, Michal et als., 2012. Intraspecific Directed Deterrence by the Mustard Oil Bomb in a Desert Plant. Current Biology. Vol.22. issue 13. pp.1218 - 1220. http://dx.doi.org/10.1016/j.cub.2012.04.051

213   강석기. "배추가 나비의 밥이 된 사연". 사이언스타임스(2015년 6월 25일).; Edger, Patrick P. 2015. The Butterfly Plant Arms-race Escalated by Gene and Genome Duplications. PNAS. Vol.112. no.27. pp.8362 - 8366.

214   Smart Plants Make Desert Mice Spread Their Seeds. Creation-Revolution.(June 20, 2012). http://creationrevolution.com/smart-plants-make-desert-mice-spread-their-seeds/

215   Mayr, E. 1982. *The Growth of Biological Thought*. Harvard University Press. p.356.

216   Holterhoff, Kate. 2014. The History and Reception of Charles Darwin's Hypothesis of Pangenesis. Journal of the History of Biology. Vol.47. pp.661-695.

217   Pauli, W. 1954. Naturwissenschaftliche und Erkenntnistheoretische Aspekte der Ideen vom Unbewussten. Dialectica. Vol.8. no.4. pp.283 - 301. doi:10.1111/j.1746-8361.1954.tb01265.x.

218   Martincorena, Iñigo et al. 2012. Evidence of Non-random Mutation Rates Suggests an Evolutionary Risk Management Strategy. Nature. Vol.485. pp.95 - 98. http://www.umich.edu/~zhanglab/clubPaper/05_04_2012.pdf

219   Tosh, David & Slack, Jonathan M. W. 2002. How Cells Change Their Phenotype. Nature Reviews Molecular Cell Biology. Vol.3. pp.187-194.; Becker, Andrea. 2016. Does Natural Selection Operate on Genotype or Phenotype? Seattlepi.com. http://education.seattlepi.com/natural-selection-operate-genotype-phenotype-4849.html; Peaston, Anne E. & Whitelaw, Emma. 2006. Epigenetics and Phenotypic Variation in Mammals. Mammalian Genome. Vol.17. no.5. pp.365 - 374. https://www.ncbi.nlm.nih.gov/pmc/articles/

PMC3906716/

220 Jorgensen, Richard A. 2011. Epigenetics: Biology's Quantum Mechanics, Frontiers, in Plant Science. Vol.2. no.10. https://www.ncbi.nlm.nih.gov/pmc/articles/PMC3355681/ Epigenetics: Biology's Quantum Mechanics.

221 파울리는 정신분석학자인 칼 융Carl G. Jung의 동기성과 유사한 '의미 있는 사건들'의 연속에 의한 것으로 최종적으로 도달할 목적이 존재한다고 생각했다. Atmanspacher, Harald & Primas, Hans. 2008. *Recasting Reality Wolfgang Pauli's Philosophical Ideas and Contemporary Science*. Springer Science & Business Media. pp.7-8

222 Goswami, Amit. 2014. *Creative Evolution A Physicist's Resolution Between Darwinism and Intelligent Design*. Quest Books.

223 Towsey, Michael. 2011. The Emergence of Subtle Organicism. Journal of Futures Studies. Vol.16. no.1. pp.109-136.

224 Davies, Paul. 1989. *Cosmic Blueprint: New Discoveries in Natures Ability To Order Universe*. Simon & Schusler inc. p.164.

225 최종덕. 1993. "과학적"이라는 개념에 대한 반성. 한국논문은행게시판 (1993년 3월 29일). Article no.359. http://theology.co.kr/wwwb/CrazyWWWBoard.cgi?db=koreabank&mode=read&num=359&page=5&ftype=6&fval=&backdepth=1

226 Goswami, A. 1997. Consciousness and Biological Order: Toward a Quantum Theory of Life and Its Evolution. Integrative Physiological and Behavioral Science. Vol.32. pp.86-100.

227 Götschela, Johann & Leinfellner, Werner. Erwin Schrödinger's World View: The Role of Physics and Biology in His Philosophical System, in What Is Controlling Life? 50 Years after Erwin Schrödinger's What Is Life? Gnaiger, E. et al.(eds.) 1994. Modern Trends in Bio-ThermoKinetics. Vol.3. Innsbruck University Press. pp.25-26. http://wiki.oroboros.at/images/8/87/BTK94_023-031_Goetschel.pdf

228 Al-Khalili, Jim & McFadden, Johnjoe. 2014. You're Powered by Quantum Mechanics. No, Really…. The Guardian(October 26,

2014). https://www.theguardian.com/science/2014/oct/26/youre-powered-by-quantum-mechanics-biology

229 Rosa, Pellegrino De. 2015. *The Ideoplastic Evolution of Living Species*. Youcanprint.

230 이문규. 2004. 첨성대를 어떻게 볼 것인가-첨성대 해석의 역사와 신라시대의 천문관. 한국과학사학회지 제26권 1호. pp.7-16; "첨성대는 천문대 분명, 김용운 교수 제단설 반박. 논쟁 가열". 경향신문(1974년 11월 26일); 이용수. "첨성대 '천문대'다. '제단'이다". 동아일보(1979년 8월 7일).; 강신귀. "「첨성대論爭(논쟁)」 제3라운드 結論(결론) 없이 다시 原點(원점)에". 경향신문(1981년 6월 9일).

231 경주 첨성대. 두산백과. http://terms.naver.com/entry.nhn?docId=1060528&cid=40942&categoryId=33375

232 일연(이민수 옮김). 1994.《삼국유사三國遺事》. 을유문화사. p.113.; 이행·윤은보·홍영필(민족문화추진위원회 옮김). 1989.《신증동국여지승람新增東國輿地勝覽》. 민족문화추진회중판 규장각 영인본. p.80.; 김광태. 2013. 천문대 수치와 역할에 대한 연구. 천문학논총 제28권 제2호. pp.25-36.

233 박성환. 1981. 첨성대에 관한 고찰. 한국과학사학회지 제3권 1호. p.147.; 정연식. 2009. 첨성대의 기능과 역할에 관한 여러 학설 비판. 역사학보 제204권. p.367.

234 박태진. 2009. "선덕여왕은 왜 첨성대를 지었을까?" KISTI의 과학향기 제989호(2009년 9월 30일).

235 이은성. 1981. 첨성대에 관한 소감. 한국과학사학회지 제3권 1호. pp.148-149.; 신영훈. 1981. 첨성대소고瞻星臺小考. 한국과학사학회지 제3권 1호. pp.150-153.; 유경로. 1999. 한국천문학사-삼국시대에서 조선말까지.《한국 천문학사 연구: 소남 유경로 선생 유고논문집》. 녹두. p.9.

236 전용훈. "우리의 운명을 결정하는 별은 무엇일까?" 한겨레신문(2014년 6월 28일)

237 정연식. 2009. 첨성대의 기능과 역할에 관한 여러 학설 비판. 역사학보 제204권. pp.384-389.

238 정연식. 2009. 앞 논문. pp.371-384.

239 송민구. 1981. 경주 첨성대 실측 及복원도에 의한 비례분석. 한국과학사학

회지 제3권 1호. p.56.; 박창범. 경주 첨성대.; 소남천문학사연구소·한국
천문연구원 공동 편집. 2009. 한국의 전통천문의기: 제2회 소남천문학사
연구소 심포지엄 및 제3회 한국천문연구원 고천문워크숍 발표집. pp.56-
57.; 정기호. 1991. 경관에 개재된 내용과 형식의 해석 - 석굴암 조영을 통
하여 본 석굴형식과 신라의 동향문화성을 중심으로. 한국조경학회지 제
19권 2호. pp.23-31.; 심시보. "첨성대는 구조 방위상 확실한 천문대". 매
일경제(2009년 9월 22일).; 장활식. 2013. 경주 첨성대의 방향과 상징성.
신라문화 제42권. pp.129-130.

240   Lockyer, Norman. 1894. *The Dawn of Astronomy*. London: Macmil-
lan and Company.; Magli, Giulio. 2009. *Mysteries and Discoveries of
Archaeoastronomy: From Giza to Easter Island*. Copernicus. pp.32-
33. p.82.

241   정연식. 2009. 앞 논문. pp.389-395.

242   현재 인도에서 고대 불교의 건축양식을 찾아보는 것은 쉽지 않다. 하지만
고대에 인도로부터 퍼져 나간 불교 건축양식들의 원형이 고스란히 보존
된 것들을 동남아 불교 국가들에서 발견할 수 있다. 그 대표적인 양식이
불탑pagoda으로 첨성대와의 유사 모티브를 발견할 수 있다.

243   조세환. 1998. 첨성대의 경관인식론적 해석. 한국조경학회지 제26권 3호.
pp.178-188.

244   김기홍. 2000. 천년의 왕국 신라. 창작과 비평사. pp.249-262.

245   최종석. 2007. 신라 미륵신앙과 첨성대. 보조사상 제27권. pp.191-229.

246   장윤성·장활식. 2009. 첨성대 회위정 가설. 한국고대사연구 제54권.
pp.463-501.

247   정연식. 2009. "선덕여왕과 첨성대의 숨은 진실". 민족신문(2009년 9월
21일).

248   Eisler, R. 1949. "The Polar Sighting-Tube". Archives Internationales
d'Histoire des Sciences. Vol.6 no.28. p.324.

249   Dreyer, J. L. E. 1914. "The Well of Eratosthenes". The Observatory.
Vol.37. pp.352-353.

250   황도면에 대한 지구 자전축의 기울기는 약 4만 년 주기로 조금씩 바뀐다.
이 때문에 북회귀선이 지나는 위도가 조금씩 변한다. 에라토스테네스Era-

tosthenes 시절 북회귀선은 북위 23도 43분경에 있었는데 시에네의 위도는 24도 5분이다. 시에네에 북회귀선이 있던 시기는 에라토스테네스가 활동하던 시기보다 최소 3,500년 전이다. 이 때문에 지구 크기 측정은 고대 이집트인들에 의해 이루어졌을 가능성이 있다. 맹성렬. 2012.《아담의 문명을 찾아서》. 김영사. pp.33-53 참조.

251 Weir, J. 1931. "The Method of Eratosthenes". Journal of the Royal Astronomical Society of Canada. Vol.25. p.294.

252 Aristotle. On the Generation of Animals(Translated by Arthur Platt). Book V. 1.

253 Arago, F. 1834. *Astronomie Populaire Vol.I*. Librairie Theodore Morgand. pp.302-303.

254 Brewster, David. 1832. *The Edinburgh encyclopedia. Vol.14*. Joseph and Edward Parker. p.569

255 Sayili, Aydin. 1953. "The Observation Well". Ankara Universitesi Dil ve Tarih-Cografya Fakultesi Dergisi. Vol.11. no.1. p.151.

256 Wilson, S. G. 1895. *Persian Life and Customs(Third Edition. Revised)*. Student Missionary Campaign Library. p.77

257 Mordtmann, J. H. 1923. "Das Observatorium des Taqî ed-din zu Pera". Der Islam. Vol.13. no.1-2. pp.82-86.

258 Sayili, Aydin. 1953. op. cit. p.153.

259 박미례·송면. 국보 31호 첨성대의 과학적 관측 원리에 관한 연구.

260 로만 글라스. 네이버 지식백과. http://terms.naver.com/entry.nhn?docId=1632473&cid=42665&categoryId=42666

261 봉수형 유리병. 네이버 지식백과. http://terms.naver.com/entry.nhn?docId=1632477&cid=42665&categoryId=42666; 정종목. 2000.《역사 스페셜 2: 숨겨지고 잃어버린 역사 찾기》. 효형출판. pp.174-183.

262 조갑제. 2010. "로마-신라 교류?" 뉴데일리(2010년 9월 16일).

263 서역西域이라는 명칭은 기원전 60년, 전한前漢이 타림분지 중앙부에 서역도호부西域都護府를 설치하면서부터 사용되기 시작하였는데, 당시는 주로 오늘의 신장·위구르 자치주 영내의 수십 개 나라들이 포함됐다. 이것이 좁은 의미의 서역이다. 그러나 한漢대 이후 중국의 대외 교류가 점차 확대

됨에 따라 범위가 서쪽으로 더 넓어져서 7세기 당대에 이르러서는 중앙아시아와 인도뿐만 아니라 멀리 페르시아(이란)와 대식大食(아랍)까지를 망라하였다. 이것이 넓은 의미의 서역으로서 근세까지의 개념이다. 통일신라가 상대한 서역은 넓은 의미의 서역이다.

264 정수일. 2004. "파도처럼 밀려온 서역 문물". 한겨레신문(2004년 11월 15일).

265 정수일. 2005. 한국 속의 세계: 우리는 어떻게 세계와 소통해 왔는가. 창비. pp.221-224.; 함영훈. 2014. "황룡사거리는 '강남스타일'… 세계 5대도시 서라벌의 추억". 헤럴드 경제(2014년 2월 11일).

266 Linton, C. M. 2004. *From Eudoxus to Einstein: A History of Mathematical Astronomy*. Cambridge University Press. p.85

267 Al-Khalili, J. 2011. *The House of Wisdom: How Arabic Science Saved Ancient Knowledge and Gave Us the Renaissance*. Penguin Press. pp.67-78.; Hockey, T. 2007. *The Biographical Encyclopedia of Astronomers*. Springer. p.1249.

268 Naskar, Satyendra Nath. 1996. *Foreign Impact on Indian Life and Culture(C. 326 B.C. to C. 300 A.D.)*. Abhinav Publications. pp.56-58.; Linton, C. M. 2004. op cit. p.87.

269 정종목. 2000. 위의 책. 186쪽.

270 박노자. 2012. 고대 및 중세 한반도인 이들이 본 인도: 가락국기를 중심으로.《삼국유사》임신본壬申本 발간 500주년 기념 국제 심포지엄.

271 이런 느낌을 받은 것은 필자뿐만이 아니다. 고대의 수학을 다룬 한 외국의 웹 사이트에서는 지구로부터 달과 태양의 상대적인 거리를 계산한 고대 인도의 수리천문학을 설명하는 그림에 첨성대를 그려 넣었다. 첨성대가 인도의 건축물인 것으로 오판(!)한 모양이다. The Story of Mathematics: Indian Mathematics. http://www.storyofmathematics.com/indian.html 참조.

272 Ōhashi, Yukio. "Astronomy: Indian Astronomy in China", in Selin, Helaine.(ed.) 2008. *Encyclopaedia of the History of Science, Technology, and Medicine in Non-Western Cultures(2nd edition)*. Springer. pp.321-324.

273 Schiffer, John P. The Early Period of the Mossbauer Effect and the Beginning of the Iron Age, in Kalvius, Michael & Kienle, Paul. 2012. *The Rudolf Mössbauer Story: His Scientific Work and Its Impact on Science and History*. Springer Science & Business Media. p.64.

274 Josephson, B. D. 1960. Temperature-Dependent Shift of Υ Rays Emitted by a Solid. Physical Review Letters. Vol.4. no.7. pp.341-342.

275 Mössbauer, Rudolf L. 1961. Recoilless Nuclear Resonance Absorption of Gamma Radiation. Nobel Lecture. December 11, 1961. https://www.nobelprize.org/nobel_prizes/physics/laureates/1961/mossbauer-lecture.pdf

276 Kalvius, Michael & Kienle, Paul. *The Rudolf Mössbauer Story*. p.viii.

277 Cranshaw, T. E. & Schiffer, J. P. & Whitehead, A. B. 1960. Measurement of the Gravitational Red Shift Using the Mössbauer Effect, in Fe57. Physical Review Letters. Vol.4. no.4. pp.163-164.

278 Interview with Robert V. Pound By John Rigden At His Office in the Lyman Laboratory of Physics at Harvard. May 23, 2003. http://www.aip.org/history/ohilist/28021_2.html

279 Pound, R. V. & Rebka, Jr G. A. 1960. Apparent Weight of Photons. Physical Review Letters. Vol.4. no.7. pp.337-338.

280 Lindley, David. 2005. Focus: The Weight of Light. Phys. Rev. Focus. Vol.1. no.1 (July 12, 2005).

281 Keswani, G. H. 1965. *Origin and Concept of Relativity*. Alekh Prakashan. pp.60-61.; Scorzelli, R. B. 1997. *Memorabilia: Jacques A. Danon: Essays on Interdisciplinary Topics in Natural Sciences*. Atlantica Séguier Frontières. pp.79-80.; Cartlidge, Edwin. 2002. Pioneer of the Paranormal. Physics World (May 2002). pp.10-11.

282 Strogatz, Steven. 2004. *Sync: The Emerging Science of Spontaneous Order*. Penguin.

283 Bardeen, J. 1947. Surface States and Rectification at a Metal-semiconductor Contact. Physical Review. Vol.71. pp.717-727.

284 다수의 전자를 포함하는 계系에서 2개 이상의 전자가 같은 양자量子 상태

를 취하지 않는다는 법칙. 배타율排他律이라고도 한다. 1924년 W. 파울리에 의해 발견되었다. 이 원리를 바탕으로 원자의 전자껍질 구조 개념이 확립되었다. 원자 내 전자의 상태는 보통 주양자수·자기양자수·스핀양자수에 의해 결정되는데, 이 원리에 따르면 전자는 모든 양자수가 같은 상태를 취할 수 없으므로 하나의 양자 궤도에는 반대의 스핀(각운동량)을 갖는 2개의 전자만 들어가며, 그 밖의 전자에는 준위準位가 다른 양자 궤도가 할당되어 전체적으로 껍질구조를 결정하게 된다. "파울리 배타 원리: 당신이 붕괴되지 않는 이유이다Pauli Exclusion Principle: Why You Don't Implode". LG사이언스랜드(2005년 12월 22일) 참조. http://lg-sl.net/mobile/sciencestory/sciencestorylist/readScienceStory.mvc?storyId=SUAT2005120189&mCode=SUAT

285   BCS 이론. 위키사전. https://ko.wikipedia.org/wiki/BCS_%EC%9D%B4%EB%A1%A0; 스티그 룬드크비스트. 1972. 수상 추천문. 1972년: 초전도체 이론의 개발-존 바딘, 리언 닐 쿠퍼, 존 로버트 슈리퍼. Nobel e-Library. http://www.nobel.or.kr/?history=%EC%B4%88%EC%A0%84%EB%8F%84%EC%B2%B4-%EC%9D%B4%EB%A1%A0%EC%9D%98-%EA%B0%9C%EB%B0%9C

286   Josephson, B. D. 1962. Possible New Effects in Superconductive Tunnelling. Physics Letters. Vol.1. no.7. pp.251‒253. 실제 실험에서는 약 2mV의 전압 인가 조건에서 초전류가 흘렀는데 이는 지구 자기장의 영향 때문이다. 자기장이 전혀 없는 경우라면 0mV 조건에서 초전류가 흐르게 된다. 자기장 세기에 따라 초전류가 흐르는 조건을 만족하는 인가 전압이 변화한다는 사실을 이용해 만든 미세 자기 검지 소자가 SQUID다.

287   조지프슨의 관련 논문이 출판비를 지불해야 하는 〈피지컬 리뷰 레터Physical Review Letters〉 대신 출판비를 받지 않던 신생 논문인 〈피직스 레터Physics Letters〉에 실리게 된 것은 지도 교수가 그 논문의 가치를 낮추어 보았기 때문이다. Josephson, B. D. 1974. The Discovery of Tunneling Supercurrents. Review of Modern Physics. Vol.46. pp.251‒254.; McDonald, Donald G. 2001. The Nobel Laureate versus Graduate Studen. Physics Today. Vol.54. no.7. pp.48‒49.

288   Josephson and Giaever. http://www.supraconductivite.fr/en/index.
       php?p=recherche-decouvreurs-josephson

289   Bardeen, J. 1961. Tunneling from a Many-Particle Point of View.
       Physical Review Letters. Vol.6. no.2. pp.57-58.; Physics Today(July
       13, 2001. Rev(Jul 19, 2001). http://www.quantonics.com/Flash_2001.
       html

290   Bardeen, J. 1962. Tunneling into Superconductors. Physical Review
       Letters. Vol.9. no.4. pp.147-148.

291   McDonald, Donald G. 2001. The Nobel Laureate versus Graduate
       Student. Physics Today. Vol.54. no.7. pp.49-50.

292   Josephson, B. D. 1973. The Discovery of Tunneling Supercurre-
       nts(December 12, 1973, in Lundqvist, Stig.(eds.) 1992. *Nobel Lec-
       tures, Physics 1971-1980*. World Scientific Publishing Co. pp.157-
       164.; Anderson, Philip W. 1970. How Josephson Discovered His
       Effect. Physics Today(November 1970). pp.23-24.

293   Anderson, Philip & Rowell, John. 1963. Probable Observation of the
       Josephson Superconducting Tunneling Effect. Physical Review Let-
       ters. Vol.10. no.6. pp.230-232.

294   Malozemoff, A. P. & Gallagher, W. J. & Greene, R. L. & Laibowitz,
       R. B. & Tsuei, C. C. 2012. Superconductivity at IBM-a Centennial
       Review: Part II -Materials and Physics. IEEE/CSC & ESAS European
       Superconductivity News Forum. no.21. pp.2-3.; 이 결과는 그해 6월
       15일에 출간된 〈피지컬 리뷰 레터〉에 소개되었으나 그것이 확실히 초
       전류 양자 관통인지를 증명하고 있지 않다. Smith. P. H. & Shapiro, S.
       & Miles, J. L. & Nicol, J. 1961. Superconducting Characteristics of
       Superimposed Metal Films. Physical Review Letters. Vol.6. no.12.
       pp.686-687.

295   Anderson, Philip W. 1970. How Josephson Discovered His Effect.
       Physics Today(November 1970). p.25.

296   교류 전류에 의한 초전류의 양자 관통 효과에 대한 상세한 내용은 트리니
       티 칼리지에 제출된 논문에 실려 있었으나 복사본들이 주요 연구자들에

게 회람되어 그 논문 내용이 알려져 있었다. Shapiro, S. 1963. Josephson Currents in Superconducting Tunneling: The Effect of Microwaves and Other Observations. Physical Review Letters Vol.11. no.2. pp.80-81.

297   Leggett, A. J. 1980. Supplement of the Progress of Theoretical Physics. no.69. p.81.

298   뉴턴Isaac Newton은 빛이 입자라고 생각했다. 하지만 호이겐스Christiaan Huygens나 영Thomas Young 등은 빛을 파동이라고 볼 때 설명할 수 있는 현상들이 존재함을 보였다. 19세기 맥스웰James Clerk Maxwell은 빛이 전하를 띤 물체가 진동할 때 방출되는 전자기파의 일종이라는 사실을 보임으로써 빛이 파동임을 입증했다. 하지만 20세기 초 아인슈타인Albert Einstein은 빛을 광양자光量子라는 입자로 취급할 때 자연현상을 제대로 설명할 수 있음을 보임으로써 노벨 물리학상을 수상했다.

299   슈뢰딩거의 고양이. 나무위키. https://namu.wiki/w/%EC%8A% 88%EB%A2%B0%EB%94%A9%EA%B1%B0%EC%9D%98%20 %EA%B3%A0%EC%96%91%EC%9D%B4

300   Bohm, D. & Hiley, B. J. & Kaloyerou. P. N. 1987. An Ontological Basis for the Quantum Theory. Physics Reports. Vol.144. pp.322-375.

301   List of Fellows of the Royal Society 1660-2007. https://royalsociety. org/~/media/Royal_Society_Content/about-us/fellowship/Fellows1660-2007.pdf

302   Science Invention and Society. http://bayhdolecentral.com/3_DIV_ SCAN/B8s083_OCR.pdf

303   Hughes Medal Honors. http://www.nndb.com/honors/275/000099975/

304   지금까지 가장 젊은 나이에 노벨상을 받은 사람은 윌리엄 브래그William Lawrence Bragg다. 그는 25세에 아버지와 노벨 물리학상을 공동 수상했다. 호주에서 태어난 그는 다른 대학교에서 교수를 하다 조지프슨보다 훨씬 늦은 나이에 케임브리지 대학교 정교수가 되었다.

305   Atlan, Henri. 1993. *Enlightenment to Enlightenment: Intercritique of Science and Myth*. SUNY Press. pp.20 - 21.

306   Domash L. & Yogi, Maharishi Mahesh. 1972. Remarks at the End of the M.I.T. Symposium on the Science of Creative Intelligence, M.I.T, Cambridge, Massachusetts, M.I.U. Videotapes. Fairfield, Iowa, USA 참조. Domash L. The Transcendental Meditation Technique and Quantum Physics: Is Pure Consciousness a Macroscopic Quantum State in the Brain? Paper 99, in Orme-Johnson, D. J. & Farrow, J. T.(eds.) 1977. *Scientific Research on the Transcendental Meditation Program: Collected Papers. Vol.1.* Rheinweiler: MERU Press. pp.652-670. 이런 주장들은 나중에 펜로즈Roger Penrose에 의해 어느 정도 타당성이 있는 것으로 밝혀졌다.

307   Josephson, B. D. The Artificial Intelligence/Psychology Approach to the Study of the Brain and Nervous System, in Conrad, Michael & Güttinger, Werner & Cin, Mario Dal.(eds.) 1974. *Physics and Mathematics of the Nervous System(Lecture Notes in Biomathematics Vol.4).* Springer. pp 370-375.

308   George, Alison. 2006. Lone Voices Special: Take Nobody's Word for It. New Scientist(December 09, 2006). pp.46-48.

309   Josephson on Transcendental Meditation. New Scientist(May 16, 1974). p.416. http://books.google.co.kr/books?id=5nE6m-bQOvcC&pg=PA416&redir_esc=y#v=onepage&q&f=false

310   McKie, David. 2011. Royal Mail's Nobel Guru in Telepathy Row. The Observer(September 30, 2001).

311   〈네이처Nature〉가 1970년대에 유리겔라 등의 초능력자들의 투시 능력에 관한 실험 내용을 실은 적이 있다(Targ, Russell & Puthoff, Harold. 1974. Information Transmission under Conditions of Sensory Shielding. Nature. Vol.251. pp.602-607 참조). 그 후 초심리 관련한 아주 짧은 내용이 '커뮤니케이션'으로 실린 적은 있으나 주류 학계의 거부감 때문에 정식 논문 형태로 게재된 일이 없다.

312   Little, William. 2010. *The Psychic Tourist: A Voyage into the Curious World of Predicting the Future.* Icon Books.

313   Josephson, B. 1975. Possible Relationship between Psychic Fields

and Conventional Physics. New Horizons: Journal of New Horizons Research Foundation Incorporating Transactions of the Toronto Society for Psychical Research. Vol.1. no.5. pp.213-215.

314 Dubrov, A. P. & Pushikin, V. N. 1982. *Parapsychology and Contemporary Science*. New York & London: Consultants Bureau. p.172.

315 조지프슨이 주도한 한 초월 명상 단체에서 그가 공중 부양을 하고 있는 것처럼 꾸민 합성사진을 만들어 홍보를 한 적이 있다. Bernstein, Jeremy. 1987. *Three Degrees Above Zero: Bell Laboratories in the Information Age*. CUP Archive. p.142 참조.

316 Reiter, Nicholas & Schillig, Lori. 2005. *The Bridges of Avalon: Science, Spirit, and the Quest for Unity*. iUniverse. p.111.

317 Byrne, Georgina. 2010. *Modern Spiritualism and the Church of England, 1850-1939*. The Boydell Press. pp.50-51.

318 Josephson, Brian. 2005. "Foreword," in Thalbourne, Michael A. & Storm, Lance.(eds.) 2005. *Parapsychology in the Twenty-First Century: Essays on the Future of Psychical Research*. McFarland. p.1.

319 심령연구학회의 주축 창립 멤버로 회장까지 역임했고, 영국 수상을 지낸 아서 발포어Arthur James Balfour의 매제였던 레일리John William Strutt Rayleigh는 발포어의 강권으로 어쩔 수 없이 가입한 정황이 있다. 그는 학회 활동에 소극적이었고 다소 비판적인 태도를 견지했다. 전자를 발견한 톰슨Josephson J. Thomson의 경우는 레일리보다 학회 활동에 적극적이었고 영국 과학자들 앞에서 한 강연에서 텔레파시가 사람들 사이에 주고받는 일종의 전자기파가 아닐까 하는 가설을 제기하기도 했다. 하지만 평생 그의 주된 관심사는 주류 물리학 분야에 있었다.(Rayleigh, Lord (1842-1919). *Encyclopedia of Occultism and Parapsychology*. 2001.) http://www.encyclopedia.com/topic/John_William_Strutt_Baron_Rayleigh.aspx 참조.; Krippner, Stanley & Friedman, Harris L. 2010. *Debating Psychic Experience: Human Potential Or Human Illusion?* ABC-CLIO. p.19

320 Josephson, B. 1975. Possible Connections between Psychic Phenomena and Quantum Physics. New Horizons: Journal of New

Horizons Research Foundation Incorporating Transactions of the Toronto Society for Psychical Research. Vol.1. no.5. pp.225-226.; 앞에서 소개한 파울리의 경우가 어쩌면 이런 경우에 해당한다고 볼 수 있다.

321   대기 중에서 진행하는 광자나 전자는 공중에 떠 있는 기체들에 의해 관측되지 않는다. 즉, 양자 중첩이 깨지지 않고 유지된다. 하지만 플러렌C60 분자는 높은 진공에서는 양자 중첩이 유지되나 진공이 낮아지면 양자 중첩이 깨진다. 즉, 양자 중첩이 깨져 현실화되는 경계가 존재한다. 그 경계의 조건이 무엇인지는 아직 명확히 밝혀지고 있지 않다.

322   Cartlidge, Edwin. 2002. Pioneer of the Paranormal. Physics World(May 2002). pp.10-11.

323   Einstein, A. & Podolsky, B. & Rosen, N. 1935. Can Quantum Mechanical Description of Physical Reality be Considered Complete? Physical Review. Vol.47. pp.777-780.

324   실제의 경우에는 과거를 공유하는 얽힘 상태에 있는 전자들을 갈라놓는 와중에 측정이 일어나 결맞음 상태가 깨지기 때문에 사실 이렇게 하는 것이 현실적으로 불가능하며, 따라서 직접적인 얽힘 상태가 아니었던 떨어져 있는 두 전자들이 얽히도록 하는 방법인 '얽힘 스와핑entanglement swarping'이라는 기법이 사용된다. Zukowski, M & Zeilinger, A. & Horne, M. A. & Ekert, A. 1993. "Event-Ready-Detectors" Bell Experiment via Entanglement Swarping. Physical Review Letters. Vol.71. no.26. pp.4287-4290. https://vcq.quantum.at/fileadmin/Publications/1993-06.pdf

325   Bell, J. 1964. On the Einstein-Podolsky-Rosen paradox. Physics. Vol.1. no.3. pp.195-200.; 최무영. 2008. "EPR 사고思考 실험과 비국소성". 프레시안(2008년 5월 1일).

326   Hensen, B. et als., 2015. Loophole-free Bell Inequality Violation Using Electron Spins Separated by 1.3 Kilometres. Nature. Vol.526. pp.682-686.; Giustina, Marissa et al. 2013. Bell Violation Using Entangled Photons without the Fair-sampling Assumption. Nature. Vol.497. pp.227-230. 아인슈타인은 상대성이론으로 널리 알려져 있지만, 그는 또한 양자역학 체계를 구축하는 데 있어 초기에 매우 중요한 기

여를 하기도 했다(아인슈타인은 '상대성이론'이 아니라 '광전 효과'라 불리는 양자역학 분야로 노벨 물리학상을 받았다). 그런 아인슈타인은 끝내 양자역학적 비국소성이 상대성이론과 상호 모순된다고 생각했다. 하지만 그가 상대성이론을 구축할 때 빛보다 빠른 물질적 이동을 전제하면서 그때까지 알려진 대상들만을 고려했기에 이를 벗어나지만 상대론에 포함되지 않는 자연의 새로운 성질이 존재할 가능성 자체를 부인할 수는 없다. 어쩌면 상대론과 양자론은 이 두 가지를 포괄하는 보다 큰 체계의 단편적 이론일 가능성이 높다.

327   Gliedman, J. 1982. Interview: Brian Josephson. Omni(July 1982). pp.87-90.; Weintraub, Pamelaed. 1984. *The Omni Interviews*. Ticknor & Fields. pp.316-331.

328   CHAPTER 7. Is Life Based on the Laws of Physics? in Schrödinger, Erwin R. J. A. 1944. *What Is Life?* Macmillan.

329   Davies, Paul. 1988. *The Cosmic Blueprint: New Discoveries in Nature's Creative Ability to Order the Universe*. Simon & Shuster inc. pp.177-178.

330   Josephson, B. D. & Pallikari-Viras, F. 1991. Biological Utilization of Quantum Nonlocality. Found Phys. Vol.21. pp.197-207.

331   Arndt, Markus & Juffmann, Thomas & Vedral, Vlatko. 2009. Quantum Physics Meets Biology. HFSP Journal. Vol.3. no.6. pp.386-400. https://www.ncbi.nlm.nih.gov/pmc/articles/PMC2839811/

332   이영민. 2009. "광합성 고효율 비결은 양자 결맞음". 과학동아 2009년 4월호. http://dl.dongascience.com/article/view/S200904N003/985

333   Engel, Gregory S. Engel et al. 2007. Evidence for Wavelike Energy Transfer through Quantum Coherence in Photosynthetic Systems. Nature. Vol.446. pp.782-786.

334   강석기. 2015.《과학을 취하다 과학에 취하다: 강석기의 과학카페 시즌 3》. MID.; Panitchayangkoon, Gitt et al. 2010. Long-lived Quantum Coherence in Photosynthetic Complexes at Physiological Temperature. PNAS. Vol.107. no.29. pp.12766-12770.; O'Reilly, Edward J. & Olaya-Castro, Alexandra. 2014. Non-classicality of the Molecular

Vibrations Assisting Exciton Energy Transfer at Room Temperature. Nature Communications. Vol.5. pp.3012-3022.

335   Penrose, R. 1994. *Shadows of the Mind*. Oxford Univ. Press, Oxford. p.327; 로저 펜로즈, 스티븐 호킹Stephen Hawking, 에브너 시모니Abner Shimony, 낸시 카트라이트Nancy Cartwright(최경희, 김성원 옮김). 2002. 《우주 양자 마음》. 사이언스북스. pp.169-171.; 최근 미세소관에서 양자 진동이 일어나고 있음이 관찰되었다고 한다. Discovery of Quantum Vibrations in "Microtubules" Inside Brain Neurons Confirms Controversial 20-Year-Old Theory of Consciousness 참조.; Hameroff, Stuart & Penrose, Roger. 2014. Consciousness in the Universe: A Review of the 'Orch OR' Theory. Physics of Life Reviews. Vol.11. issue 1. pp.39-78 참조.

336   Hamroff, Stuart & Tuszynski, Jack. Search for Quantum and Classical Modes of Information Processing in Microtubules: Implications for the "Living State" in Musumeci, Francesco & Brizhik, Larissa S. & Ho, Mae-Wan.(ed.) 2003. *Energy and Information Transfer in Biological Systems: How Physics Could Enrich Biological Understanding*. World Scientific. p.56.

337   Vedral, Vlatko. 2010. Quantum Physics: Hot Entanglement. Nature. Vol.468. pp.769-770

338   Davies. P. C. W. 2004. Does Quantum Mechanics Play a Non-trivial Role in Life? Biosystems. Vol.78. pp.69-79.

339   이 형태 형성장 개념은 셸드레이크Rupert Sheldrake의 형태 형성장과는 다르다.

340   Davies, Paul. 1988. *The Cosmic Blueprint: New Discoveries in Nature's Creative Ability to Order the Universe*. Simon & Shuster inc. pp.177-179.

341   Josephson, B. D. & Pallikari-Viras, Fotini. 1991. Biological Utilization of Quantum Nonlocality. Foundations of Physics. Vol.21. no.2. pp.197-207.

342   Dawkins, Richard. 1976. *The Selfish Gene*. Oxford University Press.;

Dawkins, Richard. 2006. *The God Delusion*. Houghton Mifflin.

343 Lindorff, David P. 2004. *Pauli and Jung: The Meeting of Two Great Minds*. Quest Books.

344 Capra, Fritjof. 2000. *The Tao of Physics. An Exploration of the Parallels between Modern Physics and Eastern Mysticism. 25th Anniversary Edition*. Shambhala.

345 Davies, Paul. 1995. Physics and the Mind of God: The Templton Prize Address(August 1995).

346 Bohm, David. 1980. *Wholeness and the Implicate Order*. Routledge.; Peat, F. David. 1997. *Infinite Potential: The Life and Times of David Bohm*. Persus Bokks Group. pp.316-317.

347 Cartlidge, Edwin. 2002. "Pioneer of the Paranormal." Physics World(May 2002). p.11

Al-Khalili, J. 2011. *The House of Wisdom: How Arabic Science Saved Ancient Knowledge and Gave Us the Renaissance.* Penguin Press.

Al-Khalili, Jim & McFadden, Johnjoe. 2014. You're Powered by Quantum Mechanics. No, Really···. The Guardian(October 26, 2014). https://www.theguardian.com/science/2014/oct/26/youre-powered-by-quantum-mechanics-biology

Anderson, Philip W. 1970. How Josephson Discovered His Effect. Physics Today(November 1970). pp.23-24. http://ist-socrates.berkeley.edu/~phylabs/adv/ReprintsPDF/JOS%20Reprints/05%20-%20How%20Josephson%20Discovered%20his%20Effect.pdf

Anderson, Philip & Rowell, John. 1963. Probable Observation of the Josephson Superconducting Tunneling Effect. Physical Review Letters. Vol.10. no.6. pp.230-232. http://users.df.uba.ar/giribet/f4/joseph2.pdf

Arago, F. 1834. *Astronomie Populaire Vol.I.* Librairie Theodore Morgand. pp.302-303.

Aristotle. *On the Generation of Animals(Translated by Arthur Platt).* Book V. 1. http://ebooks.adelaide.edu.au/a/aristotle/generation/complete.html#book5 Last updated Wednesday, February 26, 2014.

Arndt, Markus & Juffmann, Thomas & Vedral, Vlatko. 2009. Quantum Physics Meets Biology. HFSP Journal. Vol.3. no.6. pp.386-400. https://www.ncbi.nlm.nih.gov/pmc/articles/PMC2839811/

Atlan, Henri. 1993. *Enlightenment to Enlightenment: Intercritique of Science*

and Myth. SUNY Press. http://books.google.co.kr/books?id=8p1cAi_
aj5EC&pg=PA20&redir_esc=y#v=onepage&q&f=false

Atmanspacher, Harald. 1996. The Hidden Side of Wolfgang Pauli: An Emi-
nent Physicist's Extraordinary Encounter with Depth Psychology.
Journal of Consciousness Studies. Vol.3. no.2. pp.112-126. http://
philsci-archive.pitt.edu/940/1/HiddenPauli.pdf

Atmanspacher, Harald & Primas, Hans. 2006. Pauli's Ideas on Mind and
Matter in the Context of Contemporary Science. Journal of Conscious-
ness Studies. Vol.13. no.3. pp.5-50. http://www.igpp.de/english/tda/
pdf/paulijcs8.pdf

Atmanspacher, Harald & Primas, Hans.(eds.) 2008. *Recasting Reality: Wolf-
gang Pauli's Philosophical Ideas and Contemporary Science*. Springer
Science & Business Media.

Aziz, Robert. 1990. *C. G. Jung's Psychology of Religion and Synchronicity*.
SUNY Press.

Balabanova, S. & Parsche, F. & Pirsig, W. 1992. First Identification of Drugs
in Egyptian Mummies. Naturwissenschaften. Vol.8. pp.358.

Balabanova, S. et als., 2001. Nicotine Use in Early Mediaeval Kirchheim/
Teck, Germany. Journal of Comparative Human Biology. Vol.52.
pp.72-76. http://www.strangehistory.net/2011/10/24/cocaine-nico-
tine-and-ancient-egypt/

Ballard, C. & Brown, P. & Bourke, R. M. & Harwood, T.(Eds.) 2005. *The
Sweet Potato in Oceania: A Reappraisal*. University of Sydney Press.
New South Wales, Australia.

Bardeen, J. 1947. Surface States and Rectification at a Metal-semi-conduc-
tor Contact. Physical Review. Vol.71. pp.717-727.

Bardeen, J. 1961. Tunneling from a Many-Particle Point of View. Physical
Review Letters. Vol.6. no.2. pp.57-58.

Bardeen, J. 1962. Tunneling into Superconductors. Physical Review Letters.
Vol.9. no.4. pp.147-148.

Barry, Carolyn. 2007. Jade Earrings Reveal Ancient S.E. Asian Trade Route.

National Geographic News(November 20, 2007). http://news.national-
geographic.com/news/2007/11/071120-jade-trade.html

Becker, Andrea. 2016. Does Natural Selection Operate on Genotype or
Phenotype? Seattlepi.com. http://education.seattlepi.com/natural-
selection-operate-genotype-phenotype-4849.html

Bell, J. 1964. On the Einstein-Podolsky-Rosen paradox. Physics. Vol.1. no.3.
pp.195-200.

Bellwood, Peter & Hiscock, Peter. Australia and the Pacific Basin during
the Holocene, in Scarre, Chris. 2013(originally 2005). *The Human Past*.
3rd Edition. Thames & Hudson.

Bernstein, Jeremy. 1987. *Three Degrees Above Zero: Bell Laboratories in the
Information Age*. CUP Archive.

Bohm, David. 1980. *Wholeness and the Implicate Order*. Routledge.

Bohm, D. & Hiley, B. J. & Kaloyerou. P. N. 1987. An Ontological Basis for
the Quantum Theory. Physics Reports. Vol.144. pp.322-375.

Bond, Anthony. President Eisenhower Had Three Secret Meetings with
Aliens, Former Pentagon Consultant Claims. The Daily Mail(February
15, 2012). http://www.dailymail.co.uk/news/article-2100947/
Eisenhower-secret-meetings-aliens-pentagon-consultant-claims.
html#ixzz40xnV3I00

Borrell, Brendan. 2007. DNA Reveals How the Chicken Crossed the Sea.
Nature. Vol.447. no.7145. pp.620-621.

Bose, Niladri. 2015. "Americans Can't Handle The Truth", George Bush
Senior On UFOs. PressExaminer(September 10, 2015). http://www.
pressexaminer.com/americans-cant-handle-the-truth-george-bush-
senior-on-ufos/76219

Brabant, E. & Falzeder, E. & Giampieri-Deutsch, P. 1993. *The Correspon-
dence of Sigmund Freud and Sándor Ferenczi, Volume 1, 1908-1914*.
Cambridge: Harvard University Press.

Brewster, David. 1832. *The Edinburgh Encyclopedia. Vol.14*. Joseph and
Edward Parker.

Brochu, Jim. 1990. *Lucy in the Afternoon: An intimate Memoir of Lucille Ball*. William Morrow & Co.

Buckland, P. C. & Panagiotakopu, E. 2001. Rarmeses I1 and the Tobacco Beetle. Antiquity. Vol.75. pp.549-556. http://www.geos.ed.ac.uk/homes/rgroves/panagiotakopulupub4.pdf

Bump, Philip. 2016. The Long, Strange History of John Podesta's Space Alien Obsession. The Washington Post(April 8 2016). https://www.washingtonpost.com/news/the-fix/wp/2016/04/08/the-long-strange-history-of-john-podestas-space-alien-obsession/

Bush, George H. W. 1988. Debate with Michael Dukakis(September 25, 1988). Miller Center. http://millercenter.org/president/bush/speeches/speech-5527

Byrne, Georgina. 2010. *Modern Spiritualism and the Church of England, 1850-1939*. The Boydell Press.

Caillois, Roger. 1984. Mimicry and Legendary Psychasthenia. October 31, Winter. 17-32(First published in Minotaure in 1935). http://www.tc.umn.edu/~stou0046/caillois.pdf

Cameron, Grant. 2009. President Harry S. Truman: The Presidents UFO Website. http://www.presidentialufo.com/harry-s-truman/64-president-harry-s-truman

Cameron, Grant. 2009. Eisenhower UFO Sighting: An Update. http://www.presidentialufo.com/dwight-d-eisenhower/65-eisenhower-ufo-sighting

Cameron, Grant. 2009. The Ford UFO Letter. The Presidents UFO Website(August 1, 2009). http://www.presidentialufo.com/gerald-ford/92-the-ford-ufo-letter

Cameron, Grant. 2011. President's Talk UFOs. http://www.ufoevidence.org/documents/doc845.htm

Capra, Fritjof. 2000. *The Tao of Physics. An Exploration of the Parallels between Modern Physics and Eastern Mysticism. 25th Anniversary Edition*. Shambhala.

Carlene, P. E. 2011. Wolfgang Pauli, Carl Jung, and the Acausal Connecting Principle: A Case Study in Transdisciplinarity. Metanexus(September 1, 2011). http://www.metanexus.net/essay/wolfgang-pauli-carl-jung-and-acausal-connecting-principle-case-study-transdisciplinarity

Carlson, Peter. 2002. Something in the Air: 50 Years Ago, UFOs Streaked over D.C. The Seattle Times(July 27, 2002). http://community.seattle-times.nwsource.com/archive/?date=20020727&slug=ufos27

Carlson, Peter. 2004. Ike and the Alien Ambassadors. The Washington Post(February 19, 2004). https://www.washingtonpost.com/archive/lifestyle/2004/02/19/ike-and-the-alien-ambassadors/4698e544-1dc8-4573-8b8d-2b48d2a6305e/

Cartlidge, Edwin. 2002. Pioneer of the Paranormal. Physics World(May 2002). pp.10-11. http://www.tcm.phy.cam.ac.uk/~bdj10/mm/articles/PWprofile.html

Charet, F. X. 1993. *Spiritualism and the Foundations of C. G. Jung's Psychology*. Albany: State University of New York Press.

Clark, A. et al. 2006. Reconstruction of the Origins and Dispersal of the Polynesian Bottle Gourd. Molecular Biology and Evolution. Vol.23. pp.893-900.

Clarke, Charles M. 2009. Tree Shrew lavatories: a Novel Nitrogen Sequestration Strategy in a Tropical Pitcher Plant. Biological Letters. Vol.5. pp.632-635. https://www.researchgate.net/profile/Katja_Rembold/publication/26281860_Tree_shrew_lavatories_A_novel_nitrogen_sequestration_strategy_in_a_tropical_pitcher_plant/links/556880eb08aefcb861d513b8.pdf

Coles, John. 1979. *Experimental Archaeology*. Academic Press.

Combing, Beach. 2011. Cocaine, Nicotine and Ancient Egypt(October 24, 2011). http://www.strangehistory.net/2011/10/24/cocaine-nicotine-and-ancient-egypt

Conrad, Michael & Güttinger, Werner & Cin, Mario Dal.(eds.) 1974. *Physics and Mathematics of the Nervous System(Lecture Notes in Biomath-*

ematics Vol.4). Springer.

Coogan, Seamus. JFK and the Majestic Papers: The History of a Hoax. Citizens for Truth about the Kennedy Assassin. http://www.ctka.net/2011/MJ-12-pt1.html

Cranshaw, T. E. & Schiffer, J. P. & Whitehead, A. B. 1960. Measurement of the Gravitational Red Shift Using the Mössbauer Effect, in Fe57. Physical Review Letters. Vol.4. no.4. pp.163-164.

Crosby, A. W. 2003. *The Columbian Exchange: Plants, Animals, and Disease between the Old and New Worlds*. Greenwood Publishing Group.

Daily Mail Reporter. 2011. Was JFK Killed Because of His Interest in Aliens? Secret Memo Shows President Demanded UFO Files 10 Days before Death. The Daily Mail(April 19, 2011). http://www.dailymail.co.uk/news/article-1378284/Secret-memo-shows-JFK-demanded-UFO-files-10-days-assassination.html

Daily Mail Reporter. 2012. Was an ALIEN Responsible for Reagan's Presidency? Screen Legend Shirley MacLaine Says the Actor Turned Politician Spotted a UFO in the 1950s······ and the Extraterrestrial Being Told Him to Switch Careers. Daily Mail(September 19, 2012). http://www.dailymail.co.uk/news/article-2205360/Screen-legend-Shirley-MacLaine-says-Ronald-Reagan-spotted-UFO-1950s--alien-told-switch-careers.html#ixzz2vc8DWSFo

Davies, Paul. 1988. *The Cosmic Blueprint: New Discoveries in Nature's Creative Ability to Order the Universe*. Simon & Shuster Inc.

Davies, Paul. 1995. Physics and the Mind of God: The Templton Prize Address(August 1995). www.firstthings.com/article/1995/08/003-physics-and-the-mind-of-god-the-templeton-prize-address-24

Davies, Paul. 2004. *The Cosmic Blueprint: New Discoveries in Nature's Creative Ability to Order the Universe*. Templeton Foundation Press.

Davies, P. C. W. 2004. Does Quantum Mechanics Play a Non-trivial Role in Life? Biosystems. Vol.78. pp.69-79.

Dawkins, Richard. 1976. *The Selfish Gene*. Oxford University Press.

Dawkins, Richard. 2006. *The God Delusion*. Houghton Mifflin.

Denny, Michal & Matisoo-Smith, Lisa. 2010. Rethinking Polynesian Origins: Human Settlement of the Pacific. LENScience Senior Biology Seminar Series. http://lens.auckland.ac.nz/images/3/31/Pacific_Migration_Seminar_Paper.pdf

Domash, L. & Yogi, Maharishi Mahesh. 1972. Remarks at the end of the M.I.T. Symposium on the Science of Creative Intelligence, M.I.T, Cambridge, Massachusetts, M.I.U. Videotapes. Fairfield, Iowa, USA.

Donati, M. 2004. Beyond Synchronicity: the Worldview of Carl Gustav Jung and Wolfgang Pauli. The Journal of Analytical Psychology. Vol.49. no.5. pp.707-728. https://www.ncbi.nlm.nih.gov/pubmed/15533199

Dreyer, J. L. E. 1914. "The Well of Eratosthenes". The Observatory. Vol.37. pp.352-353.

Dubrov, A. P. & Pushikin, V. N. 1982. *Parapsychology and Contemporary Science*. New York & London: Consultants Bureau.

Edger, Patrick P. 2015. The Butterfly Plant Arms-race Escalated by Gene and Genome Duplications. PNAS. Vol.112. no.27. pp.8362-8366. http://www.pnas.org/content/112/27/8362.long

Edlin, Duncan. The Stoned Age? A Look at the Evidence for Cocaine in Mummies. In the Hall of Maat: Weighting the Evidence for the Alternative History. http://www.hallofmaat.com/modules.php?name=Articl es&file=article&sid=45#12

Einstein, A. & Podolsky, B. & Rosen, N. 1935. Can Quantum Mechanical Description of Physical Reality be Considered Complete? Physical Review. Vol.47. pp.777-780.

Eisler, R. 1949. "The Polar Sighting-Tube". Archives Internationales d'Histoire des Sciences. Vol.6 no.28. p.324.

Elias, Ann Dirouhi. 2011. *Camouflage Australia: Art, Nature, Science and War*. Sydney University Press.

Engel, Gregory S. Engel et al. 2007. Evidence for Wavelike Energy Transfer through Quantum Coherence in Photosynthetic Systems. Nature.

Vol.446. pp.782-786.

Enz, Charles P. 2010. *No Time to be Brief: A Scientific Biography of Wolfgang Pauli*. Oxford University Press.

Erwi, Edward.(ed) 2002. *Freud Encyclopaedia: Theory, Therapy, and Culture*. Taylor & Francis.

Files, Gemma. 2014. *We Will All Go Down Together*. ChiZine Publications.

Fink, Colin G. & Kopp, Arthur H. 1933. Ancient Egyptian Antimony Plating on Copper Object. Metropolitan Museum Studies. Vol.4. no.2. pp.163-167.

Flem-Ath, Rand & Rose. 1998. Contact: The Curse of the Cocaine Mummies. New Dawn Magazine. no.47(March-April 1998). http://www.newdawnmagazine.com/Articles/Curse%20of%20the%20Cocaine%20Mummies.html

Fleming, Stuart J. & Schenck, Helen R.(ed.) 1989. *Masca Research Papers in Science and Archaeology Volume 6-History of Technology: The Role of Metals*. UPenn Museum of Archaeology.

Ford, Nancy Gentile. 2002. *Issues of War and Peace*. Westport: Greenwood Press.

Freud, Sigmund. 1921. "Psychoanalysis and Telepathy." http://users.clas.ufl.edu/burt/telepathyFreudpsychoanalysis.pdf

Fritze, Ronald H. 2009. *Invented Knowledge: False History, Fake Science and Pseudo-Religions*. Reaktion Books.

Frood, Arran. 2003. Riddle of 'Baghdad's Batteries. BBC News(February 27, 2003). http://news.bbc.co.uk/2/hi/science/nature/2804257.stm

Gamow, George. 1988. *The Great Physicists from Galileo to Einstein*. Courier Corporation.

Gardner, Martin. 1981. *Science: Good, Bad, and Bogus*. NY: Prometheus Books.

Gay, Peter. 1988. *Freud: A Life for Our Time*. J. M. Dent & Sons Ltd. p.445.

Gayar, El Sayed El & Jones, M. P. 1989. "Metallurgical Investigation of an Iron Plate Found in 1837 in the Great Pyramid at Gizeh, Egypt". Journal of the Historical Metallurgy Society. Vol.23. no.2. pp.75-83.

Geiser, Suzanne. 2005. *The Innermost Kernel: Depth Psychology and Quantum Physics. Wolfgang Pauli's Dialogue with C. G. Jung*. Berlin Heidelberg: Springer-Verlag. pp.94-96. p.285.

George, Alison. 2006. Lone Voices Special: Take Nobody's Word for It. New Scientist(December 09, 2006). pp.46-48. www.newscientist.com/article/mg19225812.200-lone-voices-special-take-nobodys-word-for-it.html

Gilberg, Mark. 1997. Alfred Lucas: Egypt's Sherlock Homes. Journal of the American Institute of Conservation. Vol.36. no.1. pp.31-48.

Gilmore, Donald Y. & McElroy, Linda S.(eds.) 1998. *Across Before Columbus: Evidence for Transocanic Contact With the Americas Prior to 1492*. New England Antiquities Research Assocaition; First Edition edition.

Giustina, Marissa et al. 2013. Bell Violation Using Entangled Photons without the Fair-sampling Assumption. Nature. Vol.497. pp.227-230.

Givnish, Thomas J. New evidence on the origin of carnivorous plants. PNAS. Vol.112 no.1. pp.10-11. http://www.botany.wisc.edu/givnish/Givnish/Welcome_files/Givnish%202015%20fossil%20Roridula.pdf

Glenn, Alan. 2014. Ann Arbor vs. the Flying Saucers. Michigan Today(April 13, 2014). http://michigantoday.umich.edu/ann-arbor-vs-the-flying-saucers/

Gliedman, J. 1982. Interview: Brian Josephson. Omni(July, 1982). pp.87-90

Gnaiger, E. et al.(eds.) 1994. Modern Trends in BioThermoKinetics. Vol.3. Innsbruck University Press.

Goldber, Raymond. 2013. *Drugs Across the Spectrum*. Cengage Learning.

Görlitz, Dominique. 2016. The Occurrence of Cocaine in Egyptian Mummies-New Research Provides Strong Evidence for a Trans-Atlantic Dispersal by Humans. The Open-Access Journal for the Basic Principles of Diffusion Theory, Experiment and Application. https://www.uni-leipzig.de/~diff/pdf/volume26/diff_fund_26(2016)2.pdf

Goswami, A. 1997. Consciousness and Biological Order: Toward a Quantum Theory of Life and Its Evolution. Integrative Physiological and Behavioral Science. Vol.32. pp.86-100.

Goswami, Amit. 2014. *Creative Evolution A Physicist's Resolution Between Darwinism and Intelligent Design*. Quest Books.

Gray, Willard F. M. 1963. Editorial: A Shocking Discovery. Journal of the Electrochemical Society. Vol.110. no.9. p.210C.

Green, Joseph E. 2010. *Dissenting Views: Investigations in History, Culture, Cinema, & Conspiracy*. Xlybris Corporation.

Green, R. C. 2005. Sweet Potato Transfers in Polynesian Prehistory, in Ballard, C. & Brown. P. & Bourke, R. M. & Harwood, T.(Eds.) *The Sweet Potato in Oceania: A Reappraisal*. University of Sydney Press. New South Wales, Australia. pp.43-62. http://palaeoworks.anu.edu.au/pubs/Haberle%26Atkin2005.pdf

Gresser, Moshe. 2012. *Dual Allegiance: Freud as a Modern Jew*. SUNY Press.

Grohol, J. 2012. Review of Jung vs. Freud in *A Most Dangerous Method*. Psych Central. Retrieved on July 10, 2016 from http://psychcentral.com/blog/archives/2011/12/18/review-of-jung-vs-freud-in-a-dangerous-method/

Haines, Gerald K. *CIA's Role in the Study of UFOs, 1947-90: A Die-Hard Issue*. Central Intelligence Agency. https://www.cia.gov/library/center-for-the-study-of-intelligence/csi-publications/csi-studies/studies/97unclass/ufo.html

Hameroff, Stuart & Penrose, Roger. 2014. Consciousness in the Universe: A Review of the 'Orch OR' Theory. Physics of Life Reviews. Vol.11. issue 1. pp.39-78.

Harlow, G. E. & Davies, H. L. & Summerhayes, G. R. & Matisoo-Smith, E. 2012. Archaeological Jade Mystery Solved Using a 119-year-old Rock Collection Specimen. Abstract #ED41E-0706. American Geophysical Union Fall Meeting 2012. http://adsabs.harvard.edu/

abs/2012AGUFMED41E0706H

Haughton, Brian. 2006. *Hidden History: Lost Civilizations, Secret Knowledge, and Ancient Mysteries*. Career Press. p.130.

Hawking, Stephen. *Dreams That Stuff Is Made Of: The Most Astounding Papers of Quantum Physics And How They Shook the Scientific World*. Running Press.

Heath, Pamela Rae. 2003. *The PK Zone: A Cross-cultural Review of Psychokinesis(PK)*. iUniverse.

Hensen, B. et als., 2015. Loophole-free Bell Inequality Violation Using Electron Spins Separated by 1.3 Kilometres. Nature Vol.526. pp.682-686. https://arxiv.org/pdf/1508.05949v1.pdf

Herodotus. The Circumnavigation of Africa. The Histories 4.42. http://www.livius.org/he-hg/herodotus/hist01.htm

Hertting, G. & McIntosh, N. D. P. & Parsche, F. 1993. First Identification of Drugs in Egyptian Mummies. Naturwissenschaften. Vol.80. Issue 6. pp.243-246.

Hewitt, Marsha Aileen. 2014. Freud and the Psychoanalysis of Telepathy: Commentary on Claudie Massicotte's "Psychical Transmissions". Psychoanalytic Dialogues. Vol.24. pp.106-107. http://www.tandfonline.com/doi/pdf/10.1080/10481885.2014.870841

Hockey, T. 2007. *The Biographical Encyclopedia of Astronomers*. Springer

Holcombe, Larry. 2015. *The Presidents and UFOs: A Secret History from FDR to Obama*. St. Martin's Press.

Holterhoff, Kate. 2014. The History and Reception of Charles Darwin's Hypothesis of Pangenesis. Journal of the History of Biology. Vol.47. pp.661-695.

Hoyt, Diana Palmer. 2000. UFOCRITIQUE: UFOs, Social Intelligence, and the Condon Committee. Thesis Submitted to the Faculty of the Virginia Polytechnic Institute and State University for Master's Degree. https://theses.lib.vt.edu/theses/available/etd-05082000-09580026/unrestricted/UFOCRITIQUE.pdf

Huneeus, Antonio.(ed.) 1991. *A Study Guide to UFOs, Psychic, and Paranormal Phenomena in the USSR.* Abelard Productions, Inc.

Hung, Hsiao-Chun et al. 2007. Ancient Jades Map 3,000 Years of Prehistoric Exchange in Southeast Asia. PNAS. Vol.104. no.50. pp.19745-19750.

Irwin, Harvey J. & Watt, Caroline A. 2007. *An Introduction to Parapsychology.* 5th ed. McFarland.

Jacobs, David M. 1975. *The UFO Controversy in America(1st edition).* Indiana Univ Press.

Jacobs, David M.(ed.) 2000. *UFOs and Abductions: Challenging the Borders of Knowledge.* University Press of Kansas.

Jennifer, Welsh. 2012. Origin of Ancient Jade Tool Baffles Scientists. LiveScience(January 26, 2012). http://www.livescience.com/18153-ancient-jade-tool-mystery.html

Jeremiah, Ken. 2014. *Eternal Remains: World Mummification and the Beliefs that Make It Necessary.* First Edition Design Pub.

Johannessen, Carl L. & Parker, Anne Z. 1989. Maize Ears Sculptured in 12th and 13th Century A.D. India as Indicators of Pre-Columbian Diffusion. Economic Botany. Vol.43. pp.164-180.

Johnson, Diane. 2013. Analysis of a Prehistoric Egyptian Iron Bead with Implications for the Use and Perception of Meteorite Iron in Ancient Egypt. Meteoritics & Planetary Science. Vol.48. no.6. pp.997-1006. http://onlinelibrary.wiley.com/doi/10.1111/maps.12120/pdf

Jorgensen, Richard A. 2011. Epigenetics: Biology's Quantum Mechanics, Frontiers, in Plant Science. Vol.2. no.10. https://www.ncbi.nlm.nih.gov/pmc/articles/PMC3355681/

Josephson, B. D. 1960. Temperature-Dependent Shift of γ Rays Emitted by a Solid. Physical Review Letters. Vol.4. no.7. pp.341-342.

Josephson, B. D. 1962. Possible New Effects in Superconductive Tunnelling. Physics Letters. Vol.1. no.7. pp.251-253

Josephson, B. D. 1974. The Discovery of Tunneling Supercurrents. Review of Modern Physics. Vol.46. pp.251-254.

Josephson, B. 1975. Possible Relationship between Psychic Fields and Conventional Physics. New Horizons: Journal of New Horizons Research Foundation Incorporating Transactions of the Toronto Society for Psychical Research. Vol.1. no.5. pp.213-215.http://www.islandnet.com/~sric/NHRF/NHJ/New_Horizons_Journal_vol_1_no_5_January_1975.pdf

Josephson, B. 1975. Possible Connections between Psychic Phenomena and Quantum Physics. New Horizons: Journal of New Horizons Research Foundation Incorporating Transactions of the Toronto Society for Psychical Research. Vol.1. no.5. pp.225-226.

Josephson, B. D. & Pallikari-Viras, F. 1991. Biological Utilization of Quantum Nonlocality. Found Phys. Vol.21. pp.197-207. http://www.tcm.phy.cam.ac.uk/~bdj10/papers/bell.html

Jung, C. G. 1963. *Memories, Dreams, Reflections* Recorded and Edited by Aniela Jaffé. Trans. Richard and Clara Winston. London: Collins and Routledge & Kegan Paul.

Kalvius, Michael & Kienle, Paul. 2012. *The Rudolf Mössbauer Story: His Scientific Work and Its Impact on Science and History*. Springer Science & Business Media.

Kehoe, Alice B. 2003. The Fringe of American Archaeology: Transoceanic and Transcontinental Contacts in Prehistoric America. Journal of Scientific Exploration. Vol.17. no.1. pp.19-36. http://citeseerx.ist.psu.edu/viewdoc/download;jsessionid=81879DBF47BA3C3FAE7907CF2BD4C42F?doi=10.1.1.115.147&rep=rep1&type=pdf

Kelly, John. 2012. The Month that E.T. Came to D.C. The Washington Post(July 20, 2012). https://www.washingtonpost.com/local/the-month-that-et-came-to-dc/2012/07/20/gJQAZp2ayW_story.html

Keswani, G. H. 1965. *Origin and Concept of Relativity*. Alekh Prakashan. pp.60-61.

Keyser, Paul T. 1993. The Purpose of Partian Galvanic Cells: A First-Century A.D. Electric Battery Used for Analgesia. Journal of Near

Eastern Studies. Vol.52. no.2. pp.81-98. http://personalpages.to.infn. it/~bagnasco/Keyser1993.pdf

König, W. 1938. Ein Galvanishes Element aus der Partherzeit? Forschungen und Fortschritte. Vol.14. pp.8-9.

Krippner, Stanley & Friedman, Harris L. 2010. *Debating Psychic Experience: Human Potential Or Human Illusion?* ABC-CLIO.

Lachman, Gary. 2010. *Jung the Mystic: The Esoteric Dimensions of Carl Jung's Life and Teachings.* Penguin.

Lee, Woo-young. Public Figures Who Believe in Aliens. The Korea Herald(February 23, 2011). http://www.koreaherald.com/view. php?ud=20110223000744

Leggett, A. J. 1980. Supplement of the Progress of Theoretical Physics. no.69. p.81. http://ci.nii.ac.jp/els/110001875583.pdf?id=ART0002049 652&type=pdf&lang=en&host=cinii&order_no=&ppv_type=0&lang_ sw=&no=1476513669&cp=

Ley, Willy. 1939. Electric Batteries-2,000 Years Ago! So You Thought Our Civilization First Discovered Electricity? Astounding Magazine(March 1939). pp.43-44.

Ley, Willy. 1944. An Electric Battery of 2000 Years Ago! New York NY PM Daily(July 9, 1944). http://fultonhistory.com/Newspaper%2018/ New%20York%20NY%20PM%20%20Daily/New%20York%20NY%20 PM%20Daily%201944/New%20York%20NY%20PM%20Daily%20 1944%20-%200846.pdf

Li, Qiang et al. 2016. An Early Oligocene Fossil Demonstrates Treeshrews are Slowly Evolving "Living Fossils". Scientific Reports. Vol.6. p.18627. https://www.ncbi.nlm.nih.gov/pmc/articles/PMC4725336/#_sec8title

Lindley, David. 2005. Focus: The Weight of Light. Phys. Rev. Focus. Vol.1. no.1.(July 12, 2005) http://physics.aps.org/story/v16/st1

Lindorff, David P. 2004. *Pauli and Jung: The Meeting of Two Great Minds.* Quest Books.

Linton, C. M. 2004. *From Eudoxus to Einstein: A History of Mathematical*

Astronomy. Cambridge University Press.

Little, William. 2010. *The Psychic Tourist: A Voyage into the Curious World of Predicting the Future*. Icon Books.

Lockyer, Norman. 1894. *The Dawn of Astronomy*. London: Macmillan and Company.

Lucas, A. & Harris, J. 2012. *Ancient Egyptian Materials and Industries*. Courier Corporation. http://cool.conservation-us.org/jaic/articles/jaic36-01-003_4.html

Lundqvist, Stig(eds.) 1992. *Nobel Lectures, Physics 1971-1980*. World Scientific Publishing Co. http://www.nobelprize.org/nobel_prizes/physics/laureates/1973/josephson-lecture_new.pdf

MacLaine, Shirley. 2007. *Sage-ing while Age-ing*. Atria Books.

Magli, Giulio. 2009. *Mysteries and Discoveries of Archaeoastronomy: From Giza to Easter Island*. Copernicus.

Malozemoff, A. P. & Gallagher, W. J. & Greene, R. L. & Laibowitz, R. B. & Tsuei, C. C. 2012. Superconductivity at IBM-a Centennial Review: Part II -Materials and Physics. IEEE/CSC & ESAS European Superconductivity News Forum. no.21. pp.2-3. http://www.ewh.ieee.org/tc/csc/europe/newsforum/pdf/RN28-2.pdf

Mansfield, Victor & Rhine-Feather, Sally & Hall, James. 1998. The Rhine-Jung Letters: Distinguishing Parapsychological From Synchronistic Events. The Journal of Parapsychology. Vol.62. no.1. https://www.questia.com/library/journal/1G1-21227885/the-rhine-jung-letters-distinguishing-parapsychological

Marsh, Roger. 2015. Watergate's Hunt Allegedly Believed Kennedy Assassination Tied to Alien Revelations. OpenMinds: UFO News and Investigations(July 9, 2015). http://www.openminds.tv/watergates-hunt-allegedly-believed-kennedy-assassination-tied-to-alien-revelations/34273

Martincorena, Iñigo et al. 2012. Evidence of Non-random Mutation Rates Suggests an Evolutionary Risk Management Strategy. Nature. Vol.485.

pp.95 – 98. http://www.umich.edu/~zhanglab/clubPaper/05_04_2012.
pdf

Mayr, E. 1982. *The Growth of Biological Thought*. Harvard University Press.

McDonald, Donald G. 2001. The Nobel Laureate versus Graduate Student. Physics Today. Vol.54. issue 7. pp.46-51.

McKenzie, Sheena. 2013. Transatlantic Crossing: Did Phoenicians Beat Columbus by 2000 Years? CNN(March 5, 2013). http://edition.cnn. com/2013/02/28/world/americas/phoenician-christopher-columbus-america-sailboat/

McKie, David. 2011. Royal Mail's Nobel Guru in Telepathy Row. The Observer(September 30, 2001). http://www.theguardian.com/uk/2001/sep/30/robinmckie.theobserver

Meggers, Betty J. 1975. The Transpacific Origin of Mesoamerican Civilization: A Preliminary Review of the Evidence and Its Theoretical Implications. American Anthropologist. Vol.77. no.1. pp.1-27. http://onlinelibrary.wiley.com/doi/10.1525/aa.1975.77.1.02a00020/pdf

Meggers, Betty J. 1998. Archaeological Evidence for Transpacific Voyages from Asia since 6000 BP. Estudios Atacameños N° 15. pp.107-124. http://www.estudios-atacamenos.ucn.cl/revista/pdf/numero15/15-art_13.pdf

Meggers, Betty Jane. 2010(originally 1976). *Prehistoric America: An Ecological Perspective*. Transaction Publishers: Third Expanded Edition.

Menzis, Garvin. 2001. New Worlds for Old(September 6, 2001). http://www.gavinmenzies.net/Evidence/chapter-13-%E2%80%93-new-worlds-for-old/

Mordtmann, J. H. 1923. "Das Observatorium des Taqî ed-din zu Pera". Der Islam. Vol.13. no.1-2. pp.82-86.

Mössbauer, Rudolf L. 1961. Recoilless Nuclear Resonance Absorption of Gamma Radiation. Nobel Lecture. December 11, 1961. https://www.nobelprize.org/nobel_prizes/physics/laureates/1961/mossbauer-lecture.pdf

Murray, Gilbert. 1916. Presidential Address. Proceedings of Society for Psychical Research. Vol.29. pp.46-63.

Musumeci, Francesco & Brizhik, Larissa S. & Ho, Mae-Wan.(ed.) 2003. *Energy and Information Transfer in Biological Systems: How Physics Could Enrich Biological Understanding.* World Scientific.

Naskar, Satyendra Nath. 1996. *Foreign Impact on Indian Life and Culture(C. 326 B.C. to C. 300 A.D.).* Abhinav Publications.

Niece, Susan. L. 1995. Depletion Gilding from Third Millennium B.C. Ur. IRAQ. Vol.57. pp.41-48.

Noorbergen, Rene. 2001. *Secrets of the Lost Races: New Discoveries of Advanced Technology in Ancient.* TEACH Services, Inc.

Orcutt. Larry. 2000. The Iron Plate in the Great Pyramid. Catchpenny Mysteries. http://www.catchpenny.org/iron.html

O'Reilly, Edward J. & Olaya-Castro, Alexandra. 2014. Non-classicality of the Molecular Vibrations Assisting Exciton Energy Transfer at Room Temperature. Nature Communications. Vol.5. pp.3012-3022. https://arxiv.org/pdf/1301.6970.pdf

Oring, Elliott. 2007. *The Road to Unity in Psychoanalytic Theory.* Rowman & Littlefield.

Orme-Johnson, D. J. & Farrow, J. T.(eds.) 1977. *Scientific Research on the Transcendental Meditation Program: Collected Papers. Vol.1.* Rheinweiler: MERU Press.

Palmer, John. 2004. Synchronicity and Psi: How are They Related? Proceedings on The Parapsychological Association Convention 2004. pp.173-184.

Panek, Richard. 2010. *The Invisible Century: Einstein, Freud, and the Search for Hidden Universes.* Posted on January 14, 2010 at http://psyberspace.walterlogeman.com/2010/book-the-invisible-century-einstein-freud-and-the-search-for-hidden-universes-by-richard-panek/

Parsche, F. & Balabanova, S. & Pirsig, W. 1993. Drugs in Ancient Populations. The Lancet. Vol.341. p.503.

Parsche, Franz & Nerlich, Andreas. 1995. Presence of Drugs in Different tissues of an Egyptian Mummy. Fresenius' Journal of Analytical Chemistry. June I-II. Vol.352. no.3-4. pp.380-384.

Pauli, W. 1954. Naturwissenschaftliche und Erkenntnistheoretische Aspekte der Ideen vom Unbewussten. Dialectica. Vol.8. no.4. pp.283 - 301. doi:10.1111/j.1746-8361.1954.tb01265.x.

Pauli, Wolfgang & Enz, Charles P. & Meyenn, Karl V. 1994. *Writings on Physics and Philosophy*. Springer Science & Business Media.

Pauli, W. et al.1996. *Wissenschaftlicher Briefwechsel mit Bohr, Einstein, Heisenberg, u.a. Vol.4/I*. ed. Karl von Meyenn. Berlin: Springer.

Pauli, W. & Jung, C. G. & Meier, C. A.(ed.) 2001. *Atom and Archetype. The Pauli/Jung letters, 1932-1958*. Princeton University Press.

Pearce, Charles E. M. et al. 2010. *Oceanic Migration: Paths, Sequence, Timing and Range of Prehistoric*. Springer. file:// /C:/Users/Administrator/Downloads/Oceanic.pdf

Pearce, Warren & Feather, Sally Rhine. 2013. Hubert Pearce. an Extraordinary Case of Psychic Ability. Rhine Magazine: Latest news on Psi events and Research. Vol.4. issue 1. https://rhinemagazine.wordpress.com/2013/10/08/hubert-pearce-an-extraordinary-case-of-psychic-ability-by-warren-pearce-and-sally-rhine-feather-ph-d/

Peaston, Anne E. & Whitelaw, Emma. 2006. Epigenetics and Phenotypic Variation in Mammals. Mammalian Genome. Vol.17. no.5. pp.365 - 374. https://www.ncbi.nlm.nih.gov/pmc/articles/PMC3906716/

Peat, F. David. 1997. *Infinite Potential: The Life and Times of David Bohm*. Persus Bokks Group.

Peat, F. D. 2000/2012. Wolfgang Pauli: Resurrection of Spirit in the World. http://www.paricenter.com/library/papers/peat20.php

Peebles, Curtis. 2006. Ike and the Aliens: The Origins of Exopolitics. Magonia. Vol.93(September 2006). http://magoniamagazine.blogspot.kr/2014/01/ikealiens.html

Pendle, George. 2005. Einstein's Close Encounter: The Great Physicist Took His Own Peep at the Paranormal 74 Years Ago. George Pendle Tells of 'Spooky Action'. The Guardian(July 14, 2005). http://www.theguardian.com/science/2005/jul/14/3

Penny, David. 2005. Biology and 'Physics Envy'. EMBO Rep. Vol.6. no.6. p.511. http://onlinelibrary.wiley.com/doi/10.1038/sj.embor.7400451/pdf

Penrose, R. 1994. *Shadows of the Mind*. Oxford Univ. Press, Oxford.

Petrie, W. M. F. 1883. *The Pyramids and temples of Gizeh*. London: Field & Tuer.

Pilkington, Mark. 2004. Ancient Electricity. The Guardian(22 April 2004). http://www.theguardian.com/science/2004/apr/22/science.research

Pound, R. V. & Rebka, Jr G. A. 1960. Apparent Weight of Photons. Physical Review Letters. Vol.4. no.7. pp.337-338. https://www.uam.es/personal_pdi/ciencias/jcuevas/Teaching/Pound-Rebka-PRL1960.pdf

Powers, Thomas. 1993. *Heisenberg's War: The Secret History of the German Bomb*. New York: Alfred A. Knopf, Inc.

Prasad, V. et als., 2009. Evidence of Late Palaeocene-Early Eocene Equatorial Rain Forest Fefugia in Southern Western Ghats, India. Journal of Biosciences. Vol.34. p.777.

Pratt, J. G. & Rhine, J. B. & Smith, Burke M. & Stuart, Charles E. & Greenwood, Joseph A. *1940. Extra-Sensory Perception After Sixty Years: A Critical Appraisal of the Research in Extra-Sensory Perception*. Henry Holt and Company, Inc.

Rabeyron, Thomas & Evrard, Renaud. 2012. "Historical and Contemporary Perspectives on Occultism in the Freud-Ferenczi Correspondence". Recherches en psychanalyse. Vol.13. pp.98-111. www.cairn.info/revue-recherches-en-psychanalyse-2012-1-page-98.htm

Radin, Dean. *Entangled Minds: Extrasensory Experiences in a Quantum Reality*. Simon and Schuster.

Redd, Nola Taylor. 2014. How Albert Einstein Helped Blackmail President

Roosevelt Over Manhattan Project Funding. Space.com(April 30, 2014). http://www.space.com/25692-manhattan-project-einstein-szilard-blackmail.html

Redfern, Nick. 2014. *A Covert Agenda: The British Government's UFO Top Secrets Exposed*. Cosimo, Inc.

Redovnikovic, Ivana Radojcic et als., 2008. Glucosinolates and Their Potential Role in Plant. Periodicum Biologorum. Vol.110. no.4. pp.297-309. file:///C:/Users/com/Downloads/radojcic_redovnikov_297_309.pdf

Reiter, Nicholas & Schillig, Lori. 2005. *The Bridges of Avalon: Science, Spirit, and the Quest for Unity*. iUniverse.

Rhine, L. E. & Rhine, J. B. 1943. The Psychokinetic Effect. Journal of Parapsychology. Vol.7. pp.20-43.

Roulliera, Caroline & Benoitb, Laure & McKey, Doyle B. & Lebota, Vincent. 2013. Historical Collections Reveal Patterns of Diffusion of Sweet Potato in Oceania Obscured by Modern Plant Movements and Recombination. PNAS. Vol.110. no.6. pp.2205-2210.

Rudge, D. W. 2010. Tut-tut Tutt, Not So Fast. Did Kettlewell Really Test Tutt's Explanation of Industrial Melanism? History of Philosophical Life Science. Vol.32. no.4. pp.493-519.

Rux, Bruce. *Architects of the Underworld: Unriddling Atlantis, Anomalies of Mars, and Mystery of the Sphinx*. Frog Books.

Samuni-Blank, Michal et als., 2012. Intraspecific Directed Deterrence by the Mustard Oil Bomb in a Desert Plant. Current Biology. Vol.22. issue 13. p.1218-1220. http://www.cell.com/current-biology/abstract/S0960-9822(12)00471-X

Sayili, Aydin. 1953. "The Observation Well". Ankara Universitesi Dil ve Tarih-Cografya Fakultesi Dergisi. Vol.11. no.1. pp.149-155.

Scalan, James P. 1989. Gorvachev's "New Political Thinking" and the Priority of Common Interest. Acta Slavica Iaponica Vol.7. p.50. http://eprints.lib.hokudai.ac.jp/dspace/bitstream/2115/7987/1/KJ00000034154.pdf

Scantamburlo, Luca. 2006. Gorbachev and Reagan: A Military Alliance

Against a Hypothetical Alien Attack. The Former Soviet Premier. Interviewed by an Italian Television Host, Provides Further Details on the 1985 Geneva Summit. UFO Digest(November 21, 2006). http://ufodigest.com/news/1206/gorbachev.html

Schlesinger, Henry. 2011. *The Battery: How Portable Power Sparked a Technological Revolution*. Harper Perennial: Reprint edition.

Schmidt, Helmut. Observation of a Psychokinetic Effect under Highly Controlled Conditions. https://www.fourmilab.ch/rpkp/observ.html

Schrödinger, Erwin R. J. A. 1944. *What Is Life?* Macmillan. http://whatislife.stanford.edu/LoCo_files/What-is-Life.pdf

Scorzelli, R. B. 1997. *Memorabilia: Jacques A. Danon: Essays on Interdisciplinary Topics in Natural Sciences*. Atlantica Séguier Frontières. pp.79-80.

Scott, E Marian et al. 2007. Error and Uncertainty in Radiocarbon Measurements. Radiocarbon. Vol.49. no.2. pp.427-440. https://journals.uair.arizona.edu/index.php/radiocarbon/article/viewFile/2942/2701

Seemangal, Robin. 2016. Extraterrestrial Lobbyist Explains Hillary Clinton's Controversial UFO Statements. Observer(January 16, 2016). http://observer.com/2016/01/extraterrestrial-lobbyist-explains-hillary-clintons-controversial-ufo-statements/

Selin, Helaine.(Ed.) 2008. *Encyclopaedia of the History of Science, Technology, and Medicine in Non-Western Cultures(2nd edition)*. Springer.

Shapiro, S. 1963. Josephson Currents in Superconducting Tunneling: The Effect of Microwaves and Other Observations. Physical Review Letters Vol.11. no.2. pp.80-81.

Sidgwick, Eleanor. 1924. Report on Further Experiments in Thought-transference Carried out by Professor Gilbert Murray. Proceedings 34. 1924. pp.212-274. https://archive.org/stream/NotesonSpiritualismandPsychicalResearch/FurtherExperimentsMurray-PsprVolume34_pg215to277_djvu.txt

Sinclair, Upton. 1930. *Mental Radio*. Charles C Thomas Publisher.

Sladek, John Thomas. 1974. *The New Apocrypha: A Guide to Strange Sciences and Occult Beliefs*. Panther.

Smith. P. H. & Shapiro, S. & Miles, J. L. & Nicol, J. 1961. Superconducting Characteristics of Superimposed Metal Films. Physical Review Letters. Vol.6. no.12. pp.686-687.

Sorenson, John L. & Johannessen, Carl L. 2004. Scientific Evidence for Pre-Coulumbian Transoceanic Voyages to and from the Americas. Sino-Platonic Papers. no.133(April 2004). http://www.sino-platonic.org/complete/spp133_precolumbian_voyages.pdf

Speigel, Lee. Army Helicopter's UFO Scare Still A Mystery, 40 Years Later. The Huffington Post(October 18, 2013). http://www.huffingtonpost.com/2013/10/18/ufo-nearcollision-with-army-helicopter-40-years-ago_n_4119987.html

Stephen. J. Oppenheimer & Richards, Martin. 2001. Polynesian Origins: Slow Boat to Melanesia? Nature. Vol.410. pp.166-167. http://www.nature.com/nature/journal/v410/n6825/full/410166b0.html

Stone, Elizabeth. 2012. Archaeologists Revisit Iraq. Science Friday(March 23, 2012). http://www.sciencefriday.com/segment/03/23/2012/archaeologists-revisit-iraq.html

Strogatz, Steven. 2004. *Sync: The Emerging Science of Spontaneous Order*. Penguin. http://books.google.co.kr/books?id=a4bfvTMvYpcC&pg=PT170&lpg=PT170&dq=Bardeen,+note+added+in+proof&source=bl&ots=Bgk4uEJ6wj&sig=L_G3ErrkP6an4lGq71OnPNCwnL0&hl=ko&sa=X&ei=PPUOVKX1KMSA8QXpmYBg&ved=0CCcQ6AEwAQ#v=onepage&q=Bardeen%2C%20note%20added%20in%20proof&f=false

Lowe, N. J. Gilbert Murray and Psychic Research, in Stray, Christopher ed. 2007. *Gilbert Murray Reassessed: Hellenism, Theatre, and International Politics*. Oxford Scholarship Online.

Stuart-Fox, D. & Mousalli, A. 2007. Sex-specific Ecomorphological Variation and the Evolution of Sexual Dimorphism in Dwarf Chameleons(Bradypodion spp.). Journal of Evolutionary Biology.

Vol.20. issue 3. pp.1073 – 1081

Stuart-Fox, D. & Mousalli, A. 2008. Selection for Social Signalling Drives the Evolution of Chameleon Colour Change. PLoS Biol. Vol.6. no.1. e25. http://www.ncbi.nlm.nih.gov/pmc/articles/PMC2214820/

Stuart-Fox, D. & Mousalli, A. 2009. Camouflage, Communication and Ther-Moregulation: Lessons from Colour Changing Organisms. Philos Trans R Soc Lond B Biol Sci. Vol.364. no.1516. pp.463 – 470. http://www.ncbi.nlm.nih.gov/pmc/articles/PMC2674084/

Summers, Chris. 2016. JFK Was 'Assassinated by CIA after Asking for UFO Files: PRESIDENT John F Kennedy Was Assassinated after He Demanded the CIA Release Hundreds of Top-secret UFO Files, According to Shock New Claims. The Daily Star(January 4, 2016).http://www.dailystar.co.uk/news/latest-news/485252/JFK-assassination-UFO-files

Szanto, George H. 1987. *Narrative Taste and Social Perspectives: The Matter of Quality*. Springer. p.45.

Szilard, Leo.1947. My Trial as War Criminal. http://chicagounbound.uchicago.edu/cgi/viewcontent.cgi?article=2592&context=uclrev

Targ, Russell & Puthoff, Harold. 1974. Information Transmission Under Conditions of Sensory Shielding. Nature. Vol.251. pp.602 – 607.

Tart, Charles T. 2009. *The End of Materialism*. New Harbinger Publications, Inc.

Thalbourne, Michael A. & Storm, Lance.(eds.) 2005. *Parapsychology in the Twenty-First Century: Essays on the Future of Psychical Research*. McFarland.

Thorpe, Nick Thorpe & James, Peter. 1995. *Ancient Inventions(Reprint edition)*. Ballantine Books.

Tosh, David & Slack, Jonathan, M. W. 2002. How Cells Change Their Phenotype. Nature Reviews Molecular Cell Biology. Vol.3. pp.187-194.

Towsey, Michael. 2011. The Emergence of Subtle Organicism. Journal of Futures Studies. Vol.16. no.1. pp.109-136.

Uchibayashi, Masao. 2005. Maize in Pre-Columbian China, Yakugaku

Zasshi(Journal of the Pharmaceutical Society of Japan). Vol.125. no.7. pp.583-586.

Vedral, Vlatko. 2010. Quantum Physics: Hot Entanglement. Nature. Vol.468. pp.769-770. https://ifisc.uib-csic.es/outreach/contents/98/galvenature2.pdf

Walker, Matt. 2010. Giant Meat-eating Plants Prefer to Eat Tree Shrew Poo. BBC News(March 10, 2010). http://news.bbc.co.uk/earth/hi/earth_news/newsid_8552000/8552157.stm

Wang, M. & Béthoux, O. & Bradler, S. & Jacques, F. M. B. & Cui, Y. & Ren, D. 2014. Under Cover at Pre-Angiosperm Times: A Cloaked Phasmatodean Insect from the Early Cretaceous Jehol Biota. PLoS ONE. Vol.9. no.3. p.e91290. http://journals.plos.org/plosone/article?id10.1371/journal.pone.0091290

Webre, Alfred Lambremont. 2009. Ronald Reagan and Russian leader Gorbachev Promoted a Future "UFO Alien" False Flag Invasion. EXOPOLITICS: Politics, Government, and Law in the Universe(Febrary 17, 2009). http://exopolitics.blogs.com/exopolitics/2009/02/ronald-reagan-and-russian-leader-gorbachev-promoted-a-future-ufo-alien-false-flag-invasion.html

Wedmann, Sonja & Bradler, Sven & Rust, Jes. 2007. "The First Fossil Leaf Insect: 47 Million Years of Specialized Cryptic Morphology and Behavior". Proceedings of the National Academy of Sciences. Vol.104. no.2. pp.565-569.

Weintraub, Pamela.(ed.) 1984. *The Omni Interviews*. Ticknor & Fields. pp.316-331. http://astralgia.com/pdf/brian.pdf

Weir, J. 1931. The Method of Eratosthenes. Journal of the Royal Astronomical Society of Canada. Vol.25. pp.294-297. http://adsabs.harvard.edu/full/1931JRASC..25..294W

Welfare, S. and Fairley, J. 1980. *Arthur C. Clarke's Mysterious World*. Collins.

Williams, Gibbs A. 2010. *Demystifying Meaningful Coincidences(Synchronicities): The Evolving Self, the Personal Unconscious, and the Creative Process*. Jason Aronson.

Wilson, S. G. 1895. *Persian Life and Customs(Third Edition. Revised)*. Student Missionary Campaign Library.

Xu, Mike. 2002. "New Evidence for Pre-columbian Transpacific Contact between China and Mesoamerica." Journal of Washington Academy of Sciences. Vol.88. no.1. pp.1-11.

Yirka, Bob. 2015. Fecal Mimicry Found in Seeds that Fool Dung Beetle. Pysic.Org(October 6, 2015). http://phys.org/news/2015-10-fecal-mimicry-seeds-dung-beetles.html

ZNN. 2013. Former Jesuit Lawyer Says President Carter Was Denied UFO File by George Bush Sr. ZlandCommunications NewsNetwork(September 12, 2013). http://zlandcommunications.blogspot.kr/2013/09/former-jesuit-lawyer-says-president.html

Zukowski, M & Zeilinger, A. & Horne, M. A. & Ekert, A. 1993. "Event-Ready-Detectors" Bell Experiment via Entanglement Swarping. Physical Review Letters. Vol.71. no.26. pp.4287-4290. https://vcq.quantum.at/fileadmin/Publications/1993-06.pdf

강석기. 2015. 《과학을 취하다 과학에 취하다: 강석기의 과학카페 시즌 3》. MID.

강석기. "배추가 나비의 밥이 된 사연". 사이언스타임스(2015년 6월 25일). http://www.sciencetimes.co.kr/?news=%EB%B0%B0%EC%B6%94%EA%B0%80-%EB%82%98%EB%B9%84%EC%9D%98-%EB%B0%A5%EC%9D%B4-%EB%90%9C-%EC%82%AC%EC%97%B0

강신귀. 「첨성대論爭(논쟁)」 제3라운드 結論(결론) 없이 다시 原點(원점)에". 경향신문(1981년 6월 9일). http://newslibrary.naver.com/viewer/index.nhn?articleId=1981060900329207001&edtNo=2&printCount=1&publishDate=1981-06-09&officeId=00032&pageNo=7&printNo=10981&publishType=00020

권오길. 2014. "에너지 아닌 질소 얻으려 곤충 잡아먹어: 권오길의 생물읽기 세상읽기_ 107. 식충식물". 교수신문(2014년 06월 17일). http://www.kyosu.net/news/articleView.html?idxno=29079

김광태. 2013. 천문대 수치와 역할에 대한 연구. 천문학논총 제28권 제2호. pp.25-